신앙지옥
불신천국

종교를 고발합니다
신앙지옥 불신천국

초판 1쇄 인쇄 2011년 7월 15일
초판 1쇄 발행 2011년 7월 20일

지은이 김나미
펴낸이 김남희
펴낸곳 렛잇비
주　소 110-849 서울시 종로구 평창동 545-2
전　화 02-395-3570
등　록 2011년 3월 31일, 제300-2011-57호

ⓒ 렛잇비, 2011

ISBN 978-89-966758-0-8 03200

책값은 표지에 있습니다.

종교를 고발합니다

신앙 지옥
불신 천국

김나미 지음

렛잇비

일러두기

- 예수님, 부처님의 호칭에 '님'을 줄여 예수, 부처로 부르는 점 용서를 빈다.
- 여기의 사례에 불교의 경우 약 1000명 중 1명, 개신교의 경우 약 100명 중 1명 정도 해당하리라 본다.
- 여기서 말하는 성직자는 예수 팔아 장사하는 예장 목사와 영업중인 조계종 승려를 말한다.

서문 · 8

1 종교를 고발합니다

종교계의 병세 악화 · 24
돈 나오는 구멍이 신이다 · 32
금욕과 성직자의 성 문제 · 50
천태만상의 성직자들 · 61
- 무위도식형, 아상충만형, 권위지향형
상처받은 사람들 · 72

2 괴로운 예수, 부처

통곡하실 예수 · 86
죽비 내리칠 부처 · 97

3 '믿는자'가 믿는 것

왜, 그리고 무엇을 믿는가 • 114

차라리 믿지 말 것을 • 122

우리 목사님, 우리 스님 • 132

절은 초파일에만, 교회는 성탄절에만 • 135

기도의 모습, 목적도 가지가지 • 139
- 현세이익형, 신경강박형, 갈구구걸형, 자기도취형

응답받는 기도, 하나님은 어떻게 생각하세요? • 148

기도는 거듭남이다 • 156

믿음은 홀로서기, 인생은 셀프서비스 • 159

4 '진리' 그 실체

예수와 부처를 내 눈높이로 • 170

진리란 몸으로 사는 것 • 175

진리는 거창하지 않은 것 • 178

지금, 그리고 여기에서 살기 • 180

'에고 없음' • 186

한없는 내어줌 • 192

내 안에 너, 네 안의 나 • 200

5 종교가 주면서 앗아가는 것

사랑에 빠지는 것과 종교에 빠지는 것의 차이 · 211
그런 예수는 없다 · 220
예수천국 불신지옥 · 234
개신교 공포증 · 243

6 종교 간 대화의 장

남의 것을 알면 내 것이 잘 보인다 · 254
다름의 아름다움 · 257
한 지붕 두세 종교는 기본 · 262
종교를 넘나드는 즐거움을 만끽하며 · 269

7 내가 만난 예수, 내가 만난 부처

내가 만난 예수 · 283
내가 만난 부처 · 302

글 문을 닫으며 · 321

|서문|

  종교 하면 명암이 엇갈린다. 애증의 관계라 할까? 나는 이 세상에서 볼 수 있는 가장 거룩한 모습과 가장 추한 모습을 종교에서 보았다. 지구에서 극과 극이 공존하는 장소와 모습을 보고 싶다면 종교계를 들여다보면 된다. 가장 휴머니즘적이고 감동적인 장면을 보게 되는 곳이 종교 현장인 반면 가장 추악한 인간의 모습을 볼 수 있는 곳도 종교계이기 때문이다. 성직聖職, 성스러운 직업이라 가진 성직자의 일부가 '성스러움'이나 '수도修道'와는 거리가 멀다는 사실에 아연실색했던 기억이 꽤 여러 번 있다.

  그간 종교 현장에서 나는 두 가지 특별하면서도 공통된 점을 발견했다. 엄연한 성속聖俗의 가름으로 '우리와는 다른 세상이겠지'하며 들여다본 성스러운 곳은 우리 사회의 또 다른 생존의 장이었다. 우리 속세에 있는 모든 문제가 고스란히 거기에도 있었다. 수도 문화가 완전히 실종된 종교 현장에서 "저러다 벌 받지" 싶을 정도로 양심 없고 반성 능력을 상실한 심각한 병증을 짚어낼 수 있었다. 정신이, 마음이 병들어 있는 성직자들은 무엇보다도 돈 문제와 깊이 관련되어 있었다. 개인적인 관찰과 경험에 근거한 '일부'의 사례라고 생각하기엔 너무나 많은 성직자가 '돈이 신神이 된

21세기'의 모습을 적나라하게 보여주고 있었다. 모두 예수, 부처의 근본 가르침은 뒷전인 채 돈 나오는 구멍을 신으로 모시고 있었다.

이와 함께 확인되는 또 하나의 사실은 민족종교에서부터 기독교와 불교의 작은 교파·종파까지 모든 곳에서 파가 갈려 있다는 것이다. 종교의 제도화·조직화에서부터 기인하는 권력 다툼의 문제가 대부분인데, 내가 아는 한 현재에도 여전히 당파싸움 같은 파벌의 힘겨루기가 진행되고 있는 곳이 반 이상이라 해도 과언이 아닐 듯싶다. 종교에 분열을 조장하는 힘이 있는가 할 정도로 교파가 갈리는 것은 보아왔지만 한 교회 내에서 처음엔 둘로 갈렸다가 다시 셋으로, 넷으로 갈라지는 경우도 보았다. 돈 문제, 목사와 장로의 힘겨루기, 각자의 교권 강화 등에 기인하는 파 갈림의 싸움은 대형·중형·소형을 막론하고 거의 모든 교파에서 흔히 볼 수 있지만 특히 예수교장로회예장의 경우가 심했다.

욕망의 감소를 가르쳐야 할 종교지도자와 성직자, 그리고 그들에게서 배운 것 없는 신자들이 오히려 결코 충족될 수 없는 인간 욕망의 전형을 고스란히 드러내 보여준다. 나는 이런 양상을 볼 때마다 바다는 메워도 사람 욕심은 메울 수 없다는 말이 진리라는 점을 새삼 확인하게 된다. 간혹 운 좋게 공기 청정기같이 마음을 정화시켜주는 성직자를 만나지만 무척 귀하다. 지금껏 만난 분들 가운데 이런 분을 꼽자면 다섯 손가락도 남는다.

개인적으로 내 주위엔 유난히 성직자가 많고 교류도 잦다. 내 전화번호부의 'ㅅ' 칸에 스님, 수녀님, 신부님, 수사님의 번호가 가득하다. 정확히 말하면 십대 초 성당에서부터 시작해 그 후 40여 년을 늘 여러 종교의 성직자들과 교류해왔으며 2011년 현재 집중적으로 몇몇 교단·종단의 종교 현장을 넘나들고 있다. 늘 종교계를 중심으로 귀와 눈을 열어두고 관찰자의 입장에서 움직이다 보니 직접 겪고 보고 듣는 것이 많다. 되돌아보니 그간 가장 자주 다닌 곳이 학교와 병원과 종교 현장인 듯하다.

1990년대 초부터 개인적인 호기심에서 불교의 달마 같은 스님을 만나 글쓰기를 시작해 이웃 종교로 종교의 범위를 넓혀나갔다. 이후 2003년부터 본격적으로 각종 종교 현장 칼럼을 쓰며 다양한 종교의 여러 성직자들을 취재차 인터뷰해야 했다. 아마 그때 종교의 가장 깊숙한 곳을 보았다고 생각한다.

간혹 취재 도중 낮은 곳에서 봉사하고 헌신으로만 사는 성직자를 보며 눈물을 흘린 적이 있었다. 천사가 잠깐 사람이 된다면 이런 모습이겠구나 하는 느낌을 주는 분들도 있다. 그 기간에 좀 더 많은 성자 같은 성직자를 만나고 싶어 찾아다닌 종교계 주변에서 나는 경악을 금치 못하게 하는 몇몇 성직자들을 보았고 그들을 고발하고 싶을 만큼 강한 충격을 받았다.

극히 일부에 지나지 않는다 해도, 21세기 종교가 어느 정도 세속화되었다고 인정한다 해도, 그리고 종교가 이미 원래 취지와는 거리가 멀어졌다는 점을 감안한다 하더라도, 자본주의·물질주의·황금만능주의가 팽배한 시대라고 하더라도, 속俗이 아닌 성聖에서, 성스러움과 거룩함을 보아야 할 그곳에서 나는 상상을 초월한 행태를 여러 번 보았다. 특히 개신교 예장 교회, 불교 조계종 사찰에서 "아, 이제 종교계가 썩을 대로 썩었구나"라고 탄식한 적이 여러 번 있었다. 그때마다 받은 느낌은 오히려 세속이 더욱 솔직하고 보통

사람들이 더욱 인간적이라는 것이었다. 정말로 하늘을 우러러 한 점 부끄럼 없는 성직자가 몇이나 될까를 생각하니 암울했다. 성직자 개개인의 흙탕물이 전체 조직 집단에까지 번져 종교계가 모두 그렇게 된다면 우리에게 희망은 없다는 것이 나의 결론이었다.

물론 나의 고발에는 한계가 있으며 청빈·독신·순명으로 사는 가톨릭 수도회와 항상 낮은 곳에 임하고 계시는 수녀님, 그리고 목자牧者 같은 목회자, 중생제도 중인 스님은 해당되지 않는다. 존경하는 목사님과 스님, 그리고 오른손이 하는 일을 왼손에 모르게 성직자의 본분을 다하고 계신 수도자들에게 분명 누가 되고 욕보이는 일일 수 있다. 지난 세월 동안 보아온 몇 백 명의 성직자 가운데 일부 목사와 승려를 보고 이런 고발 성격을 가진 글을 쓴다는 것은 분명한 부분으로 전체를 매도하는 것인지도 모른다. 마치 몇 백 그루의 나무를 보고 "숲이 이렇더라"고 말하는 것처럼 분명 일반화·보편화의 무리가 따른다는 점은 알고 있다.

하지만 썩은 나무를 솎아내는 일은 전체 숲을 위해 필요하다고 생각한다. 혼자서라도 징계위원회라도 열어 물 흐리는 성직자를 솎아내고 싶은 심정에서 글을 써내려갔다. 안으로 이렇게나 깊이 곪아 있으니 더 이상 큰 병이 되기 전에 제대로 치료해야 한다는 절박한 심정으로 말이다. 종교 현장에서 그간 내가 보고 들은 것이 지극히 제한적인 경우에 해당되더라도 반드시 알아야 할 일들이며, 이제 더 이상 미루지 말고 중간 점검을 해야 할 시기도 되었다고 생각한다.

인간의 본성으로 진정한 성직자가 되기 어렵다는 말이 있다. 그 말을 실감했다. 그러기에 우리가 추앙하는 성인의 존재가 더욱 크게 보인다. 우리나라 가톨릭의 상징이었던 김수환 추기경님, 불교

김수환 추기경   법정 스님

를 넘어 폭넓은 대중의 사랑을 받은 대쪽 같은 법정 스님도 가시고 나니 빈자리가 더욱 크게 드러난다. 그분들이 새삼 그리운 것은 그 빈자리가 영영 채워지지 않을 것 같아서이다.

 더 이상의 성현이 나타나지 않는 21세기에 우리는 과연 어디에서 희망을 찾을 수 있을까? '신은 죽었다'고 외친 니체는 이렇게 말했다. "오직 한 사람의 기독교인이 있었고, 그는 십자가에서 죽었다." 이것을 "오직 한 사람의 진정한 불교인이 있었고, 그는 2,500년 전 열반에 들었다"고 바꾸어 말해도 과언은 아닐 것 같다.

 나는 일종의 서비스업에 해당하는 성직에도 직업윤리가 필요하고 새로운 위상을 정립할 때는 왔다고 생각한다. 전체를 싸잡아 매도할 수는 없으나 사찰이든 교회든 수도원이든 그 어느 종교 현장도 결코 성스러운 장소가 아니며 결코 신들이 사는 곳이 아니었다. 그들은 성자도, 천사도, 보살도 아니었다. 극히 소수를 제외하고는 결코 청정하기는커녕 오히려 성스러운 장소를 혼탁하게 하는 존재였다. 세속과 다를 것도 같은 성聖의 세계는 단지 거룩한 포장을 뒤집어쓴 곳일 뿐이라는 인상을 강하게 받았다. 그들이 판매하는 교리와 예식이라는 상품은 포장·치장되고 과장·무장武裝되어 있으며, 돈과 권위에 맹종하게 하고 위선과 타락의 늪으로 빨려 들어가고 있다. "이제는 중생이 나서서 승려를 구제해야 된다"는 말도 들린다. 우연히 식당에서 밥을 먹다가 옆자리에서 "우리 목사는 '해

라' 하고 명령하는 폼이 꼭 조폭 두목 같아" 하는 말도 들었다.

종교사업의 밑천은 눈에 보이지도 않는 교리, 진리, 구원, 복전福田, 소원성취, 영생, 극락왕생 같은 것들이라 그야말로 종교는 무자본 창업이 가능한 분야이다. 교회와 사찰 개업과 유지에 드는 비용은 대부분 신자들의 통장과 지갑에서 나온다. 그리고 더욱이 창업 후 땀 흘리지 않아도 되며 승려나 목사에게 주어지는 권위와 존경을 한 몸에 받을 수도 있는 직종이다. 나아가 대한민국 헌법이 든든하게 종교의 자유를 보장하고 있고, 면세 혜택으로 세금을 내지 않아도 되니 이것만큼 좋은 장사도 없을 것이다. 선택받은 사람만이 할 수 있을 것 같은 성직이라는 직업은 평범한 기본 조건만 갖추면 누구나 쉽게 등 따습고 배부르게 살 수 있는 직종이다. 그야말로 평생 돈 걱정 없이 살 수도 있는 신神의 직장인 셈이다.

예수와 부처의 자리에 대신 앉아 예수 팔아 밥 먹는 자, 부처 팔아 밥 먹는 자를 두고 무신론자이자 《만들어진 신 God Delusion》을 쓴

리처드 도킨슨은 "죄책감을 심어주는 일을 직업으로 삼은 자"라고 표현했다. 성직자를 시니컬하게 또한 적절하게 표현한 말이다. 이들 성직자가 자행하고 있는 행태를 죄목으로 적용시켜보면 협박죄 또는 강요죄에 해당하는데, 교리나 불공을 상품으로 뒤바꾼 불경죄 또는 신성모독죄에서도 자유로울 수 없다. 죄책감이나 두려움을 조장하고 신자를 눈먼 봉사로 만들고 그들의 주머니만을 노리는 종교는 하등 종교이거나 사이비 종교와 다르지 않다.

종교가 폐기 처분되기 전 본래 가르침의 정신, 원점으로 돌아가 반성할 때도 되었고 자정능력을 상실한 만큼 반드시 정화운동은 일어나야만 한다는 것이 나의 결론이다. 특히 예장 강경 보수파 교회 목사와 조계종 정신을 추락시키는 승려부터 거듭날 것을 요청한다. 그들이 원래 정신과 위치로 회복되어야 하는 하나의 이유는 오늘날 수도자와 출가자의 숫자가 줄고 있다는 현실에서 찾을 수 있다. 한 수도회에서 지원자가 한 명도 없자 취업설명회 하듯이 모집하러 찾아다니는 모습도 보았다. 그들이 지금이라도 변하지 않으면 장차 교회와 사찰이 문 닫을 날이 올지도, 관리인만 남거나 경로당이나 장례식장으로 용도 변경될 날이 올지도 모를 일이다. 요즘 젊은 세대들은 교회나 사찰에 소속되기를 꺼리고 정기적인 참석을 부담스러워 한다. 성남의 한 중학교에서 종교 특강을 하면서 신앙생활을 하는 학생이 있느냐 물으니 20여 명의 학생 가운데 단 한 명도 종교에 소속을 두거나 신앙을 가지고 있지 않다는 대답을 들었다.

종교가 거듭나야 하는 또 다른 하나는, 뉴에이지를 비롯해 새로운 형태의 수련집단이나 유사 종교가 갈수록 늘어나는 등 종교가 다양해지고 있다는 점 때문이다. 이제 뷔페식당에서처럼 원하는 종교를 마음껏 고를 수 있는 시대가 된 것이다. 수양의 향기 뿜고 영성으로 다져진 목사, 수행으로 청정한 기운이 감도는 승려 만나기가 하늘에 별 따기보다 어렵다. 이런 상황에서 왜 기존의 종교계가 긴장도 하지 않고 변신도 꾀하지 않는지 자못 궁금할 따름이다.

이 책은 한마디로 교회와 사찰, 목사와 승려를 '부활'·'소생'시키려면 충격적인 극약처방이 필요하다는 판단에서 쓴 고발장이다. 교회와 사찰이 썩었다, 비리의 온상이다, 돈 냄새만 맡는다는 말은 더 이상 새로운 사실이 아니며 이미 케케묵은 비판이 되어버렸다. 그러나 이 책은 비판에서 한 걸음 더 나아간 고발의 성격을 갖고 있다. 이것은 종교학 교재에나 나올 법한 학문적 입장의 비판이 아니다. 교리도, 종교 서적도, 다른 이의 종교 비판도 배제한 채 모두 필사가 직접 겪고 보고 들은 것을 나의 언어로 풀어낸 것이다. 기본적으로 서비스업이라고 생각하는 직종에 대한 '소비자 고발'이다. 직

　무태만, 직권남용에 해당하는 것을 세세히 사례로 고발할 것이다. 아마도 교회와 사찰을 오랜 세월 다닌 신자라면 공감하는 부분도 있으리라 믿는다.
　물질로 뒤덮인 세상에서 종교를 말하는 것은 세상과 거꾸로 가는 것인지도 모르겠다. 이렇게 종교의 어두운 면을 말하는 건 새삼스러운 일도 분명 아니다. 살기 힘든 세상에 아름다운 이야기를 전하고 싶다. 하지만 '더 이상 입을 다물 수 없어서', 그리고 무엇보다도 안으로 깊이 곪아 있어 건강하지 않고 보면 볼수록 위기의식까지 느끼게 하는 성직자들이 자성하기 바라는 마음에서 쓸 수밖에 없었다. 예장 보수파 대형 교회와 조계종 사찰에 출입금지당할 수도 있음을 각오하면서도 이 책을 펴내는 것은 도저히 다른 방법이 없어서이다.

지금 종교지도자, 성직자, 교인 모두 자가 진단, 자기 점검이 필요하다. 잠시 손 모아 기도해보기를 권한다. 종교지도자와 성직자라면 자성하길 바라고, 신자라면 자신이 참다운 신앙생활을 하고 있는지 점검하는 시간을 갖기 바란다.

깊은 사색 끝에 씁쓸함이 묻어나는 이 현장 고발은 교회와 사찰에서 그때그때 메모한 것과 들은 것이 문자화된 것이다. 르포 형식의 중간 보고서를 작성하며 만감이 교차하지만, 이제 품에서 떠나보내려니 홀가분하다. 그런데 허허롭다.

그곳이 어디이건 여러분 있는 자리가 천국과 극락이길 바라며.
평화하면 평안하고 평안하면 편안하니 모두 신평안 身平安 심편안 心便安 누리소서!
모든 신의 이름으로 축복을 기원하며.

2011년 5월, 多樂房에서
김나미 두 손 모음

성직자의 직무태만, 직무유기, 직권남용

문화관광부 종무과의 통계에 의하면 우리나라 전체 인구의 반 이상인 53퍼센트가 교회나 사찰에 나간다고 한다 문광부, 《한국종교 현황》, 2003. 이 땅에 2,500여만 명이 신앙생활을 한다는데 왜 행복한 얼굴보다 불행한 얼굴이 그리도 많은지, 왜 이리도 사회가 건강하지 못한가를 곰곰이 생각해보면 눈길은 자연히 교회와 사찰, 목사와 승려, 개신교인과 불교 신자를 겨냥할 수밖에 없다. 그간 십자가와 불상에 가려져 보지 못했던 것들을 그간 직접 겪고 보고 들은 범위 안에서 이야기보따리를 풀어놓아야겠다.

"오늘날 종교재판은 어디서 하는 걸까" 하고 새삼 궁금해지는 것은 지난 세월 보고 들었던 사건과 이야기 가운데 여기에 차마 옮기지 못할 말도 있어서이다. 직접 겪고 눈으로 보고 사실이 확인된 최악의 몇 가지만 골라 옮겨도 아마도 신자들 가운데 아무도 교회나 사찰에 가지 않으려 하고 목사나 승려를 거들떠보지도 않을지 모르겠다. 나는 새삼 마르크스나 프로이트 같은 사람이 왜 그토록 종교를 비판했는지, 왜 무교회주의가 태어났는지를 알게 되었다.

종교계의 축소판인 몇몇 교회와 사찰을 보면 예수 이름으로 또는 부처 이름으로 밥 먹고 사는 자들의 직무태만과 직권남용에 해당하는 타락, 권위, 권력, 파벌 싸움이 만연하다. 듣기로는 현재 진행 중인 대형 교회의 소송 건수도 서너 개 있지만 눈으로 본 파벌 싸움만 해도 셀 수 없을 정도이다. 최근 통도사 후임 주지 문제로 파가 갈렸다는 보도도 있었다. 기독교는 콘스탄티누스 황제에 의한 기독교 공인 313년 이후 약 1,700년간 권력과 함께 해왔기에 그것에 더 익숙해 있는 것일까? 또한 삭발하고 잿빛 옷 입고 스님입네 하는 외양만 갖추고는 부처의 얼굴에 먹칠하는 승려를 수도 없이 곳곳에서 보았다. 특정범죄 가중처벌을 해야 할 정도의 성직자도 보았다. 타락과 권력으로 무장한 성직자의 세계에는 소인배만 득실거리는 것 같다.

  성직이란 기본적으로 성스러운 직업이다. 그러나 직종으로 보자면 일종의 서비스업에 해당한다고 생각한다. 성직자는 신자를 섬기는 머슴 같아야 한다는 의미에서 그렇다. 그런데 오히려 목사나 승려의 권위가 하늘을 찌르고 마치 자신이 예수나 부처에게 최고의 예우를 받고 스카우트된 듯한 형국을 연출하고 있다. 불교가 인도에서 중국으로 전해지고 400여 년이 지난 후 중국에서는 출가자는 세속을 떠났으므로 어버이나 속권의 지배자인 국왕에게 예경禮敬할 필요가 없다는 주장이 나왔다. 동진의 승려 혜원이 쓴 《사문불경왕자론沙門不敬王者論》이 그것이다. 유럽에서는 11세기 교회 권력에 세속의 권력이 굴복한 사건이 발생했다. 이른바 '카노사의 굴욕'이다. 주교를 임명하는 서임권을 둘러싸고 교황 그레고리오 7세와 당시 신성로마제국의 황제였던 하인리히 4세가 맞섰고 결국 세속 권력인 황제가 교황에게 무릎을 꿇었다. 이후 1,000년이 지난 오늘날에도 이것의 효력은 막강해 대통령도 목사 앞에 무릎을 꿇는다.

 이 모든 문제는 목회자라는 목사가, 승려가 초심을 잃었기 때문이다. 어쩌면 이것은 '성직'이 성스럽고 거룩한 신성불가침의 성역에 속해 있다는 믿음에서 오는 것일 수도 있다. 이것은 조직이 공범자를 양산해내는 것과 같다. 사람에 따라 다르겠지만 수계를 하든 목사 안수를 받든 입회를 하든 한 개인은 들어간 조직에서 살아남기 위해 적응이라는 것을 거친다. 종교계에서도 이것을 비껴갈 수 없다. 조직 사회에서 점차 지위가 확보되면 나오는 일종의 무게라는 게 있다. 지위 상승으로 점차 무게가 실리면 기득권을 누리는 지도층으로 부상하고 그때부터 개인의 교권이 강화된다. 이것은 어디까지나 관찰에 의한 것일 뿐이다. 왜냐하면 그 깊숙한 곳은 외부인의 접근을 불허하기 때문이다. 그곳은 성역이다.

 전반적으로 윤리 코드에 둔감한 도덕불감증이나 비종교적이고 비윤리적인 행위가 나올 수 있는 것은 그들에게 도덕적인 잣대가 크게 작용하지 않기 때문이다. 고리타분한 단어라 인식되어 있는 도덕과 윤리를 비껴가는 사람들이 성직자이다. 왜냐하면 윤리지침이나 법률보다 더욱 막강한 예수와 부처를 '빽'으로 두고 있다는 생각 때문이다. 서비스업 종사자인 성직자가 본분을 잊고 정치권력과 가까이 할 때 정교분리원칙의 위반이지만 그 외에는 대체로 사리사욕에 눈멀어 나오는 직무태만과 직권남용에 해당하는 죄를 짓는다.

일종의 특정범죄가중처벌 등에 관한 법률 위반에 해당하는 불법 이익 취득으로 타인에게 손해를 입히는 배임행위, 교회를 사고파는 거래로 생긴 싸움, 사찰 말사 주지 임명 대가 등으로 거액의 금품을 수수한 배임수재 혐의 등을 저지르기도 한다. 일상적인 죄목으로는 죄를 심어주는 공갈 협박, '하라'가 많은 강요, 예수와 부처 팔아 돈을 챙기는 금품수수 등이 성립된다. 이외에도 이성문제로 인한 풍기문란이나 상습 탈선 등의 죄목이 있지만, 모두 신성불가침의 성역이기에 눈감아주는 성향이 빈번하다. 이제부터 본분을 잊은 직무태만과 권위를 남발하는 직권남용의 사례를 집중 해부할 것이다.

나는 이 고발에서 세 가지를 집중적으로 짚고 넘어가려 한다. 첫째는 위선과 도덕적인 해이가 만연한 그러나 단지 도덕 문제에 그치지 않는 성직자의 직업윤리, 예수와 부처로 무장한 성직자의 돈 문제와 이에 따른 귀족화, 성스러움이라는 포장 뒤에 가려져 실종된 진리의 문제이다. 둘째는 신자들에게 주는 메시지이다. 내가 '믿어도 지옥 사니 믿음 버려 천국 살자'고 극언을 하는 것은 단지 믿는다는 것이 우리를 구하지 못하기 때문이다. 홀로서기로 거듭남이 없다면 아무리 믿어도 소용없고 문제 해결에 도움이 안 된다는 점을 강조한다. 셋째, 예장 강경 보수파 개신교단에 한정되는 것이지만, 이웃 종교에 대한 배타성, 죽어서 천국 가자고 우리 사는 이곳을 지옥으로 만드는 선교와 전도의 행태를 고발할 것이다.

종교계의 병세 악화

고발 죄목의 첫째는 직무태만에서 오는 성직자의 병듦이다. 사회에서 솔선수범 내지 모범을 보여야 할 그들이 병들어 있다는 사실은 본분을 잊은 직무태만에서 오는 것이 대부분이다.

처음 불교를 만났던 1991년 초만 하더라도 교회와 수도원 등의 성스러운 종교적 장소는 안식처로 또는 상징적으로라도 계속 존속해야 한다는 생각도 있었다. 그리고 당연히 청정하리라 믿었다. 우리가 성직자를 존경해야 한다면 아마도 그들이 청정해서일 것이다. 그러나 이젠 생각이 바뀌었다. 지극히 일부에 해당된다 하더라도 세속화만으로 설명되지 않는 성직자의 타락, 부패, 비리, 위선, 권위남용, 권력다툼, 개인 교권 강화, 귀족화 현상, 여자 문제, 수도문화의 실종 등을 보면서 성聖과 속俗이 종이 한 장 차이도 없음을 재확인할 뿐이다.

직무태만에 해당하는 첫째는 목사든 승려이든 신자의 영혼을 돌보지 않고 있다는 점이다. 나아가 정작 성직자의 섬김이 필요한 손길 나누는 일은 다른 사람의 몫으로 돌리고 그들의 손길이 다른 곳을 향해 있다는 사실이다. 양 떼를 돌보기는커녕 양 떼를 '교리'라는 먹이로 겁주거나 오로지 양털만 내놓으라는 으름장을 놓는 목사가 대부분이다. 마치 자신의 능력을 과시라도 하는 듯 교회 확장과 교인 숫자 늘리는 일에 열

무속으로 흐른 한국 불교

을 올리고 있다. 승려 또한 불사와 불공으로 돈 들어오는 일에만 관심을 쏟고 있다. 수도자의 기본인 섬김 내지 '머슴 정신'은 어디서도 찾아보기 어렵다. 수도가 실종된 한국 교회에는 예수 없는 좌판이 허다하고, 부처의 가르침인 법法이 온데간데없이 사라진 사찰에는 무속의 기운만 가득하다.

　돈에 온 신경이 가 있는 대형 교회 목사와 사찰 본사 승려의 스케줄은 재벌 총수만큼이나 바쁘다. 목사는 식당에까지 비디오를 설치해 설교를 내보내며 하루 5부 예배, 10부 예배를 소화하려니 체력 소모가 대단하다. 교회는 주일마다 미어터질 정도이고 주변 도로는 주차장이 된다. 사찰의 예불 역시 발 디딜 틈을 주지 않고 진행된다. 그러니 성직자 자신을 위한 수도시간은 없을뿐더러 스스로 하려고도 않는다. 수도문화의 실종에 자연히 따라오는 것은 직부태만과 식권남용이고 이것에 원인을 둔 현상은 이루 다 말하기도 벅찰 정도이다.

신자가 미어터지는 교회는 식당에까지 설치된 비디오를 통해 설교를 듣는다

수도와 수행에 전념하는 분들, 그리고 목회와 중생 제도에 힘쓰는 건강한 몇 분을 제외하면, 성직자의 가장 심각한 문제는 예수 이름으로, 부처 이름으로 밥 먹고 사는 그들 자신의 정신과 마음이 건강하지 않다는 점이다. 그렇지 않아도 수도원 지원자나 출가자가 줄어가고 있는 판국에 종교계의 병마저 이처럼 깊으니 이제라도 대수술을 받지 않으면 회복 불능이 될까 두렵기까지 하다. 늦은 감은 있지만 지금이라도 초심으로 돌아가지 않으면 염증이 곪아 터져 다른 곳까지 전이될지도 모른다. 병든 성직자를 솎아내고 충분히 검증된 사람만 남아야 한다. 징계위원회에서 집행유예라도 내려 남을 사람, 옷 벗고 나와야 할 성직자를 솎아내는 작업은 절실하게 필요하다.

직무태만에서 오는 병세의 가벼운 증상을 말하라면 대한민국 국민의 절반이 속해 있다는 교회와 사찰에 영적인 생명력·생동감·감동이 없고 설사 있다 해도 점차로 잃어가고 있다는 점을 들 수 있다. 종교에 감동이 없다면 죽은 것이나 마찬가지 아닌가! 나는 지금껏 나를 감동시키고 영혼을 울리는 목사의 설교나 기도, 승려의 법문을 들어본 적이 없다. 교회와 사찰, 목사와 승려, 또 그들과 한 식구인 신자에게도 가슴 뭉클함, 떨림, 감동을 느끼지 못한다. 감화를 받은 적은 더더구나 없다. 승려라면 대체로 때 맞춰 불공 잘 드리라는 것이 법문의 주요 요지이다. 현장 참여 관찰 차 주일에 가본 예장교회는 딱딱하게 경직된 예배 분위기로 오히려 마음에 삭막함만 더해주었다. 목사가 권위에 꽉 찬 사람이면 대체로 예배가 무미건조하고 설교도 "~해라", "~하지 마라"로 일관하는 것 같다. 좀 더 심각한 예배는 사람을 숨 막혀 질식시킬 것 같기도 하다.

늘 신자와 교인을 만나는 일이 많은 목사라는 직업은 사실 기도할 시간도 부족하다. 오죽하면 목사가 주일 설교를 마치고 나면 그때 안도의 숨을 쉰다고 하겠는가. 그러니 자신의 영적 체험담도 별로 없고 영성이 없다. 설교나 법문을 듣고 있노라면 '저런 이야기는 뉴스에서 다 듣는데' 할 만큼 한 주간의 시사를 재방송보는 듯한 착각에 빠지는 경우가 많다. 설교에 눈곱만큼의 감동이 없다. 목사에게 체험이 없으면 영성이 없고, 영성이 없으면 그는 엔지니어일 뿐이다. 교인 숫자를 늘리고 교회 확장공사에 모든 체력을 쏟다보니 정작 가장 중요한 설교가 나오지 않는 것이다. 설교 주제가 매일 거기서 거기이거나 자기 체험의 스토리가 부재하다. 자신의 체험에서 나온 영적인 언어가 없으면 그 설교가 일반 대중을 상대로 하는 특강과 무엇이 다른가?

한국 교회의 영성 부족은 어제 오늘의 일이 아니다. 틱낫한 스님은 한 신부와의 대화에서 이런 말을 주었다. "예수를 만나는 길은 교회를 통해서도 아니요, 신학을 통해서도 아니다. 오로지 성령을 통해서이다." 영성·성령이 없다면 그는 이미 목회자가 아니다. 목사가 매주 해야 하는 기본 필수과목이 있다면 내적 체험, 영성의 깨움, 기도가 아닐까. 자기 체험의 목소리가 담기지 않으면 주일 설교는 소음이 되고 목사는 로봇이 된다. 그리고 목사 자신도 공허함을 느낀다. 길 잃은 어린 양을 거두는 목자 같은 목사, 말 그대로 섬기는 목사는 그간 가본 40여 군데의 예장교회에서 단 세 분을 제외하고 거의 볼 수 없었다.

양 떼를 돌보는 목자

행여 설교 잘하는 목사라고 소문이라도 나서 인기가 치솟으면 그는 눈코 뜰 새 없이 바쁘다. 만나야 할 교인이 줄을 서는 것이다. 교인이 몇 천 명, 몇 만 명인 대형교회의 목사를 한 번 마주 대면하기란 하늘의 별따기다. 많은 목사들이 기도는커녕 주일 설교 준비도 제대로 못한다고 토로한다. 주일의 설교 준비조차 할 수 없는 이유는 너무 바빠서이거나 자신의 본분을 잊고 교인수의 확대와 개인 교권 강화 그리고 건축 확장에 신경이 가 있기 때문이다. 승려의 직무태만은 무위도식형에게서 주로 보이는데 이것은 뒤에서 집중 거론할 것이다.

교회가, 사찰이 자신의 역할을 하고 있기나 한 걸까? "등대가 교회보다 더 쓸모 있다"는 벤저민 프랭클린의 말이 떠오른다. 동화작가 권정생 선생님은 생전에 '교회나 절이 없다고 세상이 더 나빠졌을까'라는 질문에 "교회나 절이 없었더라도 더 나빠지지 않았을 것 같다"고 대답했다. 신자가 없다고 해도, 교회나 사찰이 문 닫는다고 해도 사회에는 아무런 변화가 오지 않을 것이 분명하다.

간혹 자기를 낮춘 지극한 겸손으로 섬김을 보여주는 성직자를 만나기도 하지만 다섯 손가락을 다 꼽지도 못한다. 목사 열에 아홉은 교회를 더 크게, 더 멋지게, 그리고 교육관이나 전도관이라는 이름으로 더 많이 세우려고 열을 올린다. 영업장 확장은 예수를 십자가에 다시 한 번 못 박는 일이다. 상황이 이렇다 보니 교회에서 예수부터 구원해내는 일이 급선무 같다. 예수라는 무기를 들고 교리라는 갑옷을 입은 대형 교회가 몸 부풀리기를 멈추고 이제라도 영성의 바람을 일으켜 교인의 영혼을 돌봐야 하지 않겠는가? 한국 개신교가 전래 이후 100여 년에 가까운 절정을 누렸다면 더 늦기 전에 열정을 냉정으로 돌려 균형 잡을 때도 되지 않았나 싶다.

직무태만에서 오는 병세의 중증을 대자면 일부 성직자의 마음이 병들어 건강하지 않다는 것이다. 몸보다 마음이 병든 경우가 많다. 신앙 생활로 마음만이라도 건강해야 할 그들이 이렇게 병든 것은 수도자의 본문인 수도의 실종에서 오는 결과이다. 집 근처 한 비구니 사찰의 승려는 항우울증 약을 정기적으로 처방받아 장기 복용하고 있다. 강원도의 수도원에서 직책을 맡고 있는 한 수도자는 이 세상에서 지금껏 내가 본 얼굴 중 가장 불행한 얼굴을 하고 있었다. 그녀의 얼굴에 불행이 너무 짙게 각인되어 있어서 아직까지도 그 얼굴을 선명하게 기억하고 있다. 성직자 단체가 그룹으로 나뉘어 심리 치료를 받는 광경도 목격했다.

극히 한정된 사례만 보고 하는 말일 수 있으나 오가며 스쳤던 성직자 가운데 성격에 문제가 있는 사람들이 많았다. 수도자로 산다 해도 세상을 등지고 사는 경우 사람들과 어울려 살지 못하는 성격의 소유자가 적지 않다. 그들의 얼굴은 대체로 어둡다. 최악의 경우에는 성격파탄자, 애정결핍자, 이중인격자, 정신장애자들도 있다. 세상 다 팽개치고 눈이 위로만 가 있는 경우도 많다. 우리가 돈에 눈이 어두워 이웃을 보지 못하는 것과 같이 성직자 가운데 돈이라는 신 외에도 '자기'에 초점이 있거나, 아니면 초월자·절대자에게 갇혀 있는 경우가 간혹 있다. 몸은 땅에 두고 오로지 천상만 보는 그들은 십중팔구 염세주의자이거나 현실도피주의자이다. 정서불안에 속하는 성향도 짙다. 이 모두는 직무태만에 적용되는 경우이다.

병세가 악화된 또 다른 예는 본분의 실종으로 성직자로서의 자격에 '함량 미달' 되는 경우이다. 목사의 오만방자함은 이제 방송까지 타고 세상이 다 아는 옆집 이야기가 되었지만, 신자가 목사나 승려보다 인품이 훨씬 나은 경우도 보았다. 한 교회에서 소동을 일으킨 신자를 축출하자고, 그를 저주라도 하듯 목사가 나섰다. 그런데 한 교인이 목사를 설득하며 이렇게 말했다. "목사님, 이건 성경에 어긋납니다. 길 잃은 어린 양을 우리가 거두지 않으면 누가 거둡니까?" 승려가 사찰에 문제를 일으킨 신도 때문에 성을 내자 한 처사가 나서서 그를 감싸며 "스님, 성내지 마십시오. 우리는 대승적으로 나가야 합니다"라고 말하기도 했다. 성직의 본분 중 하나인 어린 양과 중생의 영혼 치유는커녕 오히려 신자에게 마음의 상처를 주는 일도 서슴지 않는 게 요즘 목사와 승려의 모습이다.

종교계의 병이 깊다고 보는 또 하나의 이유는 '종교'라는 이름으로 개점영업 중인 곳 중 열의 아홉에서 파가 갈라져 있기 때문이다. 종교의 믿음에 분열을 조장하는 힘이 있는 것 같다. 지난 몇 년간 양쪽으로 나뉘어 법정소송이 진행 중인 교회나 사찰이 부지기수이고, 신자들도 따라서 두 파로 갈라지는 희한한 경우가 많다. 신자들은 그들대로 어떻게든 끈끈하게 묶어주는 쪽에 기우는데 이럴 때 단결이 잘 된다. 신참 신자에게 "누구 편 할 거냐"며 자기편에 속할 것을 강요하는 곳도 있다. 어떤 곳도 이런 과정을 거치지 않으면 안 되는 것처럼 반드시 한두 번은 파가 갈리는 경험을 가지고 있다. 이것은 한국 종교의 독특한 현상이라고까지 할 정도이다.

종교의 원래 취지가 인간의 거듭남이라면 종교계 내부부터 거듭나야 한다고 말하는 것의 이유는 수도문화의 실종 때문이다. 천사들만 살 것 같은 수도원에서 일어난 일을 보자면 밥에 비유해 밥을 더 먹겠다고 싸우는 게 아니라 왜 식탁에 수저를 이렇게 놓았느냐를 놓고 갈등하는 수도원도 있었다. 성직자는 성스러운 직업을 가진 자가 아니라 글자 그대로 도 닦는 수도자修道者이어야 한다. 성직자는 그야말로 안으로 수도에 정진하며 늘 초심을 잃지 않아야 한다. 밖으로 하는 수도의 최고는 뭐니 뭐니 해도 섬김이다. 성직자는 기본적으로 '섬기는 자'이므로 머슴 같아야 성직에 임할 자격이 있다. 진정한 목회와 중생 제도는 안으로 성직자 자신이 수도하고 밖으로 처음 마음 그대로 섬기는 것에서 나오는 것이 아닌가.

요즘 세상에 너무 많은 것을 기대하는 게 무리인 줄 알지만, 종교 현장을 보면 이런 기대는 이미 물 건너가도 한참 가버렸다는 것을 절감한다. 성직자 자신이 병들어 있고 파벌 싸움에 당사자가 되는 것은 모두 본분을 망각한 직무태만에 해당하는 것들이다.

돈 나오는 구멍이 신이다

　직무태만에 해당하는 둘째는 돈과 관련된 것이다. 이것은 흔히 직권남용으로 이어진다. 종교계도 사람 사는 곳이고 종교도 사람의 일인지라 우리 사는 세상과 똑같은 현상이 바로 이 돈과 관련되어 나타난다. 종교 현장엔 보통사람의 일상과 과히 다르지 않게 돈이라는 무척 사랑스러운(?) 존재로 인한 문제가 너무 많다. 그야말로 성스러운 직업을 가진 거룩한 사람들이라 욕심이 없으리라, 청정하리라 생각한 건 착각이었다. 돈과 관련된 귀족화 현상에 이어 직위와 명예에 관련된 시기 및 질투, 개인 교권 강화, 권력 파벌 다툼이 줄지어 서 있다.

　단순히 도덕적 해이라고 하기엔 뭔가 부족해 한숨을 짓게 되는 것은 그들이 대체로 '신보다 돈이 먼저', 즉 돈 나오는 구멍에만 관심이 가 있기 때문이다. 돈 섬기기를 누구보다 잘하는 그들은 가장 앞장서 우상숭배를 하고 기부금·헌금·시주의 명목으로 들어올 금은보화에 온 신경을 쏟고 있다. 승려는 수입 좋은 불사에만 신경을 쓰고, 목사는 교인 일인당 수입과 개인 교권 강화, 그리고 교회확장에 관심을 둔다. 교회와 사찰에서 '이것 하라'고 주는 각종 명목의 행사 신청서는 모두 복 받는 일과 연결시켜 지갑을 열게 하는 것뿐이다. 부자 교회의 목사와 보시가 잘 들어오는 사찰의 승려는 그 손길을 돈 나오는 곳에만 뻗치고 있다. 흔히 쓰는 말로 '돈 나오는 구멍이 신'이 되어버린 것이다. 돈 나오는 지갑·통장·주머니야말로 그들이 숭상하는 하나님 아버지 성부聖父이자 법신불法身佛이다.

오로지 홀로 돈만 믿는 독신자獨信者 같은 성직자도 있다. 돈방석을 깔고 앉아 돈으로 교회를 도배한다 해도 결코 그 욕심은 다 채우지 못할 텐데 말이다. 돈 모시기를 잘하는 목사와 승려는 대체로 거액의 헌금이나 보시를 하는 신자에게 굽실거리고 그들을 귀빈으로 극진하게 모신다. 그들이야말로 그가 섬기는 돈 나오는 구멍이 되어주기 때문이다. 거액이 아니라 해도 헌금과 보시의 액수에 대해 누가 얼마를 바쳤는지 그는 낱낱이 꿰고 있다.

내가 본 교회와 사찰만 하더라도 거액의 기부로 헌금이나 보시가 들어오면 그때부터 내부의 의견이 분분해지는 경우가 많다. 스스로 피땀 흘려 벌지 않은 큰돈이 공동의 재산이 되었을 때 어디에 또 어떻게 쓰느냐에 따라 문제가 일어나기 마련이다. 유일하고 진정한 믿음이 세상에서 자기가 가장 잘났다는 것인지 '오로지 이것만이 최선'이라며 자신의 주장으로 굽히지 않는다. 그다음 파가 갈리고 신자들까지 분열되면 서로서로 단결해서 싸운다.

거액의 헌금을 기부 받은 준대형 교회의 부목사가 기부금의 사용처를 두고 목사와 장로를 싸잡아 헐뜯는 광경도 목격했다. 사찰 소유 문제로 창건주와 소송을 하고 있는 승려도 보았다. 목사집단과 장로집단의 힘겨루기 싸움은 어떤 교회에도 있다지만 때때로 주먹과 멱살잡이도 불사한다. 이런 추태를 보면 곧 바닥을 치고 파멸로 가는 날이 멀지 않은 것 같다. 최악의 경우로 1998년 조계종 제2 불교정화운동 때에는 도끼와 포클레인까지 동원되어 피 흘리는 장면까지 연출했고, 최근에는 소망교회 목사와 부목사가 주먹다툼을 벌이고 고소하기도 했다.

이 모두는 형법에 해당하는 폭력 사태였다.

교회와 사찰의 기득권 싸움에 예수와 부처는 아마 등 돌렸을 것 같다. 모범은 기대하지도 않으나 추악한 장면은 이제 그만 보고 싶다. 왜냐하면 그들의 작태는 욕망의 감소를 가르치기보다는 오히려 욕망을 부추기기 때문이다. 모름지기 성직자라면 '나눔'과 '베풂'에 앞장서야 한다는 점은 두말할 필요도 없다. 안수 받았을 때나 출가할 때의 초발심을 그대로 유지시켜가며 안으로 수도하며 사회의 그늘진 곳에서 묵묵히 일할 때 예수도 부처도 그들의 등을 어루만져줄 것이다. 예수와 부처가 몸소 보여준 정신은 무소유였다. 변함없어야 할 이 진리는 갈수록 눈으로 보기 어렵고 피부로도 느낄 수 없다. 전지전능하시다는 신은 왜 그들에게 회초리를 들지 않는 것일까? 그들의 추악함이 어디까지 가나 두고 보는 것일까?

신자에게 대놓고 당당하게 돈 내놓으라고 강요하는 전형적인 행태는 헌금 약정서이다. 최근 말로만 듣던 십일조 약정서가 주보에 끼워져 있는 것을 보았다. 십일조 약정서가 개신교 몇몇 교파에서만 홍행(?)하는 줄 알고 있었는데 다른 교파에도 널리 퍼지기 시작한 것이다.

이제 이 교파의 교인은 수입의 십분의 일이라는 일정 금액의 헌금을 내지 않으면, 자발적이 아니더라도 이러한 약속을 하지 않으면 눈치 보며 신앙생활을 할 수밖에 없게 된 것이다. 원래 감사의 표시로 하늘에 수확의 일정 양을 바치거나 가축을 제물로 드리는 것에서 유래한 것이 이제 강제이자 의무로 변모했다.

교회가 사람의 욕망을 더욱더 자극하

교회 한 켠을 차지하고 있는 헌금 봉투 정리대. 심지어 속을 들여다볼 수 있는 구멍 뚫린 헌금 봉투도 등장해 고액 지폐의 헌금을 강요하고 있다.

고 있다. 이름이 주보에 오르려면 더 열심히 일해서 십일조를 더 많이 갖다 바쳐야 한다. 헌금한 신자 이름과 액수가 주보에 오르고 액수의 크기 순서에 따라 이름이 호명되는 곳도 있다. 십일조 이외 건축헌금, 감사헌금, 특별헌금, 선교헌금 등등 기본으로 내야 하는 헌금 봉투와 그 주에 돈 내야 할 명목의 봉투가 2개나 주보에 끼워져 있었다. 십일조가 아닌 백일조百一租를 내는 경우가 대부분이지만, 십일조가 아닌 십삼조十三租를 내야 주보에 이름이 실리는 교회도 있었고 회비를 따로 내는 교회도 있었으며, 심지어는 예배 봉헌 시간에 헌금통을 세 번 돌리는 교회도 있었다.

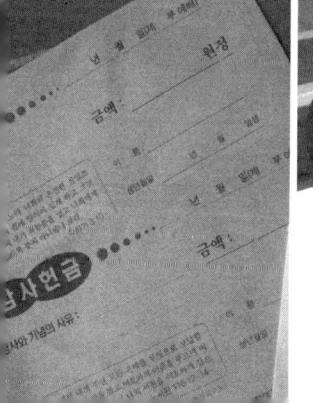

정기적인 공양물뿐만 아니라 각종 재(齋) 명목과 납골당 등에도 돈이 들어간다.

교회에서 대접받으려면 더 좋은 차를 몰아야 하고 더 좋은 동네, 더 넓은 평수에 살아야 한다. 광고의 홍수에 끌려 물건 사기 바빠 소유에 먹히고 자기를 되돌아볼 여유 없이 시간에 지배당하는 불쌍한 신자들에게 위로는커녕 부담만 준다. 사찰에 다녀도 상황은 비슷하다. 불사·불공·기도 등의 정기적인 불공 이외에도 대중공양, 꽃·양초·쌀 등의 공양물을 바쳐야 하고, 상이라도 당하면 49재, 천도재, 영가천도, 조상천도 등의 재(齋) 명목과 납골당 등에 돈을 내야 한다. 한때 납골당 장사가 잘되니 사찰마다 너도나도 납골당 짓기에 한창 열을 올렸던 모습을 기억하고있다.

대형 교회의 목사나 사찰 본사 주지는 눈코 뜰 새 없이 늘 바쁘다.

우리 사회가 바쁘게 돌아가는 만큼 성직자도 바쁘게 산다. 물론 영혼을 돌보는 목사도 소수 있지만 목사가 사람 만나는 데도 늘 돈과 관련된 이해득실이 우선이라는 사실을 확인했다. 교회 몸 부풀리기를 사업으로 하는 '목사' 사장의 영업 속셈을 알 수 있는 사례가 있다. 2011년 4월 19일 《한겨레》에 "'신도 ○○명, 권리금 ○천만 원' 교인들도 놀라는 교회 매매"라는 제목으로 신자 수까지 계산해 '권리금'을 받고 교회를 사고파는 은밀한 장사가 성행한다는 기사가 실렸다. 급매도 나오고 교인이 몇 천 되면 권리금도 붙는 교회가 많다는 것이다. 그 기사 내용을 일부 옮겨보자.

교회 부동산을 전문적으로 거래하는 인터넷 사이트 '기독정보넷 www.cjob.co.kr'을 살펴보니, 지난해 한 해 동안 810여 건에 이르는 교회 매물이 올라와 있었다. 올해 1월부터 4월 14일까지 등록된 매물만 270건에 달했다. 이 사이트에 올라온 글은 크게 '교회 팝니다'와 '후임자 모십니다'로 나뉜다. 기독정보넷 관계자는 "'교회 팝니다'는 교회 건물을 파는 것이고, '후임자 모십니다'는 교인도 함께 거래하는 것"이라고 말했다. 그는 "모두 목사들이 내용을 올리고 연락처도 직접 적어놓는다"고 덧붙였다. 교회 부동산 매수자나 후임자를 찾는 인터넷 사이트는 기독정보넷 외에도 기독나라, 기독교벼룩시장 씨에 이플랜 등이 있다.

　이것이 교회의 현 주소이다.
　재작년 부활절에 강남의 한 예장 교회를 찾았다. 나는 거기서 아주 신기한 현상을 목격할 수 있었다. 교회에 귀빈이라도 오는지 목사도 밖에 서 기다리고 있었고, 몇몇 교인이 주차 정리를 하는데 고급차·외제차는 앞자리에 주차시키며 사람은 외면하고 오히려 자동차에 대고 "안녕하십니까? 어서 오십시오" 하는 것이었다. 고급 호텔에서 급에 따라 자동차를 대우하는 상황이 그대로 교회에서도 적용되고 있었다.
　알고 지내는 옛 급우가 최근 월급쟁이를 그만두고 작은 사업을 시작했다. 권사까지 했고 교회 일에 열심이었는데 교회에 발을 끊었다. 사업을 막 시작했다니 축하차 개업식에 갔다가 난 묻지 않을 수 없었다. 그녀의 대답은 이렇다. "아무리 열심히 해도 내가 크게 헌금을 하거나 돈을 쓰지 않으면 교회에서 내 소리가 먹히질 않아. 그래서 큰 돈 벌어 큰소리칠 때까지 교회 안 나간다." 교회에서 교인의 위치는 주일 성수와 각종 행사 참석 그리고 십일조 헌금과 기타 기부의 명목으로 얼마를 냈느냐에 따른다는 이야기는 그냥 말로만 있는 것은 아니었다.

 얼마 전 작은 예장 교회에서 들은 목사의 설교는 대형 주차장 확보였다. 주차시설의 부족으로 동네 거주자들과 잡음이 많으니 교회 옆에 있는 낡은 건물의 땅을 사자며 주차장 건축 청사진을 제시하는 것이었다. 그 목사는 설교가 아니라 일반 청중을 상대로 전략 강의를 하는 것 같았다. 충분히 그럴 수 있는 일이라고 여길 수도 있지만, 설교 후 목사는 주차장 용도의 건축헌금을 마치 하나님의 계시 말씀처럼, 사야 할 땅이 마치 가나안 땅으로 들리게 하는 기도로 마무리했다. 주차장 확보가 과연 하나님이 그를 통해 내린 계시일까? 교회의 주차공간 문제라면 대중교통을 이용하도록 권유하면 되지 않는가? 결국 이렇게 교회는 하나둘 대형으로 치닫고 만다.
 2006년 강남의 한 유명한 대형 예장 교회에 예배 답사를 나갔다. 그날의 설교 주제는 '너희를 위해 보물을 땅에 쌓아두지 마라'였다. 목사는 재산과 보물의 기준을 열거하더니 자식 많은 사람이 재산을 자식에게 물려주면 유산 문제가 불거지니 하나님 앞으로 가져오라는 것이었다. 마치 하나님의 명령이라도 받은 듯 톤 높은 소리로 시종일관하는 그 목사는 멀리서 보아도 권위주의 냄새가 잔뜩 묻어나왔다. 난 도저히 더 이상 앉아서 그 설교를 듣고 있을 수 없어 슬그머니 빠져나

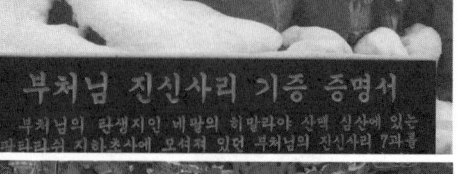

오고 말았다.

불교에서의 예를 들자면 중생제도라는 허울 좋은 방편에 의한 것이 많다. 흔히 연등 이외에 돈벌이 수단으로 '진신사리'를 모신다. 단지 모시는 게 아니라 기증서까지 새겨 넣는다. 이것은 수입원이 될 뿐만 아니라 사찰의 권위를 돈독히 하는 데도 이용된다. 부처가 남긴 몸의 진핵이라는 사리가 얼마나 많은지는 모르겠으나 전국의 사찰 곳곳에 진신사리가 많아도 너무나 많은 것 같다. 사찰에서는 단연 초파일 연등 장사가 가장 수입이 좋은데, 한적한 작은 암자의 경우 이때 벌어 일년 먹고 사는 곳도 꽤 있다고 한다. 자백하건대 나 역시 동국대에 다닐 때 연등 판매를 할당받아 이런 일에 일조한 적도 있다.

초파일 연등 외에 기와불사, 건축불사, 백중 우란분절, 100일 기도, 1000일 기도, 수능합격기도, 물고기 방생, 조류 방생, 49재, 천도재 등의 명목으로 돈을 내야 하는 일이 많다. 이것만이 아니다. 여기에 액운을 막아준다는 부적을 팔고 신점을 봐주고 작명을 해서 수입을 늘이기도 한다. 과연 이것이 진정한 중생제도인지, 이것이 모두 방편이라는 것인지를 묻지 않을 수 없다.

어느 작은 작은 암자에서 불사를 하는데 까치가 울고 가니 "오늘은 돈이 좀 들어오려나. 공사 대금 줘야 하는데" 하며 누가 와서 얼마 주고 갈까를 계산하며 기분 좋아하는 비구니도 보았다. 그를 떠올리니

산행에서 들렸던 한 비구니 암자에서 겪었던 일도 생각난다. 비를 피하려 잠시 배낭을 마루에 내리자 비구니 스님이 웃으며 나왔다. "여기저기 비가 새고 있어요" 하며 친절하게 하는 말이 길었다. 난 물안개가 피어오르는 경치 이야기만 했는데 어느 순간 상냥하게 미소 짓던 얼굴이 갑자기 변하더니 나에게 빗자루를 던지며 "마당이나 쓸고 가요" 하며 방으로 들어가버렸다. 돈 좀 주고 가라는 메시지가 담긴 친절을 보이다가 나에게 돈 나올 기미가 없다는 판단에 돌변한 것 같았다.

10여 년 전 동국대 동창 스님과 나눈 대화도 떠오른다. 허물없이 지내던 30대의 그는 아파트를 한 채 사겠다고 아르바이트를 다녔다. 목소리가 좋아 여기저기 염불하러 나가 두둑한 돈 봉투를 받아 오곤 했다. 수업이 시작되기 전 막 한 군데에서 아르바이트를 하고 왔다는 그가 봉투의 돈을 세고 있을 때 내

요즘 승려는 이런 아파트 한 채가 필요하단다.

가 물었다. "스님은 처자식도 없는데 왜 아파트가 필요하나요?" 그 대답이 가관이었다. "처자식 없으니까 돈 모으는 재미라도 있어야지요." 이어진 그의 말을 요약하면 늙어서 뒷방 늙은이 취급당하지 않으려면 지금부터 부지런히 모아야 한다는 것이었다. 오래전에 본 광경이 떠올라 난 듣고만 있었다. 아랫마을에 처자식을 두고 동네 큰 절로 출가한 한 스님이 평생 동안 잘 지내다가 대책도 없이 늙고 나니 쥐 나오는 어두침침한 쌀 창고 같은 방으로 밀려나는 것을 눈으로 보았다. 그의 말에 동감을 표했지만 난감하기도 했다.

불교를 공부할 때 다녔던 동국대학 주변에는 유난히 호텔이 많았다. 같이 공부하던 한 스님은 잘 나가는 지방 사찰의 주지였다. 그는 아침 첫 비행기를 타거나 최고급의 자가용을 직접 몰고 강의를 들으러 왔다. 그는 오전 수업을 마치면 여기저기 호텔 식당을 번갈아 가며 점심을 먹고 돌아와 오후 수업을 받고 다시 호텔의 헬스장으로 가서 사우나까지 한 다음 자기 절이 있는 지방으로 내려갔다.

가족 중 반 가까이 출가한 어느 스님 집안의 이야기를 들은 적이 있다. 어느 날 동생은 먼저 출가한 형이 고생 안 하고 잘 먹고 잘 사는 것을 보았다. 동생은 대입시험에 떨어지자 출가하겠다고 나섰다. 그것만큼 좋은 직업도 없다는 것을 알았기 때문이다. 그런데 형제가 만

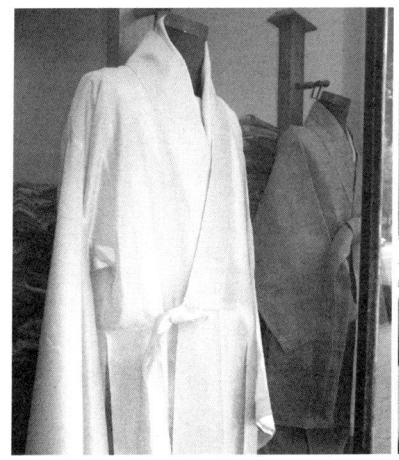 

300만 원짜리 승복과 가사 장삼

나면 온통 땅 투자 이야기만 하는데, 장차 속가의 가족이 모여 살기 위한 땅을 물색하다가 아담한 절을 하나 사두었다. 그런데 그 과정에서 형과 동생 사이가 나빠졌다. 둘이 함께 투자를 했는데 형이 평생 먹고도 남을 만큼의 부동산을 동생 몰래 소유하고 있다는 것이 드러나면서 불화가 시작되었다고 한다. 그간 어디서 어떻게 큰 재산을 마련했는지는 알 수 없으나 이미 재력을 한껏 키운 형을 동생이 부동산 사기죄로 고발했다. 이것이 2011년 현재 일어나고 있는 일이다. 나는 이 형제 승려를 직무태만과 횡령공모로 고발한다.

동국대 대학원 재학 시절 나는 스님들의 돈 씀씀이를 보고 놀란 게 한두 번이 아니었다. 조계사 앞 옷가게에 걸려 있는 '주지 스님용' 가사 장삼은 300만 원이 넘는다. 어느 스님은 19만 원짜리 내복을 입었다고 자랑한다. 돈으로 거룩한 포장이나 한 듯 천 개가 넘는 불상에 모두 금칠을 한 사찰도 보았고 순금으로 된 불상 목걸이를 하고 있는 스님도 보았다. 20여 년 전 내가 디지털카메라를 처음 본 곳은 어느 사찰의 승려 방에서였고, 그랜저 승용차의 새 모델을 처음 본 곳도 어느 사찰에서였다. 돈 많은 사찰은 창고에 물자가 넘쳐 나고 개인 별장 같은 인상을 주기도 하는데, 이런 곳에는 대개 몸보신용 온갖 보약이 즐비하다. 지난 세월 되돌아보면 세상에 좋은 물건은 다 사찰에서 본 것 같다.

한 일식집에서 한 스님이 헉헉대며 아가미로 숨 쉬는 생선회를 맛있게 먹는 모습도 보았다. 그럴 때 흔히 하는 말이 약으로 먹는다는 것이다. 돈 잘 쓰는 귀족형 성직자 가운데 식도락가가 많다. 이런 우스갯소리도 있다. "우리 주지 스님은 식도락가인데 루이비통 가방 든 보살과 에쿠우스 타고 별 다섯 개짜리 호텔에서 식사한다." "우리 스님은 비만이라 보살들하고 골프치고 호텔에서 사우나하고 돌아온다." 신자들이 갖다 주는 온갖 좋은 것 배부르게 잘 먹고 최고 고급만 다 누리고 사는 이들을 과연 뭐라고 불러야 하나?

신자가 방에 들어올 때 '저 사람은 얼마짜리다'라는 견적이 대충 나온다고 말하는 스님도 있다. 농담 투로 하는 말이었으나 그의 말은 진

담이다. 그는 자그마한 개인 사찰을 갖고 영업 중이기 때문이다. 우스갯소리지만, 스님의 목탁 소리는 "어떻게 보살 주머니를 열게 할지 알려주소서"라는 말로 들린다고도 한다. 자신이 직접 개발한 불공 명목이 많은 한 스님에게 그게 다 무슨 소용이 있느냐고 물었더니 "복 준다고 해야 지갑이 열리는 걸 어떻게 해" 한다. 마음속으로 '저 시은을 어찌 갚으려나' 긴 한숨이 지속적으로 나올 즈음 큰 불사에 쓴 돈 문제로 창건주와 싸웠다는 그 스님은 토굴로 간다며 자취를 감추었다.

이런 승려도 있었다. 몇 년 전 타계한 고승의 상좌 스님이 어느 날 나에게 대놓고 액수까지 말하며 보시를 하라는 것이었다. 당시 시간강사였던 나는 이렇게 응수했다. "스님, 내가 그 돈을 드리려면 60시간을 강의해야 하는데요." 과연 그들이 생계유지를 위해 이렇게까지 해야 하는 것일까? '염불엔 관심 없고 잿밥에만 관심 있다'는 게 바로 이를 두고 하는 말이다.

스님에게 돈 나오는 구멍은 대체로 부자 보살이다. 그들은 스님에게 주목받고 싶고 눈길 한 번 받으려 무진 애를 쓴다. 만약 호남형으로 잘생긴 스님이라면 돈 나오는 구멍은 얼마든지 만들 수 있다. 스스로 피땀 흘려 벌지 않았으니 돈의 가치를 모르기도 할 것이라고 눈 감아줘야 할지도 모르겠다. 하지만 그간 내가 본 성직자 중에서 승려의 돈 씀씀이가 평균적으로 가장 헤퍼 보인다.

목사는 대체로 월급제이기도 하지만 교회에는 심방일과 같은 날에 특정 용도로 봉투가 오갈 뿐 장로·권사·집사 집단이 있어 자기 멋대로가 허락되지 않는 면이 많다. 그러나 목사가 받는 선물은 거의 예외 없이 최고의 것이다. 2011년 1월 텔레비전 방송에서 이슈가 된 한 강남 모 대형 교회의 목사는 최고급 외제 스포츠카를 몰고 다닌다. 그의 변명은 교인에게 선물 받은 자동차라는 것이다. 또한 목사는 최고급

이태리 양복에 이름난 명품을 두르고 다닌다. 이런 귀족 목사는 어디서나 아랫목 차지하고 어디 가나 상석을 차지하고 대접 잘 받는다.

이런 일이 다반사로 일어날 수 있는 것은 개신교와 조계종 등에 목사와 승려의 금전 문제를 통제할 수 있는 강력한 기구가 없기 때문이다. 조계종은 재정 감사를 실시하고 신도교육국에서 VIP 신도를 관리한다지만, 금전 관련 특별감시국은 따로 없어 느슨한 편이다. 다시 말해서 바티칸 교황청의 국무부, 내사원, 공소원, 평의회 등과 같은 강력한 중앙의 금융감독원 분과기구가 없다. 그러니 신도를 상대할 때 주머니에 돈 들어오는 일과 관련해 하루를 보낼 수밖에 없지 않겠는가? 승려의 대부분은 월급제가 아니기 때문에 돈 쓸 일 있으면 돈 잘 주는 보살 오기를 기다리는 건 당연하다. 수입이 일괄적으로 총무로 간 다음 다시 일정 액수를 각 교당으로 보내는 조직을 가진 원불교에서는 이런 일은 일어나지 않는다.

돈에 따른 귀족화는 불교나 개신교만의 현상이 아니다. 사적인 자리에서 한 신부는 하룻밤에 위스키 한 병은 마셔야 잠을 잔다며 위스키 한 박스만 있으면 좋겠다고 말하는 것이었다. 알고 보니 그 위스키는 밸런타인이라는 30만 원이 넘는 비싼 술이었다. 많이 마셔도 다음 날 머리가 아프지 않다는 것이 그 술을 원하는 이유였다. 어렸을 때 신부님 방에 온갖 고급 양주가 가득했던 광경을 본 이유를 알 것도 같았다. 그 당시에는 조니 워커 블랙 정도가 가장 고급 양주였던 것 같은데 이제는 그것보다 비싼 술도 많다 한다.

외국의 경우지만 동남아 여행 중 찾았던 한 수도원에서 신부가 현지인 일꾼을 노예 부리는 듯하는 모습도 보았다. 그는 본국에서 대사관을 통해 공수해왔다는 곰팡이 난 블루치즈를 먹으며 우리가 꺼내놓은 김치를 보고 냄새난다고 투덜거리기도 했다. 내가 자주 가는 성당은 겨울에 노숙자가 들어온다고 성당 문을 꼭꼭 걸어 잠그게 한다. 최고급 레스토랑에서 여유만만하게 와인을 마시며 근사한 식사를 하는 성직자를 보는 것도 그리 어려운 일이 아니다. 3년 전쯤 앞에서 말한 십일조 약정서를 주보에 끼워주던 그 교회에서 벌인 초호화판 행사를 직접 보았다. 그날 뒷자리에 앉아 있던 나는 도저히 눈을 뜰 수가 없었다. 마침 쏟아져 들어오는 봄 햇살이 최고 성직자가 쓴 황금 관에 반사되어 눈이 부셔 아무것도 보이지 않았기 때문이다. 그 광경을 보며 이런 곳에 어떻게 예수가 함께하실까 하고 무척 씁쓸한 마음이 들었다.

일간지에 종교 인물을 소개하는 칼럼을 연재하던 2003년, 한 수도원으로 취재를 나갔다가 겪은 일도 있었다. 흔히 인터뷰 대상이 선정되면 허락을 먼저 구하고 승낙을 받으면 약속한 날짜와 시간에 찾아간다. 그런데 선약이 되어 있는데도 두 시간을 기다리게 하는 것이었다. 미안해 어쩔 줄 모르는 사무실 직원에게 들으니 큰 헌금을 한 사람이 갑자기 와서 접대 중이라는 것이었다. 10여 년 전 한 성직자에게 취재하고 싶은 분의 소개를 부탁한 적이 있었다. 그랬더니 그는 일종의 암시를 주었다. 정리하면 '소개해주면 나한테 무슨 좋은 일이 있는데' 하는 뉘앙스였다. 소개비, 커미션을 달라는 눈치를 채지 못한 실수를 깨닫고 "요즘 어려우세요"라고 물으니 즉각적으로 나온 반응이 "지금 건물 하나 건축 중인데 자금이 모자라요"라는 것이었다.

10여 년 전, 종교 교단에서 운영하는 학교에서 기부금 문제로 내부 갈등을 겪다 옷을 벗고 나온 전직 학교 담당 수도자를 만나 이야기를 나눈 적이 있었다. 그 종교 교단에서 대외적으로 쉬쉬하는 이야기였다. 그는 그 당시 이미 자의가 아닌 타의로 환속당해 옷을 벗었지만 자초지종을 듣고 보니 특정한 목적을 두고 입회한 경우였다. 어느 날

불교에서 청빈의 상징이신 청화 스님

교단에서 운영하는 부설학교의 돈 사용처가 불분명하다는 제보가 있었고 이것에 대한 몇 가지 사실이 드러났다. 그는 결백을 주장했지만 환속 이후 사는 것을 보면 모두 다 거짓이었음이 눈으로 판명되었다. 당시에 가장 비싼 강남의 아파트 단지에 살고 있었고 자가용으로 서울시내 고급 호텔 식당을 드나드는 것을 직접 목격했다. 나는 한때 수도자였던 그에게서 위선의 극치를 보았다.

이렇게 세세히 사례를 다 들기도 벅찬 사건·사고는 모두 돈이라는 사랑스러운 존재(?)가 퍼뜨린 오염 때문에 일어난다. 돈으로 인한 병폐는 귀족화만이 아니다. 위선적인 태도도 돈으로 인한 심각한 병폐의 하나이다. 십자가나 불상을 내세우는 목사나 승려일수록 가식과 이중인격적인 위선이 심하다고 말해도 크게 틀리지 않는다. 오죽하면 이런 말이 있겠는가. 목사가 설교할 때 신도석 앞자리에 앉는 부인들은 콧방귀를 뀐다고.

나는 캄보디아에서 한 수도자가 방금 자기가 한 말을 몇 시간 후에 절대로 한 적이 없다고 시치미 떼는 모습을 직접 보았다. 말했다고 하면 그에게 매우 불리한 상황이었다. 몇몇 수도원에서도 이런 위선을 목격했다. 예배·미사·예불 같은 공동 예식을 떠난 개인적인 자리에서 만날 때 이것을 확인했다. 외부적으로 유명세를 타는 성직자라도 개인적으로 맞대면하고 보면 돈에 관한 한 거기서 거기였다.

돈이라는 사랑스러운 존재가 교회와 사찰을 오염시킨다. 성스러움이나 거룩함과는 같이할 수 없는 돈 욕심으로 인해 자기도 모르게 귀족 아니면 위선자가 되는 것이다. 사찰도, 교회도, 수도원도 그야말로 글자 그대로 청빈해야만 예수와 부처의 정신이 살아 숨 쉴 수 있다. 교회든 사찰이든 조금은 부족한 듯 청빈하면 그곳에 예수와 부처의 정신이 깃들며 생명력을 갖게 되는 것이다. 125여 년이 된 한국 교회사에서 그리고 1,600년 된 한국 불교사에서 언제부터인지 모르지만 이미 오래전에 예수를 위한 교회 또는 부처를 위한 사찰은 사라지고 교회를 위한 예수 또는 사찰을 위한 부처만 남아 있다.

현대에 가장 청빈하게 사셨던 수행자이신 청화 스님이 하셨던 말씀이 있다. "스님에게 절대로 돈 주지 마세요. 주머니에 돈 있으면 공부 안 합니다." 세월이 지나고 보니 왜 그 말씀을 하셨는지 실감날 뿐만 아니라 진리에 가깝게 들린다. 흔한 말로 사는 게 쉽지 않듯이 중노릇하기가 쉽지 않다고 하는데, 그들은 너무 쉽게 살고 있다. 속물이 따로 없다는 지적에 이의를 제기할 성직자도 없을 것 같다.

금욕과 성직자의 성 문제

 금욕하는 성직자에게 해당되는 직업윤리로 이성에 관한 문제가 대두된다. 이것은 돈 다음으로 위선을 낳는 또다른 장애물이다. 흔히 이런 문제나 사안을 두고 토론을 기피·회피하는 현상이 짙으나 이제는 짚고 넘어갈 때도 되었다고 본다. 인간의 기본적인 욕망인 성욕을 과연 신앙으로 승화시키는 금욕이 가능한가? 이것은 아주 오래된 문제지만 외부로 알려지길 꺼려 쉬쉬하는 경향이 짙다.

 신부들은 바티칸이라는 거대한 조직과 수도회의 영적 형제들에 싸여 엄격한 규율 속에서 자가 통제가 가능한 시스템을 갖추고 있으며, 정결·청빈·순명으로 욕망을 승화시키는 데 모범을 보인다. 성욕과 관련된 문제는 대체로 독신 비구 집단인 조계종 승려에게 해당되는 경우가 많다. 조계종은 이 문제를 각 개인에게 맡기는 성향이

개신교 독신 수도원인 남원의 동광원

강해 견제가 느슨하고 행여 발각되어도 처벌도 미미하다. 그러니 상습적인 탈선의 사례가 많을 수밖에 없다.

　이성 문제는 가정을 꾸리는 목사에게는 상대적으로 적은데 만약 목사를 금욕 제도에 가둔다면 목사 지망생이 많지 않았을 것이고 신학대학원은 파리 날릴지 모르겠다. 목사에게 사모의 역할이 중요한 만큼 목사의 결혼제도는 장점도 많다. 한편 현재 서너 개의 건전한 개신교 독신 수도원도 있는데 포천의 은성 수도원, 천안의 한국 디아코니아 자매회, 남원 동광원이 대표적이며 이외 독신 전도단이 서너 군데 있는 것으로 안다.

　나 자신은 성직자도 금욕 수도자도 아니라 모르는 일이지만, 과연 인간의 가장 기본적인 욕망 가운데 하나인 성욕을 어찌 보아야 하는지에 대해 고민이 깊다. 세상에 대고 이 질문을 던져보고 싶다. 인간의 가장 기본적이자 강한 욕망을 부정하는 것은 자칫 위선을 낳는 위험한 요소가 될 수도 있다. 금욕이 과연 수행이나 수도에 도움이 되는 것일까? 누구는 금욕이 사람의 본능을 거스른다고도 하고, 누구는 수도에 반드시 필요한 조건이라고도 한다. 종교적인 이유로 설정된 인간 욕망의 금지와 억제는 무질서보다도 더 많은 해를 끼친다고도 한다.

종교 현장에서 관찰된 현상 가운데 불교에 해당하는 특이한 점 하나가 있다. 속세를 떠나 세상과 격리된 곳에서 만나는 승려를 보면 둘로 나뉜다. 비록 제한적인 나의 관찰에 의한 것이지만 속가 시절 산전수전 다 겪고 들어온 승려와 어릴 적 뭣 모르고 승가에 들어온 승려는 현저하게 다르다. 그러니까 세상을 잘 알기에 완전히 등진 승려와 어린 나이에 동진童眞 출가한 승려를 비교하면 후자가 유난히 여자에 대한 호기심이 많아 보였다. 어릴 적 성공회 성당에서 아이들이 신부님에게 "아빠" 하고 부르는 소리에 놀라기도 했고, 이대 후문 근처 봉원사 태고종 사찰 경내에 여자 속옷이 빨랫줄에 널려 있는 것을 보고 놀랐던 적이 있다. 성공회와 태고종에 여자 문제가 없는 것은 부인이 있기 때문이라는 말도 있다.

대처帶妻를 허락하는 유일한 불교 종파는 일본 불교이다. 일제강점기에 일본 불교의 영향 받은 국내의 몇몇 종단에만 해당되는 대처는 현행 관련 법규상 보장되어 있다. 그런데 문제는 대처 불가의 종단에서 여신도와 관련된 탈선 문제, 그리고 정식 결혼은 아닌 형태로 은처隱妻 문제가 일어난다는 것이다. 검증된 성직자만 성직에 남아야 한다고 주장하는 이유 가운데 하나는 바로 성 문제와 관련해서이다.

성적인 욕망을 불교에서는 애욕愛慾이라 부른다. 초기 불교에서는 성적인 욕망인 애욕을 철저하게 금했다. 《법구경》에 이런 말이 있다. "음욕보다 더한 불길이 없고 성냄보다 더한 독이 없나니, 육신보다 더한 괴로움이 없고 열반보다 더한 행복도 없다." 이처럼 《법구경》은 음욕을 경계하는데 한 장章을 할애하고 있는데, 이는 응당 수행에 지장을 주는 것으로 인식되었기 때문이다.

가톨릭 역시 수도자의 금욕을 요구한다. 가톨릭 남성 수도회에서 독신은 신에게 자신을 온전히 바치는 의미라고 한다. 11세기 교황 그레고리우스 7세가 사제의 결혼을 금지하고 금욕주의를 채택한 이후 트리엔트 공의회1545~1563에서 정식 교회법으로 선포되었다고 한다. 성직자의 결혼을 금지한 것에는 세속적인 이유가 있었다. 교권이 강화된 신부들의 자기 영토에 대한 주장으로 인해 교회 재산이 줄어들고 신부에게 가족이 있을 때 더 많은 영토를 요구하고 또 차지했기 때문이다. 이것만 보아도 결혼으로 집 식구나 식솔을 거느리면 수도에만 매진하기 어려울 것이라는 점만은 분명하다. 이런 까닭에 불교에서는 초기부터 수행 전념을 위해 출가라는 제도가 있었던 것이다.

이런 우스갯소리도 있다. 굉장한 미인이 지나가자 도를 닦고 있던 수도자가 이렇게 소리쳤다.

"저런 미인은 처음인걸. 저 검은 눈동자에 가는 허리 정말 멋지군."

그러자 옆에 있던 동네 사람이 비난하듯 물었다.

"아니, 도 닦고 있는 이가 어찌 여자를 탐합니까?"

여기에 나온 대답이 가관이다.

"단식한다고 메뉴 보지 말란 법 있습니까?"

마치 맛있는 음식을 앞에 두고도 못 먹는 마음과 같을까? 같은 여자라도 어여쁜 여자를 보면 눈이 가고 그냥 지나치지 못하는데 말이다. "너희에게 이르노니 여자를 보고 음욕을 품는 자마다 마음에 이미 간음하였느니라"마태복음 5:28의 기준에 따르면 이 도인은 이미 음욕을 품어 간음한 것과 같다. 부처의 말에 의하면 이미 탐욕, 성냄, 어리석음인 탐진치貪瞋痴 가운데 탐욕을 드러냈거나 탐욕과 어리석음 양쪽에 해당되는 것이라 보아도 무방할 것 같다.

수행자에게 가장 어려운 것이 바로 애욕이라고 한다. 인간의 본능을 억누르기 위해 누구는 성기까지 잘라냈다고 하던데 집착 가운데 이것만큼 끊기 어려운 것도 없으리라. 인간이라면 누구에게나 있는 이 강한 욕망을 '금욕'으로 다스려야 하는 어려움의 일면을 동국대 재학 시절에 조금 알게 되었다. 남산에 벚꽃이 만발할 즈음, 친하게 지내던 나이 어린 스님 한 분이 나에게 이렇게 말했다. "봄이 되면 꽃 피고 새 울고 다들 좋다고 난리인데 나는 괴로워 죽겠어요. 봄이 오면 아침마다 힘이 들어요."

1990년대 초·중반 송광사에 장기 체류할 때 조계산을 타고 선암사로 향하다가 만난 젊은 스님의 이야기다. 막 비구계를 받은 얼굴이 해맑고 순진무구한 그는 행자 때부터 공양간 일을 맡아 서로 얼굴을 알아 합장 인사를 하고 지낸다.

"스님, 행자 마치고 정식 비구 스님이 되셨으니 기쁘실 텐데 안색이 안 좋으시네요. 어디 불편하세요?"

"아니요, 잠을 못 자서 그렇습니다."

"스님, 행자 때 공양간에서 졸 만큼 그렇게 잠이 많더니 못 주무시다니요?"

"보살님, 말씀드리기 부끄럽지만 보살님이 어머니라고 생각하고 말할게요. 요즘 이상한 꿈을 자주 꿔요. 어젯밤에도 꿈을 꾸었는데 이번에는 꿈에서 그 여자를 완전히 안아버렸어요."

무슨 말을 어떻게 해야 하나 잠깐 고민하다가 그런 꿈을 꿀 수 있는 건 몸과 마음이 건강하다는 증거가 아니겠냐고 위로하는 수밖에 없었다. 금욕 수행자라면 이런 꿈을 꽤 꾼다고 한다. 성 문제는 진정 수행자에게 가장 괴로움을 주는 것 같다. 부처 자신은 결혼도 했었고 자식도 가져보았고 온갖 쾌락을 다 누려보았으니 세상을 쉽게 등질 수 있었던 게 아니었을까?

성직자의 성 문제를 떠올리면 늘 생각나는 일이 하나 있다. 1998년 연세대 국제학대학원에서 외국 학생을 위해 개설한 한국 불교 과목에 출강한 적이 있다. 불교를 소개하다 조계종과 태고종의 차이를 설명하면서 조계종의 비구는 가톨릭 사제와 마찬가지로 금욕한다고 이야기했다. 그런데 한 교포 여학생이 이런 질문을 하는 것이었다. "지금이 중세도 아닌데 금욕을 하다니요? 실제로 스님들이 이성을 멀리하고 그것을 지키고 사나요?"

나는 대답을 할 수 없었다. 그날 저녁 평소 친하게 지냈던 동창 스님과 인연 닿는 스님 몇 분에게 전화를 했다. 질문에 어떤 식으로든 답을 주어야 했기 때문이었다. 최고령 학생인 나를 '할매'라고 부르는 스님도 있어 큰 실례가 될 것 같지 않았다. 이름을 밝히지도 않을 것이며 학생의 질문이니 성실한 답을 부탁한다고 말했고 대여섯 스님의 답을 들었다. 지금의 기억으로 한 명은 돈 주고 하고, 두 명은 가끔 숨어서 만나는 여자 친구가 있고, 두 명은 혼자서 해결하고 나머지 한 명은 여자가 그리운 경지는 이미 지났다고 했다. 정리하면 가끔 돈 주고 산다, 혼자서 해결한다, 간간이 여자 친구를 만난다로 나타나지만, 가장 심각한 것은 은처 문제이다.

이 문제와 관련된 신문 기사 하나를 살펴보자. 1996년 8월 1일《경향신문》종교면 "도박·은처승 징계 첫 거론, 월하 종정 총무원장 보고 받고 척결지시"라는 제목의 기사 내용은 이러하다.

> 대한불교 조계종은 비구 종단이다. 여색을 가까이 해서는 안 될 뿐 아니라 결혼은 더더욱 안 된다. 재물을 탐내서도 안 되며 도박을 해서도 안 된다. 하지만 부인을 몰래 두거나 도박을 즐기고 개인재산을 챙겨놓은 스님들도 있나 보다.……은처승과 도박승 문제는 불교계에서 이미 오래전부터 지적돼왔다. 하지

만 청정비구교단임을 내세워온 조계종으로서 쉽사리 건드리기 어려운 아킬레스건으로 인식돼왔다. 문제의 심각성과 중대성을 알면서도 쉬쉬해온 것도 이 때문이다.

불교는 수행과 계율이 전부라 할 만큼 그 비중이 크다. 250개의 계를 받아 비구가 되고 그것으로 금욕이 시작된다. 수행 조건의 첫째는 계율을 지키는 것이고 계율을 지킨다는 것은 불교에서 청정한 비구로 사는 것을 말한다. 그러나 이것이 말처럼 쉽지는 않은가 보다. 조계종에 당면한 첫째 문제는 총무원의 권력화, 종회 계파, 그다음이 은처 문제라고 한다.

'은처'는 말 그대로 처를 숨겨놓는 것이다. 은처 문제는 쉬쉬하면서도 간간이 제기되지만 항간에 높은 지위의 승려 가운데 마누라를 숨겨놓지 않았다면 바보 멍청이라는 말도 들린다. 조계종의 수치로 여겨지는 1994년 조계종 폭력 사태의 핵심 인물인 서의현에게 숨겨놓은 처가 있다는 보도도 있었다.

월암 스님은 "너도나도 어른도 아이도 사설사암이요, 토굴이요, 아파트다. 개인주의가 팽배해 대중생활은 이뤄지지 않고 승가공동체의식은 찾아보기 힘들게 됐다"《법보신문》, 2011. 3. 25며 한국 불교의 병폐를 지적했다. 여기서 개인 수행처라는 명분의 토굴이 있기 때문에 은처가 가능하다고 지적하고 있다. 옛 토굴은 이제 아파트로 대체되었고 너도나도 아파트 한 채 장만이 유행이라는 것이다. 토굴이라는 명목으로 아파트를 장만이라도 하면 그때부터 다른 생각이 드는 것은 보나마나다. 공동체적인 대중생활을 기피하고 홀로 있는 것은 수행에서 한참 어긋나는 길로 가는 첩경이다. 아파트를 갖기 위해 재산을 은닉하거나 불교 문화재를 훔치거나 뒷거래하는 일도 마다하지 않는다.

은처는 단지 계율의 문제라기보다 노후 보장이 되지 않는 조계종의 현실을 말해주는 것이기도 한다. 가톨릭에서는 은퇴한 신부가 경제적 걱정 없이 조용하고 편하게 지낼 수 있게 보장하는 반면 조계종에서는 승려 은퇴 이후의 노후 보장은 취약하다.

20여 년 전 막 불교에 입문할 당시에 지금은 이름도 기억나지 않는 어느 여신도회 회장에게 들은 이야기다. 중구의 한 경찰서장이 한 말이 퍼져 내 귀까지 온 것이었다. 1970~80년대 서울역 앞 양동 홍등가 지역을 급습해보면 방에서 나오는 사람 반이 승려였다고 한다. 지금은 많이 변해 있지만 한때 그곳에서 승려는 가장 환영받는 단골손님이었다고 한다. 그들 대부분은 아마 수계 절차 없이 외양만 삭발하고 승복을 갖춰 입은 '땡중'이었을 것이다. 요즘에는 승려들이 고급 요정에 드나든다는 말이 매체를 통해 흘러나온 적이 있었다. 본사이든 말사이든 다른 종교에 비해 주머니가 두둑하고 시간 여유가 많은 주지라면 딴 생각을 갖는 것은 당연하다. 이런 승려에게는 대처가 가능한 종단으로 옮기라고 권하고 싶다.

출가한 비구대중에게 설한 법문이 주된 내용을 이루고 있는 《사십이장경》에는 다음과 같은 부처의 말이 있다.

> 이성에의 욕망은 커서 끝이 없는데 마침 하나뿐이어서 다행이지 둘이라면 온 세상에 도 닦을 사람이 없을 것이다. 이성을 볼 때 늙은 여인은 어머니처럼, 나이 많은 여인은 누나처럼, 나이 적은 여인은 누이동생처럼, 어린아이는 딸처럼 생각해 그들을 제도할 마음을 낼지언정 옳지 못한 생각을 품어서는 안 된다.

초기 경전 가운데 부처의 육성을 담은 것이라는 《법구경》「애욕품愛

慾品」에는 이것과 관련된 많은 법문이 있다. "도에 뜻을 두어 행하는 이는 애욕을 끌어 모으려 하지 말라. 먼저 애욕의 뿌리를 죽이고 다시 심는 일 없게 하여 마치 풀을 베는 것처럼 다시는 애욕의 마음 나지 않게 하라.…… 모든 번뇌는 넘쳐흐르고 애욕의 결박은 칡넝쿨 같아라. 오직 지혜만이 이를 가려내 번뇌의 뿌리를 끊을 수 있네."

《법구경》에서는 가장 큰 괴로움인 성적인 욕망인 애욕이 완전히 사라지는 것을 괴로움을 다한 것愛盡勝衆苦으로 정의한다. 오죽하면 "독사의 입에 네 그것을 넣을지언정 여자의 그곳에는 넣지 말라"고 경고했을까? 초기 불교 교단에서는 처음부터 여색을 철저하게 금했다. 수행하는 승려가 되려면 출가해야 하는 것은 여자와 수행을 병행할 수 없기 때문에 나온 방편이었다.

아는 승려가 간화선 수행을 하는 도반에게 "스님은 여자를 어떻게 보느냐"고 물었더니 "여자는 여자로 볼 뿐이다"라는 대답이 돌아왔다고 한다. 이런 경지까지 가려면 무엇을 해야 하는지 궁금하지 않을 수 없으나 역시 정답은 수행·수도밖에 없을 듯싶다. 애욕 혹은 성적인 욕망을 수행이나 기도의 힘으로 소진하지 못한다면, 즉 성 에너지를 수도로 승화시켜나가지 못한다면 부처를 욕보이게 하는 일이 다반사로 일어날 것이다.

개신교 성립 이전의 기독교를 살펴보자. 기독교가 로마제국 전체로 퍼져나가고 제도화되는 과정에서 성적인 욕망은 부정적인 것으로 묘사되곤 했다. 기독교의 성에 대한 엄격한 윤리적 잣대는 바울에 의해 마련되었다고도 볼 수 있다. 천국을 위해 스스로 결혼하지 않은 목사를 아직 본 적이 없지만, 금욕적 수도문화가 가장 빈약한 곳이 개신교이다. 기도원과 금식기도가 전부이니 말이다.

"장가들지 않는 것이 좋겠나이다" 하는 말에 예수는 이렇게 말한다.

"사람마다 이 말을 받지 못하고 오직 타고난 자라야 할지니라. 어머니의 태로부터 된 고자도 있고 사람이 만든 고자도 있고 천국을 위하여 스스로 된 고자도 있도다. 이 말을 받을 만한 자는 받을지어다"마태복음 19:11-12.

바울은 이렇게 말한다. "남자가 여자를 가까이 아니함이 좋으나 음행을 피하기 위해 남자마다 자기 아내를 두고 여자마다 자기 남편을 두라"고린도 전서 7:1-2. "내가 결혼하지 아니한 자들과 과부들에게 이르노니 나와 같이 그냥 지내는 것이 나으니라. 만일 절제할 수 없거든 결혼하라. 정욕이 불같이 타는 것보다 결혼하는 것이 나으니라"고린도 전서 7:8-9. "너희가 염려 없기를 원하노라. 장가가지 않은 자는 주의 일을 염려하여 어찌하여야 주를 기쁘시게 할까 하되 장가간 자는 세상일을 염려하여 어찌하여야 아내를 기쁘게 할까 하여 마음이 갈라지며 시집가지 않은 자와 처녀는 주의 일을 몸과 영을 다 거룩하게 하려 하되 시집간 자는 세상일을 염려하여 어찌하여야 남편을 기쁘게 할까 하노라"고린도 전서 7:32-34.

예수에게 자기 일생을 바치고 헌신하는 목회자·선교사·전도사라면 복음 전파에 성 에너지를 완전히 승화시킬 수 있을 것이다. 가톨릭의 수도자는 정결·청빈·순명을 서원하는데 금욕은 이 셋에 걸치는 중요한 덕목이다. 친하게 지냈던 30대 예수회 수사는 서강대에서 종교학을 공부했는데 불교를 전공했다. 그에게 "수사님은 여자 생각 안 나요" 하고 물은 적이 있다. 그의 대답은 고통 그 자체였다. "난 그 욕망을 승화시키려고 노력 중이지만 어떤 때는 정말 이겨내기 힘들어요. 그래서 취미생활을 시작했어요." 아주 오래전에 혈기 넘치는 어느 젊은 신부는 여자가 그리울 때마다 위스키 한 병 마시고 가수 윤시내의 〈열애〉를 목 터져라 부르고 잠든다고 말했다. 가까운 동네에 성프란시스코회, 작은형제회 청원소가 있다. 청원자들은 대부분 건강해 보이는 청년인데 매주 축구 하러 가는 모습을 볼 수 있다. 이렇게 스포츠로 성적인 에너지를 분산시키는 것은 건강한 육신에 건강한 정신까지 깃들게 하는 지름길이 아닐까 한다.

양심선언을 하듯 이성 문제를 이유로 파계하거나 환속한 승려·신부·수사를 만난 적이 있다. 한때 몸담았던 수도원과 사찰이 그들에게는 감옥과 같았고 승복이나 신부복은 족쇄처럼 옭아매고 있었던 것이다. 여자 교인을 사랑하게 되어 옷을 벗고 나온 어느 신부는 자신이 자신에게 가했던 스트레스에 양심선언을 했다고 고백했다. 나와 동창인 어느 승려는 환속하고 바로 결혼했다고 지탄을 받았다. 환속한 사람들의 이야기를 전해준 예수회 수사는, 대체로 수도원에 들어올 때 가졌던 환상이 깨지면서 환속하는데, 이성 문제로 수행이나 수도에 진척이 없다면 스스로 빨리 결정을 내리는 것이 가장 현명하다고 귀띔했다.

성聖의 기준에서 종단·교단에서 이성 문제로 환속이나 파계한 사람에게 곱지 않은 시선을 보내는 경우가 허다하다. 간혹 그들을 죄인처럼 대하는 종단·교단의 선입관도 강하다. 그런데 과연 그 누가 그들에게 돌을 던질 수 있을까? "그분들에게 돌을 던지시겠습니까?" 금욕 성직자 조직에 묻고 싶다.

보고 들은 것을 돌이켜 종합해보면 이 문제는 자율에 맡겨 본인이 판단하는 쪽으로 손을 들고 싶다. 오랜 기간 수도나 수행에 매진할 수 없을 정도로 욕망이 강하다면 그는 대처를 허락하는 종단으로 전환하거나 환속을 고려해보는 것도 하나의 방법이다. 출가하거나 수도회에 입회할 때 본인이 결혼 여부를 선택할 수 있는 시스템을 갖춰 스스로 결정할 수 있는 권한을 주는 것도 하나의 방법일 수도 있겠다. 금욕 성직자의 성 문제에 대해 많은 사람들의 의견을 듣고 싶다.

천태만상의 성직자들
-무위도식형, 아상충만형, 권위지향형

　조계종 소속의 선방 수좌 승려들, 개신교의 기장 목사들, 그리고 현재 중생제도에 힘쓰는 승려나 목자 같은 목사를 제외한 성직자는 크게 세 부류로 나뉜다. 하는 일 없이 등 따습고 배부르게 즐기기만 하는 무위도식형無爲徒食型, 오로지 자기밖에 모르는 아상충만형我相充滿型, 권위를 몸에 두른 권위지향형權威指向型이다. 무위도식형은 직무태만에 해당하기 쉽고, 아상충만형과 권위지향형은 직권남용의 범주에 들어갈 확률이 크다.

　무위도식형
　무위도식형은 직무태만의 전형적인 경우이다. 이 유형은 이 세상 온갖 좋다는 것 다 누리고 산다. 유서 깊은 사찰은 신선이나 살 것 같은 수려한 산을 배경으로 구름이 발아래 오는 풍경을 만끽할 수 있는 사찰에 사는 경우가 많다. 대한민국 좋은 곳엔 다 사찰이 있다는 말처럼 공기 맑고 경치 좋은 곳에 살며 돈 걱정 없이 편하게 산다. 「청산별곡」의 "살어리 살으리랏다 청산에 살어리랏다. 멀위랑 달래랑 먹고 청산에 살어리랏다"를 몸으로 보여주는 것처럼. 보통사람들은 창살 달린 시멘트 집에 사는데, 한옥집에 몸에 좋은 것 다 먹고 좋은 옷에 좋은 음식에 온갖 호사를 다 누리며 세월아 네월아 하며 잘 산다.

이런 승려들은 대체로 소위 잘나가는 주지 스님을 은사로 둔 경우가 많고, 고정된 단골 고객이 있어 대체로 일정 금액의 수입이 매달 들어와 지갑이 두둑하다. 할 일은 월급 주고 고용한 사람에게 맡기고 여기저기 좋은 곳으로 놀러 다니기 바쁘다. 경제적으로도 시간적으로도 무척 자유로워 이런 부류일수록 무엇이든 몸에 좋다는 최고를 찾고 철마다 즐길 것 다 즐기고, 다도와 같은 고급 취미도 하나쯤 갖고 있다.

이런 무위도식형은 불로소득으로 호의호식하며 여가 활동에 열중한다. 종일 별로 하는 것 없이 따뜻한 밥만 먹고 최고의 수제手製 차만 마신다. 가끔 입맛 없다, 식욕 없다며 밥투정하다가도 외출이라도 하면 신나서 나간다. 돈 잘 주고 잘 쓰는 신도 만나 고급 가사 장삼 걸치고 맛난 것만 찾아다닌다. 무의도식형에는 식도락가 승려가 많다. 앉은 자리에서 불고기 8인분을 먹는 배불뚝이 비만형 승려도 보았다. 봄이 오면 봄나물에 꽃구경, 여름에는 삼계탕에 휴가, 가을에 송이 먹고 낙엽구경, 겨울 되면 몸에 좋다는 온갖 몸보신용 보약을 섭렵한다. 동네 작은 사찰의 공양주 보살은 아침마다 스님 드실 해장국을 끓여 바쳐야 한다. 매일 밤 사람들을 불러 모아 절에서 마시고 놀고 밖에 나가 놀며 마시는 술 때문이다.

작년에 미국 다니며 골프를 즐기더니 이젠 실력이 싱글이 되었다는 한 스님의 이야기가 주변에서 회자되고 있다. 알 사람은 알 만한 승려가 그 주인공이다. 2004년쯤 한국에 와서 출가한 외국인 승려를 인

터뷰한 적이 있다. 인터뷰를 마치고 나서 개인적으로 궁금해서 "출가하니 뭐가 가장 좋던가요" 하고 물었더니 이리저리 하는 말의 결론은 먹고사는 문제에서 벗어나 좋다는 것이었다. 종일 참선만 하면 돈 걱정 없이 살 수 있으니 출가를 잘 선택했다는 것이었다. 너무 솔직한 대답에 놀랐지만 나는 그와의 인터뷰를 세상에 내보내지 않았다. 나는 이런 유형을 무임승차했다고 표현한다. 사석에서 출가한 이유를 물

으면 직업으로 택했다든가 다른 선택이 없었다고 솔직하게 말하지 않지만 아마도 승려의 절반은 그런 마음으로 출가했을지도 모르겠다.

무위도식형은 대체로 무식하다. 자신도 수행하지 않지만 신도들의 수행이나 경전 공부, 교육은 뒷전이다. 경전 공부든 참선이든 명상이든 자기를 살피는 수행을 하지 않으니 법문이 늘 똑같은 공염불이다. 이런 승려가 하는 한 달 두 번의 법문은 주로 불공과 관련된 것으로, 염불과 108배를 많이 하라고만 가르치거나 자기가 새롭게 발명해낸 불공의 명목으로 불상 팔기에 여념이 없다. 이런 승려 밑에는 그 일을 조직적으로 기획·담당하는 하수인도 있다. 이런 유형은 부적도 팔고 점을 치기도 한다. 한동안 사찰 예불에 참석하면서 예불을 마친 다음 옆자리 보살들에게 집중적으로 "혹시 방금 독경한 반야심경 내용의 의미를 아느냐"고 물은 적이 있다. 나는 그 내용을 안다고 하는 사람

을 아직까지 단 한 명도 보지 못했다. 한 노 보살의 다음과 같은 답만 기억에 남는다. "부처님이 원래 중국 사람이었나요? 경전이 온통 한문투성이라 아무것도 몰라요. 그냥 따라하지."

　연세 지긋한 분들이 많이 드나드는 사찰의 승려는 신자들을 따라 자연히 불공 올리는 기복으로 흐를 수밖에 없다고 치자. 하지만 점차 불교 지성인이 늘어가는 만큼 지적인 욕구가 강한 젊은 세대를 위해 승려 자신이 공부도 하고 수행을 하지 않는다면 직무태만에 해당된다. 무위도식하는 승려를 보면 그들이 진정 생로병사의 이치를 안다면 이럴 순 없다고 목탁 두드려 정신 차리게 하고 싶다. 부처는 중생을 괴로움에서 구하려고 45년간 설법만 하다가 외딴 곳 쿠시나가라에서 열반에 들었다는 점을 상기시키고 싶다.

아상충만형, 권위지향형

무위도식이 얼마든지 가능한 승려와는 다르게 교회에는 일종의 견제수단이 되는 장로·권사·집사가 있고 그들의 눈이 있다. 심방 다니는 일만으로도 하루가 다 가는 목사는 무위도식에 해당되지 않는다. 반면 목사 중에는 영성 대신 아상我相이 충만하거나 권위에 물든 권위지향형에 가까운 사람이 많다.

예수와 부처의 권위로 무장하고 오로지 자기밖에 모르는, 마치 자신이 예수와 부처 자리에 앉아 추앙받거나 원하는 것처럼 군림하는 목사와 승려가 꽤 많다. 대형 사찰이나 대형 교회 서너 군데만 가보면 금방 이 두 유형에 속하는 성직자를 쉽게 볼 수 있다. 나이 사십이면 얼굴에 책임지라는 말이 있다. 독불장군같이 자기밖에 모르거나 경찰서장 같은 권위적인 얼굴에 묻어나오는 인품을 보면 그가 수장으로 있는 교회나 사찰에 오는 신자들은 안 봐도 대충 짐작이 간다. 신기한 것은 교회의 자본 규모에 따라, 사찰의 유명세에 따라 아상과 권위로 도배한 얼굴의 위엄 정도가 다르다는 점이다.

아상충만형의 예를 들고자 지난 이야기를 하나 해보겠다. 15년 전 처음 시간강사를 시작했던 어느 불교대학에서 '불교 영어' 과목을 담당할 때의 일이다. 그때 칼럼을 하나 쓰면서 제목을 "스님, 옷 벗으세요"로 했다. 나체가 되라는 말이 아니라 승복 입을 자격이 안 되니 옷 벗으라는 메시지였다. 통계를 낼 수 없지만 승복 입고 부처 얼굴 먹칠하는 승려의 숫자가 꽤 있어 그 예를 익명으로 거론한 글이었다.

내용은 이렇다. 동국대학 교정에서 그 승려를 1년을 넘게 지켜보았지만 아무리 봐도 성직자다운 구석을 찾을 수 없고 당장이라도 심리치료가 필요하다는 결론에 도달했다. 얼굴이 늘 어둡고 침울했던 그는 자기 자신, 자기 것 이외에는 이 세상 어떤 것도 주제로 삼을 수 없는 사람이었다. 자기 자신, 즉 '나'를 말하지 않고는 대화가 불가능한 지독한 자기중심적인 승려였다. 원래 내가 없는 무아無我의 경지 또는 아상我相을 없애는 게 불교 수행이자 최고의 공부인데 그의 아상은 이루 말로 다하기 어려웠다. 그런 사람이 과연 승복을 입을 자격이 있을까? 이참에 다시 한 번 그에게 옷 벗으라고 말하고 싶다.

미국에 유학 와 있는 한 비구니를 교포들과 같이한 저녁 식사 자리에서 만난 적이 있다. 그의 행동과 말을 종합하면 이 세상 모두가 못났고 자기만 잘났다. 이 세상사람 모두가 멍텅구리이고 자기만 지혜롭게 산다는 것으로 요약된다. 마치 영부인이나 되는 것처럼 고고함을 뽐내는 그 비구니는 앞에 있는 누구라도 작아 보이게 만들고 자기를 큰 인물로 만드는 데 선수였다. 그는 자신의 건강을 위해선 못하는 게 없었다. 상추도 생수에 씻어 먹고 서울에서 공수된 사골 국물 봉지를 갖고 다니며 챙겨먹었다.

개인의 성격으로 치부할 수도 있지만 아상이 큰 극단적인 예는 이것이다. 지방에서 어느 성직자의 인물 인터뷰를 마치고 원고 정리를 하는 중이었다. 그런데 글이 완성되면 자기에게 먼저 보여주고 신문사에 넘기라는 전화를 받았다. 정리한 글을 우편으로 보내주었더니 다시 전화를 걸어와 하는 말이 "내가 이것밖에 안 되나" 하는 것이었다. 자신은 그 글에 묘사된 것보다 훨씬 더 훌륭한 사람이라는 것이다. 자신을 하나님보다 더욱더 높이고 싶었던 것이다.

자신이 예수의 재림인 것처럼, 부처의 화신이나 되는 것처럼 위세 부리며 기고만장한 목사나 승려를 보면 참선 수행은 하는지 새벽 기도는 하는지 의심스럽다. 아상이 충만해 모든 관심이 자기 자신에게만 쏠려 있는 한 그는 분명 불행한 성직자이다. 자기만 아는 사람치고 행복해 보이는 사람 없다는 점이 이를 증명한다. 성직자 가운데 이웃보다 자기 자신에게 깊이 빠져 있는 사람이 의외로 많다. 심리 치료를 권하고 싶을 만큼 '자기'에게 몰두하거나 지독히 자기중심적인 성격 장애자가 성직자 중에 많다. 원래 '나'라는 자기가 강력했다가 예수와 부처로 무장하고 나면 더욱더 강화되는 것 같다. 이런 성직자에게는 부처의 무아도, 예수의 십자가도 아무런 의미가 없다는 말은 하나마나이다.

권위지향형은 조계종 본사나 대형 사찰의 몇몇 주지 승려와 보수 예장 대형 교회 목사에게 해당되는 말이 될 것 같다. 보수적인 성직자일수록 특징적으로 권위주의의 냄새가 온몸을 감싸고 있다. '난 목사다', '난 스님이다' 하며 십자가와 불상을 앞세우고 예수나 부처로 똘똘 무장한 권위적인 얼굴도 꽤 보인다. 이 유형은 대접만 받고 절대로 베풀거나 나눌 줄 모른다. 생전 대접받고 선물 받는 데 익숙해 감사할 줄 모르고 더 좋은 것, 더 많은 것을 찾는 성향도 짙다.

우선 승려부터 보자면, 승려가 된 것 자체가 마치 누군가를 위한 것처럼, 아니면 자신이 고승이나 되는 것처럼, 그도 아니면 승복 입은 것 자체가 대단한 일처럼 "나는 스님이고 당신은 속인이오" 하는 승려를 몇 번인가 보았다. 《금강경》에 사상四相을 두고 "보살이 아상, 인상, 중생상, 수자상을 갖고 있다면 그는 보살이 아니다 若菩薩有我相, 人相, 衆生相, 壽者相, 卽非菩薩"라며 상相을 버려야 한다고 말한다. 여기에 하나 더 "난 스님이다" 하는 승려상僧侶相을 추가시키면 오상五相이 된다. 대승불교의 기치인 상구보리하화중생上求菩提下化衆生은 위로 깨달음을 구하고 아래로 중생을 제도한다는 말이다. 그런데 아래로 중생을 제도한다는 '하화중생' 때문인지 유난히 "너희는 모두 내가 구제해야 할 것들이다"라는 무언의 심리가 권위적인 얼굴에 깔려 있다. 도대체 경전을 어디로 읽는지 알다가도 모르겠다.

전체는 아니지만, 몇몇 종교지도자와 성직자의 눈길은 위로만 향해 있고 아래에 있는 어린 양이나 중생을 내려다본다. 자신이 구원해주어야 할 불쌍한 길 잃은 어린 양 또는 구제해야 할 중생이라 여기고 그 위에 군림한다. 늘 높은 단에서 설교하고 법문하다 보니 늘 아래로 내려다보는 습관이 붙은 것이 아닌가 할 정도이다. 이런 목사일수록 "너는 죄가 많다"거나 "너희는 죄인이다" 하며 죄책감을 심어준다. 승려라면 마치 자신이 부처를 대신하는 것처럼 "네가 업이 많아 그러니 불공을 잘 올려라" 할 공산이 크다. 이것은 일종의 영업 전략이다. 앞서 언급한 도킨슨의 '성직자란 죄책감을 불러일으키는 일을 직업으로 삼은 사람'이라는 말을 상기하자.

우리나라 개신교에서 신성불가침의 세력과 권위를 가진 조직이 바로 한국기독교총연합회한기총이다. 2011년 3월 교회 장로이자 서울대

학교 명예교수인 손봉호 교수가 한기총의 해체를 요구했다. 한기총 스스로가 개혁할 수 있는 여지가 보이지 않는다며 해체운동을 펼치겠다고 선언했다. 그가 한기총의 해체를 요구하는 근거는 그들이 한국교회 역사상 가장 타락해 있기 때문이다. 2011년 4월 방송 매체를 통해 한기총 회장 선거에서 금권이 오가는 행태가 드러났고 현재 '한기총 해체를 위한 개신교인 서명운동'이 벌어지고 있다. 이런 해체 요구에 금권 선거 비리와 관련된 한기총의 주요 인물은 어떤 반응을 보였을까? 많은 사람들이 그들이야말로 예수를 슬프게 하는 대표 주자라고 말하고 있지만, 여기서 끝나지 않고 안으로 곪은 염증은 지속적으로 터져 나올 것이다.

예수가 분명 이들에게 등돌렸음을 확인되는 것은 우리가 텔레비젼을 통해 형태를 볼 수 있게 되었기 때문이다.

한기총은 타락한 집단일 뿐만 아니라 가장 배타적인 집단이기도 하다. 그들이 모든 장로교 교단을 대표하는 것도 아니면서 대표자 행세를 한다. 툭 하면 내는 성명서를 보면 기독교의 정신에 맞지 않는 것이 대부분이고, 특정 교단을 이단이라 정죄도 한다. 유난히 예장 보수파는 행여 누군가 기독교에 대해 비판하거나 교리에 도전이라도 할라치면 바로 방어에 들어간다. 2008년 SBS가 방영한 4부작 〈신의 길, 인간의 길〉의 1부 제목이 "예수는 신의 아들인가"였다. 이것을 두고 한기총은 성명을 발표했고, '한국교회 SBS대책위원회'가 생겨났고, 예장대신大神은 'SBS 기독교 폄훼 방송에 대한 대책위원회'를 만들어 규탄대회까지 가졌다. 진리는 방어될 성질의 것이 아니라는 점도 진리이다. 참 진리라면 '자, 보아라' 하고 다 드러내 보여주어도 되는 것이 아닌가? 참 진리라면 그 자체로 보여주는 것이며 방어하지 않아도 되는 영역이다.

부질없는 체력 소모만 많은 눈에 안 보이는 영적 전투를 벌이는 예장 보수파를 보면 율법에 매인 유대교인과 다르지 않고 선악을 확실히 하는 태도는 조로아스터교인 같다. 그들은 만들어진 교리와 십자가를 내세우고, 예수의 말이 아닌 인간의 말만 한다. 그들의 기고만장함이 하늘을 찌르는 것은 자신들이 최고의 진리를 갖고 있는 선봉장이라는 착각 때문이다. 그들은 교리·진리·구원이라는 철통같은 방패막을 치고 마치 신처럼 권위에 물들어 있다.

한겨울에 어디 가도 늘 아랫목을 차지하는 건 '수장'이라는 목사와 승려이다. "나는 목사이고 너희는 길 잃은 어린 양이다. 내가 돌봐주지 않으면 안 된다", "너 같은 중생을 제도하러 내가 왔다" 하면서도 어린 양과 중생을 뒤로하거나 교회나 사찰을 가득 메운 신자들을 불쌍한 것들이라고 내려다보며 그 위에 군림한다. 마치 자신은 특별히 선택받은 인간이라는 듯이. 마치 자신이 하나님나라라도 통치하는 대통령인 양 기세등등한 목사를 보면 "저런 사람에게도 기도가 나올까" 자못 궁금하다. 내가 본 예장 보수파 교회의 몇몇 목사들이 바로 이런 유형이었다. 물론 승려도 예외가 아니다.

권위에 물든 목사와 승려를 보면 모두 수도나 기도 같은 것은 절대로 하지 않을 것 같은 얼굴이다. 대학에 합격하면 그만인 것처럼 목사가 되었다고, 비구가 되었다고 끝이 아니다. "목사 되더니 이상해졌어." "목사 되더니 사람 버렸어." "행자 때는 안 그랬는데 스님 되더니 사람 달라졌어." 이런 말들은 어쩌다 나오는 소리가 아니다. 행여 목사나 승려에게 하는 충고라도 하면 신성모독이나 불경죄로 치부된다. 지방 암자에 있던 승려가 서울 모 사찰의 소임을 맡고 나서 얼마나 변했는지 직접 경험한 적이 있다. 목에 힘이 잔뜩 들어가더니 주변 사람이 무서워하는 호랑이로 변했다. 돈과 권력의 맛을 본 그의 모습은 도저히 눈뜨고 볼 수 없을 정도이다.

　인사동 찻집에서 우연히 옆에 앉은 사람이 "난 목사님 말을 거역하면서부터 자유로워졌어. 목사가 하라는 것 안 하고부터 마음이 편안하더라" 하고 말하는 것을 들은 적이 있다. 추측컨대 그가 다닌 교회의 담임목사는 "이거 해라", "이거 하지 마라"가 많은 군림하는 유형이었을 것이다. 목사의 말을 거역하고 자유를 찾았다니 다행이다. 개신교 조직만이 아니라 다른 종교조직에서도 최고 직위를 갖는 종교지도자들은 대체로 기고만장하게 군림하는 권위지향형이다.

　성직자의 권위가 어느 정도인지 단적으로 보여주는, 한동안 회자되었던 우스갯소리가 있다. 조폭 두목과 성직자의 공통점을 세 가지로 요약한 것이다. 첫째, 대체로 검정색 계통의 옷을 입는다. 둘째, 밥 먹고 절대로 돈 안 낸다. 셋째, 반말을 잘한다. 성직자가 절대로 돈 내지 않고 반말을 많이 하는 것은 모두 권위 때문이다. 피땀 흘려 일하지 않고도 큰소리칠 수 있는 것은 성직이라는 권위가 보장해주기 때문이다. 성직자가 권위를 가지게 되면 초심은 사라지고 그때부터 내적·외적으로 '떠받침'에 물든 행위가 거침없이 나오고 직권을 남용하는 사례가 줄줄이 일어난다.

상처받은 사람들

　조직화된 성역에서 성직자의 직권남용은 이루 다 헤아릴 수 없을 정도이다. 여기서 가장 심각한 문제는 바로 그들에게 상처받는 신자들이다. 정확한 통계를 낼 수 없으나 목사나 승려의 말과 행위로 상처받은 신자가 생각보다 훨씬 많다. 성직자의 폭언에 마음을 다쳐 교회나 사찰 앞을 제대로 지나가지 못한다는 사람을 개인적으로 열 분 가까이 만났다.

　위로받으러 찾아오는 신자에게 도가 넘게 권력을 남용한 성직자의 예를 보자. 경전 공부모임에서 '구원' 때문에 교회에서 상처받은 교사 한 분을 만났다. 그는 자신이 구원받았다는 확신이 없다는 점을 목사에게 고백하자 그때부터 목사가 지속적으로 그를 다그쳤다고 한다. 다른 사례는 이것보다 심했다. 직접 나를 찾아와 들려준 이야기는 이랬다. 주일 아침 교회에 가다가 길에서 주운 불교 단체 전단지를 읽고 있었다. 그런데 때마침 지나가던 목사가 그것을 보더니 크게 질책하더라는 것이었다. 문제는 여기서 끝나지 않았다. 목사가 설교 중에 그 일을 거론한 것이었다. 교인 중에 다른 종교를 넘보는 사람이 있다며 큰소리로 이름을 밝히기까지 했다는 것이었다. 그렇게 수모와 창피를 당하고 새 교회를 물색하던 중인 그녀에게 나는 신자가 하나뿐인 성

교인들의 교회. 왼쪽부터 새길교회의 예배 모습, 삭개오 교회, 퀘이커 모임

전을 자기 자신 안에 만들라고 권했다. 먹고살기도 바쁘고 힘든데 교회에 소속을 두고 왔다 갔다 할 필요 없이 늘 고요한 자신만의 성전을 마음 안에 하나 만들라고, 그러면 천국이 따로 없다고.

지금은 자유로운 예배모임에 나가는 친지가 목사에게 큰 상처를 받았던 사례도 있다. 그는 시골에서 부모님을 모시고 와 같이 살게 되었다. 거동이 불편한 어머니는 휠체어를 탔고 아버지는 청각장애가 있었는데 부모님을 모시고 교회에 나가 목사에게 인사를 시켰다. 그런데 예배 후 목사가 그를 부르더니 부모님을 장애인 교회로 모시면 어떻겠느냐고 제안하더라는 것이었다. 자신의 교회가 외부에 장애인 교회로 보일까 두려웠던 것이다. 물론 그는 그 교회를 다시 가지 않았다.

상처를 감싸주고 치유해줘야 할 성직자가 오히려 가해자가 되는 사례는 그리 어렵지 않게 찾을 수 있다. 바리새인 같은 이런 목사들 때문에 상처받은 교인은 교회를 전전한다. 개종하는 것은 아니지만, 사람들이 종교를 전전하는 것은 여기서도 저기서도 실망하고 많은 경우 목사에게 상처받기 때문이다. 언어폭력을 일삼는 가해자를 처벌하는 종교재판은 어디서 하는 것일까? 불상과 십자가가 있는 한 그들을 처벌할 규정이 만에 하나 있다 해도 미미할 것이 분명하다. 내가 알기로는 담임목사가 없는 새길교회, 홍대 앞의 삭개오교회, 신촌 퀘이커

모임에는 목사에게 크게 상처받은 사람이 많다. 안티기독교 동아리 사이트의 숫자가 불어나는 것도 이런 배경을 갖고 있다.

현재 온갖 비리에 연루되어 있지만 여전히 주일 설교를 하고 권위로 무장해 큰소리 빵빵 치는 목사를 보면 역겹기 그지없다. 그런데도 그런 교회에 몇 만 명의 교인이 예배 보러 오고 목사 역시 교회의 수장으로 있는데 아무 문제없다. 대형 교회 목사와 장로집단이 주먹다짐에 멱살잡이하며 싸우는데도 그 교회의 파워는 여전히 막강하다. 그런 교회일수록 대체로 종교의 이름으로 못하는 게 없다. 마치 자신만 예수 독점권을 가진 것처럼, 목사가 마치 신이라도 되는 양 이래라 저래라 하는 명령이 많다.

대형 종교나 사찰일수록 신자들을 '자원봉사' 명목으로 노예 부리듯 하는 모습을 보인다. 신자들을 부려먹을 때 예수와 부처를 팔면서 "은혜 받으실 겁니다", "복 지으세요" 말한다. 예수와 부처의 이름으로 자원봉사의 허울을 쓰고 사람을 막 부려도 되는 곳이 교회이고 사찰이다. 월급은 없고, 준다 해도 최저 수준이다. 자원봉사가 진정 필요한 곳은 복지시설이다. 종교 현장에 나가 그곳을 파악하는 한 가지 잣대가 있다. 교회든 사찰이든 외부로 봉사 나가는 프로그램이 있는가를 보고 그곳을 가늠해보기를 권한다. 신자들 가운데 교회나 사찰에서 자원봉사를 하고 있다면 당당하게 시급으로라도 돈을 받아 그 돈을 복지시설에 쓰는 것이 가장 이상적인 자원봉사라고 말해주고 싶다.

성직자를 아상충만형, 무위도식형, 권위지향형으로 분류했지만 이 외에도 더 타락하고 구린내 나는 유형이 있을 것이다. 그러나 정작 그들은 이런 비판에 콧방귀나 뀔까? 그들은 비판에 강하고 지적에 신경질적이다. '감히 어디라고' 하며 핏대를 세울 것이다. 종교지도자와 성직자는 기고만장하게 군림하는 사람이 아니라 머슴 같아야 하는 것은 모두 알고 있다. 그들은 신의 대리인이 아니며 심부름꾼이자 봉사하는 머슴이어야 한다. 어느 종교를 막론하고 신자를 섬기지 않는 성직자는 그가 아무리 예수나 부처와 가깝다 해도 진정한 성직자가 아니다.

과연 신자에게 절을 받을 자격이 있는 승려가 몇이나 있겠으며 좁은 문으로 가려는 목사가 몇이나 있을까 의문이 든다. 예수와 부처가 등을 어루만져줄 목사와 승려가 몇이나 될까?

성직자의 윤리와 관련된 종교계의 병세 악화, 돈과 권위, 성 문제 등을 살펴보고 나니 나누고 싶은 견해가 있다. 나는 기회가 있을 때마다 성직자의 필요성에 대해 의문을 제기하고 있다. '종교단체에 반드시 성직자가 있어야 할 필요가 없다.' 성직자 없이도 신도의 자발적 참여만으로 종교조직이 가능하다. 왜냐하면 유럽의 중세나 고려·조선시대에 하층민을 위해 성직자가 필요했다. 문맹이 주를 이루던 시대 경전의 전달자인 중간 매개로서 성직자가 필요했다. 종이나 인쇄술의 부족으로 성경이나 불경이 대중에게 보급되지 못했던 시절 경전을 읽고 해석해주는 성직자의 존재는 필요했다. 이것이 성직자의 사회적 역할이다. 그러나 문맹이 거의 없는 우리 시대에 성직자의 필요성을 재고하자는 주장이다.

이 주장이 과격하다면 모든 종교조직에 검증장치만이라도 반드시 마련되어야 한다. 적어도 직무태만이나 직권남용으로 얼룩진 성직자에게 집행유예를 선고하고 충분히 검증된 연후에 성직자로 남아야만 한다. 자신이 과연 예수나 부처의 제자로 손색없는지, 아싱이 충만한지, 권위에 물들지 않았는지 자신을 되돌아보라. 목사나 승려라는 직위로 예수와 부처를 욕보이지 말고 만약 자신에게 결격 사유가 있다면 양심선언을 하고 서둘러 환속해야 한다. 양심은 인간의 나침반이다. 나침반이 고장 나면 당연히 방향을 잃을 수밖에 없다.

개신교나 불교 모두 목사나 승려를 제대로 된 성직자로 만드는 데 실패했다. 한백교회 제3시대그리스도교연구소의 김진호는《예수의 독설》에서 개신교를 "고통과 죽음 앞에서 예의를 잃어버린 종교", "돈과 권력 앞에서 손바닥 비비는 종교"라고 말한다. 과언은 아닐 것이다. 휴암 스님은 한국 불교에 대고 이렇게 말한다. "관심이 복에만 찌든 자여, 이 세상에서 가장 박복한 자가 바로 너니라. 진정한 종교인은 자신이 소속된 종교보다 인간에 더 관심을 기울이고 그 관심 때문에 오히려 자기 종교를 문제시하는 그런 사람이다."

굳이 제안하자면, 개신교는 현재의 예장 대형 교회를 100명 단위로 쪼개어 작은 교회로 분산시켜야 한다. 예배 후 목사가 각지로 나가 봉사활동을 하며 신자를 봉사로 유도하는 것도 좋은 본보기가 될 것이다. 신학대학원 과정에 목사 후보생의 영성을 깨우는 프로그램을 신설하고 섬김의 가치를 확대시켜야 한다. 이것이 개신교에 수도를 대신하는 것이다. 불교에 제안하자면, 불공의 가짓수를 줄여 무속적인 면을 없애고 대신 참선과 좌선 모임을 만들어야 한다. 그리고 현행 6개월 이상인 행자 교육을 1년 이상으로 늘려 인품에 대한 검증을 거치도록 해야 한다. 개신교나 불교에 모두 목사나 승려 이전에 사람 만드는 교육 프로그램의 신설이 절실히 필요하다고 본다.

바라옵건대 대한민국의 성직자들이여, 직무태만과 직권남용에 물들어 있음을 각성하고 반성하길 바란다. 당신들이 성직자의 본질에 충실하고 본분을 다할 때 우리가 사는 여기가 천국이 되고 극락이 되지 않겠는가. 분명한 것은 대한민국의 반이 다닌다는 교회와 사찰이 변하면 전 국민의 반이 변할 것이고 십분의 일인 200여만 명이 변한다 해도 잔잔한 제2의 종교개혁의 물결로 일어나지 않겠는가. 종교계 스스로가 자성해 원 위치로 돌아간다면 우리 사회에도 새로운 바람이 불 것은 틀림없는 사실이다.

"거기 어디 예수님 제자 없나요?", "어디 부처님 제자 없나요?"를 외치고 싶다. 성직자들의 양심선언을 고대하며 이 장을 접는다.

빨간 십자가는 왜 이리도 많은지.

만약 예수와 부처가 작금의 보수 예장 교회와 조계종을 보면 눈물을 흘리며 통곡하거나 죽비 들고 내려와 호통을 칠 것 같다. 예수는 통곡하며 "내가 오지 말았어야 했는데…… 나를 팔아 장사하는 인간이 너무나 많구나. 내가 안 왔더라면 이런 일은 없었을 텐데" 하지 않을까. 부처라면 "내가 살았던 시대와 지금은 하나도 변한 게 없네. 인간의 탐진치는 예나 지금이나 여전하구나" 할 것 같다. 아마도 둘 다 슬퍼하며 "나를 믿는다는 자들아. 내가 가르친 것과 정반대로 하고 있구나. 나는 절대로 그렇게 가르친 적 없다. 정신 차려라" 할지도 모르겠다.

예수 마음 하나만 꿰뚫으면 되는데 왜 이다지도 교회가 많은가? 아니 왜 많아야만 하는 것일까? 한국에 다녀간 외국 친구들이 으레 하는 질문이 "왜 빨간 십자가가 그리도 많으냐"는 것이다. 그러면 난 이렇게 대답한다. "우리나라에 하도 죄 짓는 사람이 많으니 용서 빌어야 할 장소가 많이 필요해서." 직접 해본 것은 아니지만 교회 나간다는 교인을 불러 모아놓고 "지금 자신의 삶이 행복하다고 느끼는 사람 있으면 손들어 보세요"라 했을 때 손들 사람이 몇이나 있을까 의문이 든다.

주일날 교회 앞에 서서 예배 마치고 나오는 사람들을 보면 진통

제 한 방 맞고 나오는 얼굴을 하고 있다. 흔히 한국 불교를 복을 구하는 기복祈福 불교라 하는데, 개신교도 마찬가지로 구복求福을 한다. 이것은 성경의 구절에 기인하는 면이 큰데, 누구나 알 만한 전형적인 구절은 "구하라, 그러면 너희에게 주실 것이요, 찾으라, 그러면 찾을 것이요, 문을 두드리라 그러면 너희에게 열릴 것이니 구하는 이마다 받을 것이요, 찾는 이는 찾아낼 것이요, 두드리는 이에게는 열릴 것이다" 마태복음 7:7-8이다. 이런 구함은 누가복음에도 있으나 요한복음에 가장 많다. "내가 진실로 진실로 너희에게 이르노니 너희가 무엇이든지 아버지께 구하는 것을 내 이름으로 주시리라. 지금까지는 너희가 내 이름으로 아무것도 구하지 아니하였으나 구하라, 그리하면 받으리니 너희 기쁨이 충만하리라" 요한복음 16:23-24. "너희가 내 이름으로 무엇을 구하든지 내가 행하리니……내 이름으로 무엇이든지 내게 구하면 내가 행하리라" 요한복음 14:13-14. 이 구함은 야고보서에도 나와 있다. "너희 중에 누구든지 지혜가 부족하거든 모든 사람에게 후히 주시고 꾸짖지 아니하시는 하나님께 구하라. 그리하여 주시리라" 야고보서 1:5.

 이러한 구함의 기복으로 인해 개신교를 비판하는 사람들은 "목사가 무당 역할을 대신해줄 뿐이며 한국 땅에 개신교가 전래된 이래로 120여 년 넘게 신들려 있다"고 말한다. 보수 예장 대형 교회의 예배가 무속적이라는 데 동의하지만 우리나라 개신교의 한 가지 특징은 교회 행정이 매우 유교적이라는 점이다. 행정에 상하를 구분하는 위계질서가 정확한데 이것이 예배에서 무속으로 변해 우리 민족의 한恨을 해소하는 데 긍정적인 역할을 한다고도 평가받는다. 우리나라 사람들은 개신교인이기 이전에 기본적으로 유교적 관습에 젖어 있고 대체로 신기神氣가 강한 성향을 지닌다고 보아도 과언은 아닐 것 같다. 그러니 대한민국이 종교 대국이 된 게 아닐까.
 불교도 마찬가지이다. 사찰의 반이 무속적 성격을 띠고 있다고 볼 수 있다. 이것은 흔히 불교의 포용력으로, 전파된 곳마다 현지의 풍습을 흡수·수용하는 장점으로만 부각되어왔다. 그러나 왜 대승불교가 일어나 초기 원시형태의 불교에 각색을 가했나, 대승불교가 왜 부처를 신격화했을까에 대해 질문하지 않을 수 없다. 루터의 종교개혁에 맞먹는 대승불교운동은 출가자만의 종교였던 불교를 보

통 사람들에게까지 개방하는 대승(많은 사람을 구제하여 태우는 큰 수레)적 기치를 내걸었다. 이처럼 대승불교는 장점도 많으나 몇 가지 변질이 동반되었다. 즉, 부처가 법신불로 신격화되고 자력적인 불교에서 타력적인 성격으로 기울었다. 상구보리하화중생의 기치로 인해 깨달음이 열반을 대신하게 되었다.

앞에서 교인들에게 물었던 것과 똑같이 불자들에게도 묻고 싶다. 돈 들여 불상 앞에 온갖 불공 올려서 그간 얻을 게 있었느냐고. 불공으로 집안이 잘된 사람이 몇이나 있을까? 신이 아닌 부처에게 백날 빌어보았자 소용없다.

만해 한용운은 이렇게 말했다.

"만약 붓다의 가르침이 맞는다면 나도 붓다가 될 수 있는 존재인

데 왜 사찰에 가서 불상 앞에 절해야 하는가. 나 자신에게 절해도 되는데. 명부전에 가서 부모님들이나 내 자신이 극락왕생하게 해달라고 비는 것이 재판관한테 뇌물 주는 것하고 무엇이 다르냐. 결국에는 내가 죄가 없으면 왕생할 거고 죄가 있다면 아무리 빌어도 안 될 텐데, 뇌물 주듯이 지금 복 달라고 비는 것은 무엇이냐."

불교의 본질은 불공이 아니라 수행이다. 수행이 없으면 생명을 잃는 종교가 불교이다. 가톨릭에 묵상과 피정 같은 수행이 있듯이 불교 역시 수행이 병행되어야만 열리는 세계이다. 그리고 수행의 맛을 알아야 그 깊이를 가늠할 수 있다. 불교는 수행과 계율이 전부하고 할 만큼 그 비중이 크다. 정확한 숫자 파악은 어렵지만 현재 조계종의 전체 비구 승려는 약 1만 명 정도이고 3개월간 한 선방에 모여 참선·수행의 안거安居 나는 수좌는 1천 명 안팎이라고 한다. 출가자의 숫자가 줄고 있는 만큼 선승의 숫자 역시 갈수록 줄고 있다. 선방 수행 한 번 가지 않은 승려는 자격이 없다. 이런 사람은 대체로 무속으로 기울고 이것을 중생제도의 방편이라고 강변한다. 평소 몸가짐과 얼굴에서도 선방 수행을 했는지 안 했는지 그 차이가 쉽게 드러난다.

자신의 가르침이 완전히 사라지고 그 자리에 영업장이 들어서 있는 모습을 보며 분명 예수는 통곡하고 부처는 죽비 들 것이다. 일부 대형 교회의 행태를 보면 어쩌면 부처보다 예수가 더욱더 가슴이 찢어지게 아파할 것 같다.

통곡하실 예수

몇몇 대형 교회에 예배를 가보면 개신교가 무엇 하러 가톨릭에서 떨어져 나왔나를 생각하게 한다. 글자 그대로의 프로테스탄트 정신은 사라진 지 이미 오래이다. 프로테스탄트란 당시 부패한 가톨릭에 대해 protest, 즉 저항하는 것이었다. 작금의 프로테스탄트는 protest하기는커녕 proud, 거만하기 짝이 없다. 역사상 가톨릭과 개신교의 갈등으로 가장 혹독한 대가를 치른 곳은 독일 보헤미아이다. 두 종교의 마찰로 일어난 30년 전쟁은 전 지역에서 2,000만 명에 가까운 사람을 살육하고 나서야 끝이 났다. 세계 역사를 보면 정치와 이념에 휩쓸려 수많은 목숨이 억울하게 죽어갔지만 종교는 그보다 백 배, 아니 천 배나 더 많은 목숨을 앗아갔다. 십자군 전쟁이 그 한 예이다. 평화는 오직 전쟁과 전쟁의 중간 기간에만 깃들었다.

종교 간 평화를 이루자는 심포지엄이 열려도 그것 역시 그때뿐이며 우리와 직접 연관이 없어 보이는 남의 나라 이야기에 속한다. 성직자 포함해 불교인과 개신교인을 일반화시켜 비교하면 개신교인은 전투적인 반면 불교인은 수동적이다. 개신교인은 불교인에 비해 거칠다. 우리나라 3대 종교를 알기 쉽게 비교하면, 가톨릭 교인은 보온밥통, 불교는 돌솥, 개신교는 양은냄비이다. 개신교인은 유독 빨리 뜨거워졌다가 빨리 식는다. 부흥회를 보면 열광의 도가니이다. 신유 은사 받게 해준다는 부흥회의 뜨거운 열기는 몇 시간만 지나면 양은 냄비처럼 금방 식어버리고 만다.

기독교가 투쟁의 역사인 반면, 불교는 포용과 관용의 역사를 갖고 있다. "나 이외 다른 신을 섬기지 마라"는 십계명의 첫째를 부처가 알았다면 이렇게 말하지 않았을까 한다. "다른 신을 얼마든지 섬겨도 좋다. 그러나 내 가르침이 괜찮다고 생각되면 나에게 오라." 기독교에 비하면 불교는 전파 과정에서 현지의 풍습을 끌어안으며 피 흘리는 전쟁을 일으키지 않은 유일한 종교이다. 야스퍼스는 "불교는 종교라는 이름으로 다른 종교를 탄압하고 폭력이나 종교재판, 종교전쟁을 일으키지 않는 유일한 종교"라고 말한 적이 있다.

전도나 선교에 적극적인 모습만 봐도 개신교는 공격적인 성향이 강하다. 이것을 종교 발생지역의 풍토만 보아도 알 수 있는데 개신교는 사막의 유목민문화로부터 온 것이다. 매우 거칠고 생산성이 없는 땅에서 생활하는 유목민은 한 곳에 정착하지 않고 목초지나 물을 찾아 움직이는 활동범위가 넓다. 그러다 보니 광활하고 비옥한 땅이라면 정벌과 침략으로 차지하는 구도였다. 게다가 이런 이동문화의 특성상 언제 어떤 위험에 처할지 모르니 재해로부터 자신과 부족집단 또는 가축을 보호하기 위해서라도 막강한 힘을 가진 신을 필요로 했다. 이런 까닭에 사막에서 태어난 신들은 유난히 유목민을 닮아 있는데, 이 점은 구약성경에 잘 드러나 있다. 아브라함을 조상으로 하는 유대교, 이슬람, 기독교는 농경문화의 종교와 비교할 때 이러한 공격성을 가질 수밖에 없었다. 좋게 보면 진취적이지만 우리가 보기에 늘 도를 넘기에 과이불급過而不及이다.

기독교 역사 자체가 이미 그것을 말해주고 있으나, 이러한 유목문화 정신의 맥이 오늘날 한국 개신교인에게 수혈되었는지 그 전형이 선교와 전도에서 드러난다. 농경문화에 이식된 유목문화의 기질은 적극성을 넘어 공격적이거나 더욱 심각하게 배타적으로 나타난다. 간혹 물의를 일으키기도 하는 그들의 배타적인 태도는 늘 "내 하나님만이 최고의 하나님이다", "내 것만이 절대 진리이다", "내 신이 유일한 하나님이다"라는 배경을 깔고 있다.

역사적 사실을 놓고 보면 기독교는 역사 속에서 '힘의 논리'에 의해 살아남아 전달된 것이지, 그것이 반드시 진리이기 때문에 전해진 것이 아닐 수도 있다. 게다가 진리가 반드시 하나뿐이어야 하고 하나님이 오로지 한 분뿐이어야 한다는 논리는 없다. 다시 말해서 종교단체에 소속을 두거나 신앙을 갖고 있다면 제각기 자기 성향과 기질이 첨가되어 마음 가는 대로 제멋대로 믿는다고 할 뿐이다. 대한민국 인구가 오천 만이라면 이 땅에 오천 만에 가까운 신이 제각기 있다 해도 틀린 말은 아닐 것이다.

'오로지 내 종교만이 진리', '오직 내 하나님만이 유일한 신'이라는 배타적인 태도에 대해서는 제5장에서 사례별로 고발할 것이다. 여기에서는 현 개신교의 공격적 행태를 지적하는, 2008년 《씨알의 소리》에 실린 「통곡하실 예수를 기다리며」라는 나의 글을 대신 옮겨 본다.

> 요즘 이런 생각을 자주 합니다. 만약 지금 이 땅에 예수가 다시 온다면 우리 보고 뭐라고 하실까 하고요. 이방인들마저도 껴안았던 예수, 서로 사랑하고, 이웃을 사랑하고, 원수까지도 사랑하라 가르친 예수가 이 땅의 기독교인을 보면 분명 "난 그렇게 가르친 적이 없다"라며 꾸짖을 것만 같습니다. 2000년 전 율법에 매인 유대교 권력자들을 향해 그랬듯 우리의 개신교인

들에게도 똑같이 하셨을 겁니다. 아니, 어쩌면 우리 개신교인의 행태를 보고 예수는 땅을 치며 통곡을 할지도 모릅니다.

종교 차별에 대항하는 범불교도 대회를 본 김지하 시인은 이런 말씀을 주셨습니다. "촛불의 저 슬기로운 평화 행동을 놓고 한 원로 목사가 사탄이나 악마로 못 박았으니 더 이상 할 말이 없다. 그들은 공연한 사탄이나 악마를 만들지 않으면 꼼짝도 못하는 친親사탄적인 '사탄 프렌들리'Satan Friendly 들인지라."

툭 하면 사탄이나 이단으로 몰아 주변 사람과 갈등을 일으키는 심각한 수준에 와 있는 우리 개신교에 대한 답답함을 '친사탄적' 이라는 한 마디로 표현해 주셨습니다. 사실 사탄 운운하는 목사나 개신교인들은 20여 년 전부터 '우상숭배 타도'라는 명목으로 이미 자신들 스스로가 사탄의 얼굴로 악마의 편에 서 있는지도 모릅니다. 90년대부터 시작된 개신교의 타도 행태는 노량진 장승의 목을 자른 것에서부터 출발, 뒤이은 단군상의 목 절단과 사찰 방화와 불상 훼손으로 이어졌고 여전히 부지기수로 일어나는 일입니다. 종교 현장을 다니며 셀 수 없이 보았던 광신적인 개신교인의 무자비하고 독선적인 행태는 "원수를 만들어놓고 원수를 사랑하려 원수를 많이도 만드는 건가" 하며 쓴 한숨을 저절로 나오게 합니다.

우리나라의 종교 판도는 다종교사회인데도 불구하고 분명 두 줄기의 양대 산맥, 불교와 개신교로 나눠져 있습니다. 한 달 전 조계사를 지나다 본 반정부 단식투쟁에 놀랄 즈음 시내 각 사찰마다 걸려 있는 '정부 규탄 범불교도대회' 현수막들을 보며 마음이 무척 착잡했습니다. 불교계가 이렇게 나온 것에는 분명 그만한 이유가 분명 있습니다. 개신교 장로 대통령을 둔

정부의 종교 편향과 종교 차별의 사례는 곳곳에서 드러났습니다. 하지만 불교계 자체에서도 짚고 넘어가야 할 문제도 있습니다. 지난 대선 때 영남권의 많은 불교신자가 MB에게 표를 던졌다는 사실이 있습니다. MB를 지지한다는 의사를 표명했던 불교단체도 있었고 지도자급 스님들도 있었습니다. 이 점에 대해 불교측이 먼저 해명할 필요가 있다고 생각합니다.

불교계가 규탄한다고 이 정부가 과연 달라질까요. 독선과 배타로 길들여진 교회의 장로가 변할까요. 갈등을 조장하는 일등공신이 될 것이라는 점은 이미 예상·예측 가능했던 일인데 이것에 맞선다고 뭐가 달라지겠습니까.

유난히 우리 개신교는 배타적이고 독선적인 면이 강하고 구원·영접·믿음을 강요하는 태도로 주변 사람을 피곤하게 하는 경우가 많습니다. '독실'이란 이름을 내세운 독선으로 똘똘 무장된 몇몇 한국 개신교회의 행태는 가히 세계 최고를 기록할 겁니다. 다양한 종교 현장을 다니다보면 "무조건 내 종교가 최고다", "내가 믿는 것만이 진리다. 그러니까 믿어라" 하는 사람은 모두 개신교인 근본주의자, 복음주의자들이었습니다. 그런데 내 것만이 최고의 진리라고 주장하려면 남의 종교도 알고 또 비교도 할 줄 알아야 하는데 '근본'이란 색을 띤 교인들 가운데 이웃 종교에 대해 아는 교인은 없었습니다. 저는 개인적으로 불교를 알고 나서 성경이 눈에 들어오기 시작했습니다. 남의 것에도 진리는 있었고 그 진리로 또 다른 진리를 찾아낼 수 있었습니다. '종교학의 아버지'라 부르는 막스 뮐러는 "하나의 종교만 아는 사람은 아무것도 모르는 사람이다"라고 했습니다. 오로지 내 것만 알면서 어떻게 내 것만이 최고의 진리인지 증명해 보라면 모두 성경 구절만 들먹입니다.

몇몇 양심 있는 개신교회 목사나 장로로부터 "우리가 교인들을 잘못 가르쳤다"는 반성의 모습을 보고 싶은 마음은 한 가닥 엷은 희망일지도 모릅니다. 또 한 번 쓴 한숨이 나옵니다.

듣고 보고 한 것 가운데 오래전 들었던 이야기를 하나 하겠습니다. 불교신자였던 내 친구의 시어머니는 매년 초파일이 되면 여섯 살 어린 손자를 데리고 절에 가시며 간간이 부처님 말씀을 들려주곤 했었나봅니다. 아이는 아파트 단지 내에 있는 교회에서 하는 유치원에 다니고 있었습니다. 어느 날 유치원 선생님이 "이 세상에서 누구를 가장 훌륭하다고 생각하나요?" 하고 물었을 때 아이는 대뜸 "부처님이요" 하면서 할머니에게 들었던 부처님 이야기를 했었나봅니다. 그런데 그다음 날 바로 유치원에서 아이를 보내지 말라는 통보가 왔고 부모는 할 수 없이 거리가 먼 다른 유치원으로 전학을 시켰습니다. 최근엔 학교 후배가 남자친구와 결혼하려는데 후배네 집은 불교이고 남자친구 집안은 장로교였는데 신랑 집에서 신부 집에 교회를 나가야 한다는 요구조건을 걸면서 결국 둘은 가슴 아프게 헤어지게 되었습니다.

몇 달 전부터 집 앞 주차장에 "Only Jesus"라는 문구가 차문에 크게 새겨져 있는 자동차가 보였습니다. 알고 보니 이 차 주인은 같은 동에 사는 이웃에게 주일 아침마다 교회에 같이 가자고 문을 두

드리는 무척 골치 아픈 존재였습니다. '오직 예수뿐'이라는 이 구절은 곧 오로지 예수만이 진리이고 예수에게만 구원이 있고 예수가 아니면 안 된다는 말이겠지요. 불교신자는 "Only Buddha"라는 말을 하지 않는데 비교되지 않나요? 우리나라 개신교인들을 지극한 독선과 배타적인 인물로 만들어낸 이 글귀가 현재 우리나라의 종교 편향을 불러오는 원인 제공자가 아닌가 합니다.

흔히 자신의 종교만이 옳다고 하면 작게는 부모 자식 간, 친척·친지·친구 사이에서 서로 불편한 관계가 되기도 하고 크게는 집안의 종교전쟁도 불사합니다. 집안의 종교 갈등 문제는 밖으로 드러나지 않아도 한 집안에서 종교가 달라 불화가 일어나 고민하는 사람들을 꽤 보았습니다. 평소에 별 문제가 없다가도 제사나 장례식 같은 큰일을 치를 때 예식 문제로 서로 갈등하는 일을 종종 보고 있습니다. 사람마다 생김새와 성향과 기질이 다른 만큼 종교를 선택하는 기준도 다를 수도 있지 않을까요. 우리는 다종교사회에 살고 있고 전보다 종교의 종류가 다양해진 만큼 선택하는 폭이 넓어졌습니다. 대한민국 사람이라면 누구나 자신이 믿고 싶은 것을 믿을 권리가 있으며 종교를 믿지 않는 것도 자유입니다. 우리나라는 헌법으로 종교의 자유를 보장하고 있는데, 헌법 제20조 1항에는 "모든 국민은 종교의 자유를 가진다. 국교는 인정되지 아니하며 종교와 정치는 분리된다"라고 명시되어 있습니다. 하지만 대내·대외적으로 종교의 자유를 누리고 싶어도 못 누리는 게 우리의 현실입니다.

얼마 전 영국 BBC 방송에서 〈종교 없는 세상을 한 번 상상해 보라. 얼마나 자유롭고 평화로운가!〉라는 제목의 프로그램이

방송되었습니다. 평화를 말하는 종교가 세계 평화를 깨는 데 앞장서고 신의 이름으로 많은 악행을 저질러왔음을 역사에서 읽을 수 있었습니다. 전쟁 가운데서도 종교전쟁이 가장 험악한 것은 '신의 이름으로'라는 미명하에 그 무엇도 할 수 있고 그 누구도 거리낌 없이 죽일 수 있고 아낌없이 목숨도 바치기 때문입니다. 종교 내의 싸움이 추악한 정치판과 다를 것 없습니다. 항상 '나만의 신' 내지는 '내 편이 되어주는 신'이 개입되어 있기에 싸움은 더욱 처절해질 수밖에 없는 것이지요.

여기서 한 가지 비교해볼 것이 있습니다. 예수를 영접하고 교회 나가는 열성 교인이 있는데 그는 주변 사람이 피하고 싶은, 절대로 신뢰할 수 없는 불성실한 사람으로 인식되어 있었습니다. 반면에 성경도 모르고 예수가 누구인지 사랑이 무엇인지 몰라도 주변으로부터 착한 행실로 칭찬받고 나눔을 실천하는 사람들도 있었습니다. 20여 년 전 인도 캘커타에 갔을 때 본 것입니다. 마더 테레사의 집 앞 골목에서 길게 줄지어 늘어선 환자들을 치료해주던 유럽 의사들을 만났던 적이 있습니다. 여름 휴가기간을 그곳에 와서 봉사한다는데 그때 캘커타의 기온이 섭씨 40도를 넘나들고 있었습니다. 땀을 뻘뻘 흘리면서도 웃으며 진료하는 의사들을 그곳에선 스트리트 닥터Street Doctor, 곧 '길거리 의사'라고 불렀습니다. 난 혹시 교회 소속 의사 교인들이 봉사하는 줄 알고 말을 걸었는데 놀랍게도 그들은 모두 종교가 없는 사람들이었습니다. 그들은 기독교인은 아니었지만 난 며칠간 그 현장에 있으면서 예수의 사랑을 깊이 느낄 수 있었습니다. 어쩌면 이 길거리 의사늘의 종교는 '이웃 사랑'이 아니었을까 합니다. 이런 분들이야말로 종교와 국경을 넘어 지

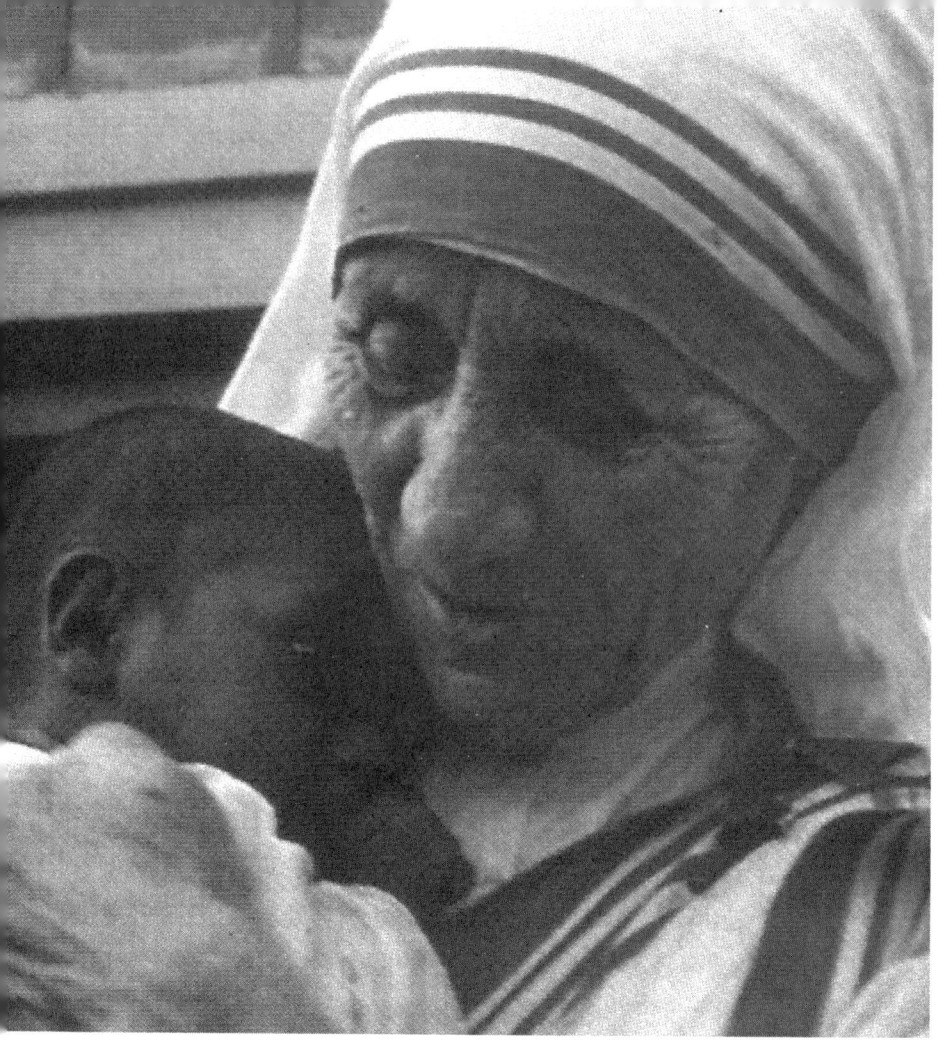

구촌이라는 한 마을에 사는 이웃으로서 인류애를 실천하는 예수의 진정한 제자가 아닐까 합니다.

위를 비교해보면 어떤 사람이 예수로부터 칭찬을 받을 자격이 있을까요. 누가 과연 천국에 갈 자격이 있을까요. 예수님도 행함이 중요하다고 가르치셨습니다. 하지만 우리나라 대부분의 기독교인들에게는 종교와 실천은 별개의 것이었습니다. 교인들에게 믿음이 믿음으로 끝나는 것이 아닌, 믿음에는 실천이

마더테레사의 집앞 골목에서 만난 스트리트 닥터

라는 책임감이 동반한다는 사실을 아는지 묻고 싶습니다. 예수의 제자라는 목사들도 '사랑'이란 단어의 뜻도 모르고 실천은 하지 않으면서도 "예수! 예수!" 하면서 그 이름만을 애타게 불러대고 있습니다.

  이 나라는 과연 기독교 천국일까요. 어쩌면 그런지도 모릅니다만 현재의 우리 개신교는 예수의 가르침과는 아무런 상관도 없는 허울 좋은 교회와 목사, 교인들이 넘치고 있습니다. 이웃 사랑의 실천은커녕 존중이나 배려라곤 없는 현 개신교에 대해 예수는 할 말이 많을 것입니다. 우리 개신교는 예수의 말씀에서 이미 멀어져 있을 뿐만 아니라 심지어 말씀 자체를 거역하고 있습니다. 종교 현장을 집 드나들듯 하는 난 지금껏 원수를 사랑하는 개신교인은 몇몇을 제외하고 거의 본 적이 없습니다. 원수는 철저히 짓밟고 미워합니다. 이웃을 사랑하는 사람도 그리 많이 보지 못했습니다. 원수를 만들어 사탄으로 몰거나 예수를 강요하는 일만 허다했습니다. 예수가 이것을 내려다보신다면 아마도 눈물을 흘리다 통곡을 할 것 같습니다.

희망이 안 보이는, 예수와 상관없는 우리 개신교의 행태는 예수를 애타게 기다리게 합니다. 저는 오늘 이 시간 개신교 목사, 장로, 교인들의 양심에 호소하고 싶습니다. 그리고 예수를 다시 한 번 못 박는 한국 개신교를 위한 간절한 기도를 올렸습니다. 2000년 전 예수가 자기를 십자가에 못 박는 사람들을 위하여 용서를 비는 기도를 드렸듯. "주여, 저들은 저들이 하는 일을 알지 못하오니, 저들을 용서하여 주시옵소서."

현재 우리는 그들을 끌어안고 용서할 수밖에 없다. 왜냐하면 그들은 진정 자기가 하는 일을 절대 믿음이라는 신념에 의해 보지 못하기 때문이다. 연민까지 느끼게 하는 그들을 예수의 사랑으로 감싸 안아 감화시키는 방법이 없을까? 참으로 서글픈 사실을 두고 나는 기도로 풀어나가고 있다. 예수는 아마도 2,000년 전에 했던 것처럼 그들을 꾸짖다 못해 눈물 흘리며 통곡하고 있을 것 같다.

목사가 아닌 예수가 진짜 주인이 되는 교회는 어디인가? 가장 낮은 곳에서 같이 해주실 예수는 대형 교회로는 절대 오지 않을 것 같다. 따스한 생동감이 넘치는 작은 교회가 그립고, 예수 닮은 목사와 신자를 보고 싶다.

죽비 내리칠 부처

예수가 통곡을 한다면 부처는 죽비를 들 것 같다. 사찰에서 불공 올리는 것을 보고 부처는 "저 나무토막이 나라고 엎드려 절하네. 저 청동상 앞에서 왜 저리도 경건할까. 자기를 보라는데 나를 보고 절하네"라고 말하지 않을까?

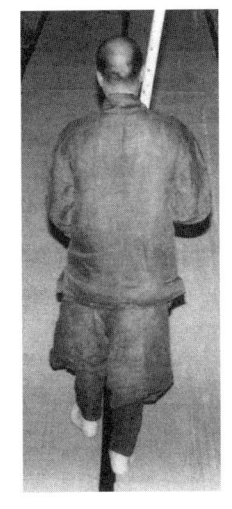

원래 불교에는 초월적 신이나 절대자가 상정되어 있지 않다. 대승으로 인해 신격화된 부처는 법신불로 진리의 몸 그 자체이다. 싯다르타에서 석가족의 성자인 석가모니가 되고, 깨달은 자인 붓다가 된 부처의 가르침은 오로지 중생의 괴로움을 같이하려는 자비의 마음에서 나온 것이다. 45년간 일러준 팔만 사천 가지의 법문을 한 구절로 요약하면 탐진치貪瞋痴, 탐욕, 성냄, 어리석음, 이 세 가지 독 있는 삼독의 불길을 잠재우는 최상의 행복인 열반으로 같이 가자는 것이다. 그리하여 이 세상에서 무상하지 않는, 세상에서 맛볼 수 없는 최고의 '살아 있는 기쁨'을 누리고 행복을 만끽할 수 있는 모든 처방전을 다 주었다. 그런데 문제

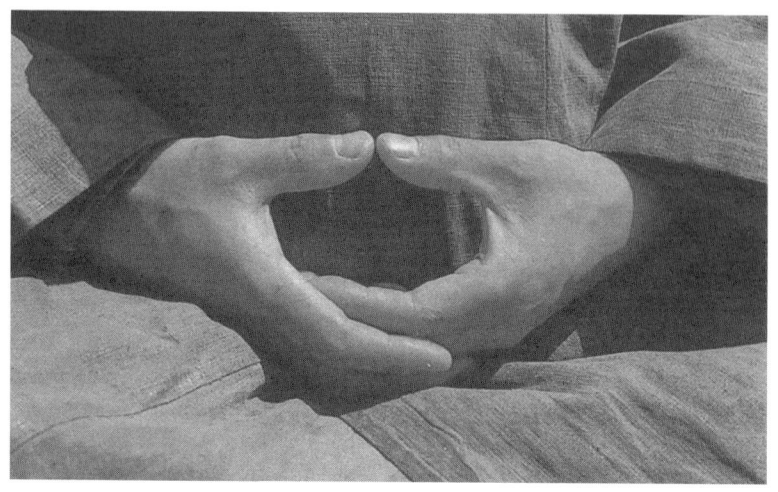

는 이러한 구도가 어디까지나 자력적인 자기 자신의 수행에 의한 것이지 그 누가 대신해줄 수 없다는 점이다. 그러므로 불교는 기본적으로 부처를 대상으로 비는 구도의 종교가 아니다.

성직자의 가장 기본적인 의무가 수도라면, 글자 그대로 성직자가 도 닦는 수도자이어야 한다면 승려야말로 수도에서 그 어떤 성직자보다 앞장설 수 있는 최고의 환경을 갖추고 있다. 기독교에 비하면 수행방법이 다양해 상중하의 근기대로 자신이 선택할 수 있는 수행의 폭이 넓다. 간화선 참선을 할 수도 있고, 깨달음을 얻기 위해서 수행하는 37가지 방법三十七助道品 가운데 칠각지七覺支, 사념처四念處, 팔정도八正道 등을 할 수도 있다. 부처 자신이 수행했다는 위파사나 수행을 할 수도 있다. 고를 수 있는 수행이 이렇게 많은데, 이렇게 다양한 수행법을 두고 하나라도 몸으로 살려내지 못하는 승려를 볼 때 안타깝기 그지없다. 승려가 수행을 안 한다면 그것은 직무태만이다.

지금까지 내가 알아낸 불교의 독특한 점은 수행이 같이하지 않으면 알 길이 없다는 것이다. 한동안 불교 공부가 가닥이 안 잡혀 책을 접고 책상을 떠나 참선이나 위파사나 같은 수행의 흉내만 내어도 마음이 느긋해지고 삶 자체를 여유 있게 바라보게 해줄 때가 많았다. 불교 과목을 가르치는 강사 생활을 할 즈음 수업에서 선정 삼매를 논하는데 난 도저히 그 경지를 읽어낼 수 없어 얼버무리다 수업을 끝낸 적이 있다. 이렇게 불교의 가르침에는 도저히 지식으로 이해할 수 없는 경지가 많아 학문으로 접근 불가이자 도저히 길이 열리지 않는다는 특성이 있다. 즉, 뇌가 아닌 가슴으로, 지식이 아닌 지혜로 해결을 보는 공부인 것이다.

그러나 불교에는 큰 폐단이 있다. 한국불교 대표 종단인 조계종은 선종을 표방한다. 선종은 중국으로 건너온 달마대사로부터 시작된 언어도단言語道斷이자 이심전심의 길이다. 선불교의 종지는 달마가 전한 불립문자不立文字, 교외별전敎外別傳, 직지인심直指人心, 견성성불見性成佛이다. 즉, 문자 기록을 내세우지 않으며, 경전과 같은 책을 벗어나 특별한 방법으로 따로 전하며, 마음을 직관함으로써 부처의 깨달음에 도달한다는 말이다. 이 가운데 문자를 내세우지 않는다는 '불립문자'로 인해 선종은 당연히 기록이나 연구에 약하며 책을 통한 지식 추구나 알음알이를 배격한다. 이런 까닭에 선승이 최고의 대우를 받는 반면 학승에 대한 시각이 곱지 않았다. 생전에 성철 스님이 '책 보지 마라' 한 것도 이것과 같은 맥락이다. 송광사 일주문 입구에는 '이 문에 들어와서 알음알이를 내지 마라入此門內 莫存知解'는 글귀가 있다. 이런 연유로 한국 불교에는 학문적인 성과가 적다.

선종의 원래 가르침에 의하면 승려는 수행에 매진해야 한다. 그러나 대략적인 통계를 보면 십분의 일만 신 수행을 하고 있다. 그렇다면 나머지는 무엇하고 있는가. 한 것이 없다. 수행에 소홀했다면 학승의 학문적인 성과라도 있어야 하는데 그것도 아니다. 지식으로 풀리지 않고 학문적 접근을 불허·경계하는 불교라 하더라도 입문할 때는 책으로 불교를 접하는 경우가 많은데도 말이다.

1992년 처음으로 불교를 학문으로 시작할 때 나에게 불교를 가르쳐주신 분은 지금은 은퇴하신 서강대학교의 길희성 교수님이었다. 교수님은 수업 중에 언젠가 이런 말을 해주셨다. "스님들이 공부 안 해서 큰일 났어요." 이 말이 나온 배경은 한국 불교사의 교재가 일본 불교학자인 가마다 시게오가 쓴 《한국 불교사》1987, 신현숙를 번역한 책이었기 때문이었다. 당시만 해도 '한국 불교사'에 관한 책을 일본 학자가 썼고 이것을 우리말로 번역한 것이 한국 불교사에 관련된 참고문헌의 전부였다. 송광사에서 스웨덴 친구에게 불교를 공부한다는 엽서를 보낸 적이 있는데, 그가 웁살라 대학 도서관에서 찾아보니 한국 불교에 관한 서적은 단 한 권도 없다는 것이었다. 그러면서 "한국에도 불교가 있느냐"고 물어왔다.

1992년까지 그랬다. 불교라는 학문은 대부분 일본 학자들의 연구를 번역한 것으로 진행되었으며 믿을 만한 참고문헌은 모두 일본 서적이라는 점은 동국대 불교학과에서도 확인된다. 우리 불교를 대표하는 선종은 선승의 자료도 많이 남기지 않았다. 동국대학에 다닐 때 한 급우가 경허 스님으로 논문을 준비하다가 포기하고 말았다. 근세의 고승인 경허 스님의 발자취를 찾을 수 있는 자료가 될 만한 것이 거의 없었기 때문이었다. 깨달음으로 가는 데 무슨 문자가 필요한가라는 논리에 의해 고구려 소수림왕 때 전래된 불교는 우리나라에서 1,600년의 역사만 자랑거리로 삼을 수밖에 없는 것이다. 지식의 문자를 버리고 수행으로 지혜를 구한다고 하지만 한국 불교가 무엇을 했느냐고 물을 시점이다.

앞서 대승불교의 폐단 가운데 하나가 원시 형태의 본질을 버리고 각색이 많이 첨가되었다는 점이라고 지적했다. 부처가 신이 되고 중생을 구제하겠다는 보살이 나오고 자력적인 수행이 모두 타력에 의존하는 형태로 변질되었다. 우리나라는 지리적인 거리상 중국을 통해 불교를 받아들였고 이미 한 번 중국에서 걸러진 불교가 고구려로 전해졌다. 당시 왕실이 불교를 환영했던 것은 부처라는 신에게 귀의해 왕실의 보호를 위한 목적도 있었기 때문이다. 이미 부처는 중국에서 복을 주는 신이자 수호신으로 격상되어 있었다. 또한 대승의 발흥으로 불교는 자력에 의한 수행에서 타력의 성격이 강화되었고 여기에 아미타 부처가 등장하면서 구원의 길을 열어놓았다. 죽어서 갈 서방정토 극락세계가 마련되어 아미타불의 염불만으로도 서방정토에 갈 수 있다는 믿음이 심어졌다. 훨씬 나중의 일이지만, 12세기에 활동한 일본 승려 신란의 "나무아미타불을 염불하라, 너희에게 극락정토가 열릴 것이다"라는 가르침이야말로 완전한 타력으로 기울어버린 경우이다. 이것을 보면 인간에겐 분명 자력의 한계가 있으며 늘 구원이나 내세를 위해 의존할 대상을 가져야만 하는 존재라는 결론이 나온다.

흔히 한국 불교를 이것저것 뒤섞여 한 가지 색을 내지 않는 짬뽕 불교라고 표현하기도 한다. 그러나 조계종이 선종을 표방하는 만큼 참선 수행의 향기가 강해야 하나 막상 그것은 선방 승려만의 차지가 되어 있다. 불자들은 대체로 부처에게 빌어 복을 구하는 기복으로만 흐르고 부처의 가피를 받는 것으로 족하지 참선하는 경우는 드물다. 사찰에 나가 불공드리며 부처에게 기도하면 그것이 바로 부처를 믿는 것이 되고 불자가 된다.

불교는 철저하게 스스로 식접 해나가야 하는 수행 실천의 종교이다. 인생 문제를 내가 직접 부처의 가르침에 의거해 풀어나가면 되는 것이지 절대로 승려나 불공이 해결방법을 주지 않는다. 설사 준다 해도 자기 자신이 직접 맛보는 깨달음과 열반에 근거하지 않는 한 그것은 임시방편일 뿐이다. 불공, 기도, 108배는 모두 할 때뿐 다시 도로 아미타불이 되어 불상 앞으로 달려가기 바쁘지 않은가? 부처의 가르침인 법法에 의거해 자기 자신이 스스로 등불을 밝혀나가는 자등명법등명自燈明法燈明이 참다운 불법의 이치라는 점을 깨달아야 할 것이다.

그 어디에도 기도를 들어 주고 신통력을 발휘하는 부처는 없다. 부처는 믿어야 하는 대상이 아니다. 굳이 믿는다면 부처의 가르침인 법法을 믿는 것이다. 부처의 유언인 자등명법등명에 따르는 것이다. 즉, 자기 자신을 등불로 삼고 자기를 의지해 직접 개척해나가야 한다. 우리는 이런 석가모니의 가르침으로 이 험한 고해의 바다에 일어나는 모든 파도를 자신의 힘으로 잠재울 수 있는데 왜 부처에게 매달려 복 달라는 애걸하는 것일까? 부처가 이런 광경을 본다면 아마도 죽비 들고 정신 차리라고 호통을 칠 것만 같다.

개인적 견해를 하나 내보자면, 대승불교의 가장 큰 문제는 열반이 깨달음으로 대체되면서 불교 존재 자체의 목적이 흐려졌다는 데 있다. 선종은 수행의 최종 목적으로 깨달음을 말하고 이것을 최고로 간주한다. 그렇다면 과연 깨달음이 불교의 목적일까? 부처가 본다면 "나는 그렇게 가르치지 않았다. 열반은 어디 갔냐? 수행의 목적은 열반이지 깨달음이 아니다"라고 말할 것이라고 확신한다.

부처가 45년간 가르쳐준 설법의 요지를 요약한다면 이러하다. 누구나 자신의 괴로움을 인식한다면 괴로움의 원인을 알아야 한다. 그리고 그것에서 벗어나는 길로 제시된 팔정도의 수행으로 마지막에는 열반에 들어야 한다. 열반은 살아서 맛볼 수 있는 지상 최고의 행복을 거머쥐는 경지이다. 이고득락離苦得樂의 상태이다. 더도 말고 덜도 말고 불교의

팔만 사천 가지 법문은 온통 이것으로 가득 차 있다.

그런데 열반은 온데간데없이 사라지고 선종에서는 오로지 깨달음이 최고의 수행 목표로 설정되어 있다. 대사찰의 선방에 안거하는 승려들은 대체로 참선 수행을 한다. 왜냐하면 간화선 수행법이야말로 한국 불교가 자랑하는 지상 최고의 목표인 '깨달음'으로 가는 길이라 확신하기 때문이다. 나는 학문으로 불교학을 공부하며 전국 사찰을 다녔고 선승, 학승들과 교류하며 한국 불교의 간화선 수행에 문제가 있음을 오랫동안 지켜봐왔다. 간화선 수행으로 깨달음을 얻었다는 선승을 만나본 적도 없다. 출가해 평생 선방의 동안거·하안거에 입재해 몇 십 년을 수행해왔지만 수행에 별다른 진척이 없어 갑갑하고 답답해하는 모습이었다. 일찍이 간화선 수행에 문제가 있음을 직시하고 스스로 자신에게 맞는 길을 찾아 수행법을 조정해나가거나 스스로 개발한 수행을 한다는 선승도 있었다. 한 스님은 선방에서 뛰쳐나와 산속에서 도 닦는 도인을 스승으로 받들며 수행 가르침을 따르고 있었다. 다른 길을 모색할 수밖에 없는 것이다.

수행자도 아닌 일개의 범부가 '깨달음'을 말하기조차 벅차지만, 이것이 그간의 화두였던 만큼 문제제기를 하지 않을 수 없다. 1990년대 중반 송광사에서 당시 해제를 맞아 앞서거니 뒤서거니 산문을 나서는 대여섯 명의 선방 스님들과 대화할 기회가 있었다. 그때 수행이란 것이 정진하는 만큼의 효력이 없다는 인상을 강하게 받았다. 두 스님은 상기上氣 병을 얻어 고생하고 있다고 했고, 다른 한 스님은 출가해서 20년간 선방만 다녀도 깨달음이 갈수록 막연하고 묘원하다며 화두 챙김이 안 된다는 고백했다. 한 스님은 선방에서 화두 참구 시 화두에 집중하는 시간은 앉자마자 약 5~10분 정도이고 나머지는 망상이라고 솔직히 말해주었다. 그와는 1998년 미얀마 양곤의 판디타르마 위파사나 센터에서 다시 만날 수 있었다.

그런데 간화선 참선 수행은 상근기上根機만 가능하며 오로지 이 수행법만 깨달음을 보장한다고 말하는 스님도 있었다. 그와의 대화에서 불교에 막 입문해 무식했던 내가 한 질문은 이랬다. "스님, 부처님도 스님처럼 화두 잡다 깨치신 건가요?" 물론 그 질문에 그는 답을 못 주었다. 그 후로도 간화선 참선 수행은 오로지 상근기만 할 수 있다는 말을 여러 번 들었다. 주변에 어떤 상황이 초래되더라도 자신의 마음을 이기고 그 유혹을 이겨내는 사람인 상근기가 아니면 감히 접근도 못하는 영역이라니 간화선 참선 수행은 선방 스님의 전유물이란 말인가? 이것은 수행 자체뿐만 아니라 수행이 추구하는 '깨달음'이 거대하고 거창해 범부는 감히 근접할 수 없는 '그 무엇'으로 여기는 것에 그 원인이 있다. 언젠가 "스님, 성불하세요"라고들 인사하는데 "어떻게 해야 성불할 수 있나요"라고 물었을 때 불공을 올리거나 백일기도를 해보라는 조언을 들을 수 있었다. 이런 형국이니 참선 수행은 스님만의 몫이고 불자에게 주어진 것으로 불공과 기도, 염불, 108배가 되지 않았나 싶다. 그러니 복을 구하는 기복으로 흐르는 것도 당연하지 않은가 하는 생각이 들었다.

대승의 대표적인 가르침은 '위로는 깨달음을 구하고 아래로는 중생을 제도한다上求菩提下化衆生'이다. 그런데 깨달음은 단어로만 존재하고 실제로 그것의 실체가 무엇이지 아무도 모르는 죽은 단어이다. 승려의 법문에도, 고승의 새해 메시지에도 늘 들어가는 '깨달음'은 자주 듣는 말이지만 문제는 그 어디서도 깨달음이 구체적으로 무엇인가에 대한 명확한 기준도 정의도 발견할 수 없다는 것이다. 깨달음 자체가 무척 신비한 '그 무엇' 내지 구름 속의 무지개로 포장되어 저 높은 곳에 모셔 있는 추상적인 단어로 전락해 있는 점은 분명하게 확인할 수 있었다. 그런데도 이 묘원한 깨달음은 한국 불교의 최고·최상 자리를 지키며 조계종의 모든 수행자와 학도(學徒)의 과제이자 목표가 되어 있다.

아는 스님들에게 구체적으로 깨달음이 무엇이냐고 물으면 "깨달음은 열반이다. 열반이 깨달음이다"라고 답한다. 하나의 종교가 2,500년 넘는 세월을 거치면서 교리에 질적인 변화나 변질을 겪게 마련이라지만 깨달음에 대한 오해로 인해 열반마저 그 위치가 불명확하게 되었다. 부처의 육성이 어느 정도 담겨 있다고 보는 초기 경전에 의하면 부처는 늘 열반을 최종적이고 궁극적인 목적으로 보았지 깨달음을 목적으로 삼은 적이 없다. 그런데 대승불교의 발흥과 함께 깨달음에 자리를 빼앗긴 열반은 참으로 한국 불교에서 초라한 신세로 전락하고 말았다. 깨달음에 집중된 구도에 열반은 완전히 밀려나 역사적 의미도 또한 불법 핵심 목표로서의 존재감도 상실되어 있다는 느낌을 지울 수 없다.

여기서 이 문제를 풀어보자. 초기 경전만 아니라 팔만 사천 가지의 법문은 결국 열반 하나로 귀결되고 있다. 열반은 탐욕, 성냄, 어리석음인 탐진치라는 삼독이 완전한 소멸된 경지라고 경전은 분명히 전하고 있다. 이 삼독은 독毒뿐만 아니라 불火로도 비유되어 반드시 소멸시켜야 하는 것으로 정의된다. 그렇다면 깨달음이 지상 과제인 한국 불교와 관련해 몇 가지 의문이 든다. 깨달음만으로 삼독의 불이 완전히 꺼지는가, 즉 깨달음으로 일체의 괴로움에서 완전히 벗어났다고 볼 수 있는가?

적어도 괴롭다는 사실 앞에 그 원인을 규명하고 바른 길로 열반에 이르게 하는 고집멸도사성제苦集滅道四聖諦를 떠나 불교가 존재할 수 없다. 열반으로 가는 길은 분명 팔정도에 제시되어 있다. 그렇다면 간화선 참선 수행이 곧 팔정도 전체를 대신하고 있다는 말인가? 과연 올바로 보는 것正見, 올바로 생각하는 것正思惟, 올바로 말하는 것正語, 올바로 행동하는 것正業, 올바르게 직업을 갖는 것正命, 올바로 정진하는 것正精進, 올바로 마음을 다하는 것正念, 올바로 선정하는 것正定, 이 여덟 가지를 응축시켜놓은 것이 간화선 참선 수행이라는 말인가? 적어도 이렇게 묻는 것이 마땅한 일일 것이다.

그렇다면 깨달음은 어떤 위치에 있으며 열반과 어떤 관계에 있는지 살펴보자. 깨달음이 열반을 대신하고 있는 상황에서 깨달음이 무엇인가를 알아야 한다. 《아함경》에 의하면 깨달음은 분명 부처가 가르친 연기법緣起法을 아는 것이다. 부처가 살았던 시대를 배경으로 성립된 불교의 세계관, 윤회, 업 등은 기존의 인도 사상에서 나온 것이나, 전무후무하게 독특한 것이 부처의 중도中道와 연기법이다. 나는 개인적으로 인간 예수의 십자가 사건과 부처의 연기법을 종교에만 국한되지 않는 인류의 대발견이라 보고 있다.

연기법은 '이것이 있으므로 저것이 있다此有故彼有'는 구도에서 모든 것이 인연에 따라 일어났다 사라진다는 사상이다. 이것이 모든 존재의 실상이다. 《아함경》에서는 이러한 실상을 간파해 연기의 법칙을 깨달아 아는 것을 각지覺知 또는 지知, 오悟, 정각正覺으로 쓰고 있다. 인간의 마음을 포함한 삼라만상이 서로 얽혀 있는 존재라는 점을 깨달아 아는 것이 바로 깨달음이다. 그러므로 불교의 깨달음은 상호 만물의 실상을 올바로 깨달아 아는 인연因緣 연기법에서 시작한다. 사람, 마음을 포함한 모든 삼라만상 만물이 생멸하는 인연으로 있는 연기법의 이치를 알면 그때 비로소 깨닫는 것이다.

다시 강조하지만, 글자 그대로 인연에 따라 일어나고 사라지는 연기의 생멸법을 아는 것이 깨달음이다. 이것이 팔정도의 '올바로 보는 것' 정견正見이라 확신한다. 만약 모든 존재의 실상인 연기의 법칙을 여실히 깨달아 알았다면 우리 같은 범부 개개인도 깨달음을 이룰 수 있다고 감히 말할 수 있다. 모든 것에 '이것이 있으므로 저것이 있는' 원리로 우리 자신과 세상을 바르게 인식한다면 그 누구라도 충분히 깨달을 수 있는 것이다.

그러므로 연기법은 '나라'는 게 없는 무아無我와 항상恒常한 것이 없다는 무상無常을 꿰뚫는 첩경이자 모든 집착에서 벗어나 자유로울 수 있으며 너와 내가 둘이 아니라는 이치를 알려준다. 연기법을 알면 나 또는 자기라고 할 것이 없다는 무아, 모든 것이 항상하지 않다는 무상을 저절로 파악하게 된다. '나'라는 게 정말 있는지, 세상이 얼마나 무상한지, 나아가 모두가 인연에 따라 생멸·변화하는 연기법의 구도 속에서 자신의 위치를 보면 결코 너와 내가 둘이 아니라는 자타불이自他不二가 자연히 드러난다. 이렇게 깨달음은 멀리 있지 않으며 이미 그 열쇠는 우리에게 쥐어져 있다.

깨달았다면 그것을 기반으로 이제 본격적으로 열반을 향한 수행을 시작할 수 있다. 깨달음은 이해의 영역이고 열반은 체험의 영역이기에 이해에서는 지혜의 힘이 필요하고 체험에서는 수행의 힘이 필요하다. 수행이란 다름 아닌 내 안에 어떤 욕심이 있는지, 어떤 일에 성내고 있는지, 어떤 어리석음을 갖고 있는지를 알아나가는 것이기도 하다. 깨닫고 난 후 열반을 목적으로 그때부터 일상에서 탐욕·성냄·어리석음의 불길을 끄는 본격적인 수행에 매진하는 것이 불법의 바른 이치이다.

그러므로 연기법의 원리를 여실히 깨달았다면 그때부터 괴로움에서 벗어나 지상 최고의 행복을 누리자는, 즉 이고득락離苦得樂으로 나아가자는 부처의 메시지가 드러나는 것이다. 불교의 핵심이 최상의 행복인 열반에 이르는 것임은 2,500년 전이나 오늘이나 다르지 않다. 깨달음을 이룬 다음 열반을 향해 나아가는 것만이 무상하지 않으며 고해의 바다를 잘 헤엄치는 최상의 방법이라는 점이 불교 경전 팔만 사천 가지 법문에 가득 차 있지 않은가?

한국 불교는 깨달음을 최고의 목표로 삼고 이것에 기인한 수행 풍토로 인해 정도正道를 잃었다. 한국 불교가 깨달음이라는 묘원한 환상에서 벗어날 때도 되었다. 깨달음을 목적으로 하는 한국 불교에 대해 부처는 분명히 "나는 그렇게 가르치지 않았다"며 죽비를 내리칠 것만 같다.

  정리하자면 예수가 그리고 부처가 생전에 들려주었고 그 말은 모두 가감·수정·삭제되는 편찬 과정을 거쳤다. 하지만 그 말은 여전히 충분히 새겨들을 수 있도록 책자로 묶여 우리 곁에 있다. 그런데도 예수와 부처의 원음原音, original voice은 귀에 들리지 않는 죽은 소리처럼 되어 있다. 원음이 교리나 십자가와 불상에 덧씌운 채 가려져 있는 형국이다. 종교에 관한 한 원음은 사라지고 복사판만 유통되고 있으며 본체는 모셔두기만 하고 가지만 붙들고 있음을 신자들보다 성직자 자신이 더 잘 알고 있을 텐데, 이것이 온데간데없이 들리지 않는다.

  이런 상황에서 신자가 할 수 있는 최고의 공부는 자신이 직접 경전을 파고드는 것이 아닐까 한다. 불교의 발흥 초기, 즉 원시적이자 원초적인 불교 시대에 부처 설법을 편찬한 《법구경》, 《숫타니파타》, 《아함경》 등에서 부처의 원음 육성을 들을 수 있을 것이다. 또한 신약 복음서에는 예수의 육성이 담겨 있다. 성직자와 신자 모두 이 순간 원음 듣고 원점으로 돌아가보자. 명품은 오리지널을 찾으면서 왜 가르침의 오리지널에는 관심을 두지 않는지 알다가도 모를 일이다. 개신교는 예수의 말처럼 네 이웃을 사랑해야 할 시간이고, 불교는 자신을 등불로 삼을 시간이다. 목사와 승려가 이것에 앞장서지 않는 한, 예수는 통곡하고 부처는 죽비를 들고 있는 게 당연지사가 아닌가?

3
'믿는 자'가 믿는 것

신자信者란 글자 그대로 믿는 자이다. 그렇다면 무엇을 믿는 것일까? 믿는다는 것의 실체는 무엇일까? 믿음에는 분명 대상이 있다. 그렇다면 믿음의 대상은 무엇일까? 하나님? 부처님? 아니면 빨간 십자가? 금불상? 교회? 사찰? 목사? 승려? 그간의 관찰과 경험을 근거로 신자와 믿음에 대해 몇 가지를 견해를 나누고 싶다. 모든 종교는 하나같이 믿음을 강조하니 믿는 자의 믿음이란 것의 대상이 과연 진리인지, 나아가 믿음이 과연 구원하는지 알고 싶은 것이다. 대체로 불자와 크리스천이라 부르는 신자들이 '나는 믿는다' 또는 '믿음을 갖고 있다'고 할 때, 왜 믿으며 무엇을 믿는다고 하는지 그리고 단지 믿음으로써 과연 해결되는 것이 있는지 알아보자.

이 장을 별도로 마련한 것은 목사와 승려가 바로 서는 데 신자 또는 성도의 협력이 필수적이기 때문이다. 신자가 자신의 믿음·신앙을 곰곰이 되돌아보고 자신이 신자로서 어떤 모습인지 가만히 되짚어보았으면 한다. 혹시 내 상상이 지어낸 것은 없는가, 아니면 맹목적으로 믿는 것은 아닌지, 교회와 사찰을 믿고 목사와 승려를 믿는 것은 아닌지, 교회에 그리고 사찰에 소속을 두고 자신이 신자라고 하는지 등을 열거해가며 점검해보기 바란다. 나아가 믿는 자의 믿음에서 나오는 하나의 발현인 기도에 대해 신자는 어떤 기도를 하는지 유형별로 나누어보고 어떤 기도를 하면 응답이 있는지 나의 작은 경험에 비추어 나누려 한다.

신자, 신앙에 걸치는 '믿음'을 해부하자면 믿을 '신信'으로 귀결된다. 믿음과 신앙을 구별할 필요가 있다. 신자는 그야말로 '믿는

자'이며, 신앙信仰은 한자가 말해주듯 믿음으로 우러러 보는 것이다. 이 '믿어 우러러 봄'에 맹목적인 믿음이 있다. 우선 믿음이 있어야 신앙이 있고, 믿음을 근저로 신앙심이 생긴다. 믿음이 가슴으로 소화되면 그것이 신앙이 되고 그것을 생활로 끌어오면 신앙생활을 한다고 말할 수 있다. 믿는 자의 믿음이라는 것에서 우리가 놓치는 것은 분명 있으며 그것도 아주 많다. 지금 이 순간 믿고 있다면 그릇되고 맹목적인 믿음이 분명 있다. 믿는다는 것의 실체를 두고 왜 저다지도 '믿음'을 외치는 것일까, 무엇을 믿기에 저러나 하고 오랜 세월 고민해왔다.

결론부터 말하면, 믿음은 각자가 자기 십자가를 지고 홀로서기를 하는 것이고 자기가 자신에게 셀프서비스 하는 것이라 말할 수 있다. 예수나 부처 또는 목사나 승려에게 의존하던 것에서 벗어나 홀로서기를 하는 것이 참 믿음이라 믿는다. 믿음이란 신앙으로 발현되어 이것이 부단히 나를 변화·정화시켜나가며 최종으로 거듭나 스스로 자기를 돕고 남도 돕는 것이다. 이것이 믿음의 제대로 된 실체이자 아마도 모든 종교의 진리를 한마디로 표현하는 것이라 해도 과언이 아니다. 그런데도 믿음이 '믿는 자'를 변화시키거나 거듭나게 하지 않는다면 잘못 믿거나 예수나 부처가 가짜이거나 이 둘 중 하나가 아니겠는가? 잘못 믿는 것도 예수나 부처가 보기에 불법에 해당된다.

왜, 그리고 무엇을 믿는가

　우선 통계부터 보자. 한국갤럽이 조사·발표한《한국인의 종교와 종교의식》을 보면 2004년 말 기준으로 한국인의 절반이 넘는 53.5퍼센트가 종교를 가진 것으로 나왔다. 종교별 신자는 불교 24.4퍼센트, 개신교 21.4퍼센트, 천주교 6.7퍼센트의 순이다. 기타 종교에 해당하는 민족종교와 이슬람교 등의 신자가 0.9퍼센트에 불과한 것을 보면 '빅3 종교'라 부르는 불교·개신교·천주교의 신자가 전체 인구의 절반 이상을 넘고 있다.

　현재 2011년 기준으로 7년 전의 통계이나 그 숫자에는 큰 변화가 없다고 보아도 무방하다. 물론 최근에는 새 신자의 입회 내지 신규 등록자보다 이탈자가 늘고 있다. 각 종교단체에서 받은 전체 신자 숫자를 합하면 전체 인구의 숫자를 훨씬 웃돌기 때문에 신뢰성이 다소 떨어지지만, 2010년 통계에 의하면 개신교인의 숫자가 준 반면 가톨릭과 이슬람교인의 숫자가 피부로도 느낄 만큼 증가했다. 그러나 대한민국 국민의 절반이 넘는 53.5퍼센트는 여전히 개신교와 불교가 장악하고 있다.

　2005년 '인구주택총조사'에 의하면 불교인은 1,072만 6,463명, 개신교인은 861만 6,438명이다. 현재 개신교의 교단은 200여 개인데 여기에는 예장·기장 등의 장로교 100여 개, 감리교, 침례교 등 분파된

소교단이 포함되어 있다. 교회 숫자는 5~6만여 개로 추산하고 있다. 불교의 대종단은 20여 개이며 조계종 등록 사찰 숫자는 2,600여 개로 집계되어 있다. 이러한 숫자의 집산은 정확한 통계가 어려워 대략적인 숫자로밖에 접할 수 없다.

앞서 본 2004년 한국갤럽의 조사에 따르면, 개신교인와 불교인의 숫자가 전 인구의 53퍼센트, 약 2,400~2,500만 명이 넘는다. 그렇다면 왜 그들은 믿는 것일까? 교회와 사찰이 신자로 붐비는 것에는 분명 이유가 있을 것이다. 같은 해, 한국갤럽에서 종교를 믿는 이유도 조사했다. '마음의 평안을 얻으려고'가 67.9퍼센트, '복을 많이 받기 위해서'가 15.6퍼센트, '죽은 다음 영원한 삶을 얻으려고'가 7.8퍼센트로 나타났다. 단연 '마음의 평안을 얻으려고'가 압도적으로 많았다.

이것은 기현상이 아닐까? '마음의 평안을 얻으려고' 믿는다는데 오히려 마음의 평안이 없는 증상이 심하다. 믿는 자의 '믿음'이 도가 넘

칠 때 듣는 약이 없지만 믿음이 좋다는 신자인데도 마음의 평안을 유지하지 못한다면 그 믿음에 의문이 드는 것은 당연하다. 불완전하더라도 믿는 자는 자기 안에 어느 정도의 평안 내지 평화로움이 있어야 한다. 이 평안이 그가 원하는 행복이라면 사람의 기질과 성향이 모두 다른 만큼 행복의 기준은 모두 다를 수 있다. 그러나 그 기준이 무엇이라도 마음 편안한 게 가장 좋다고들 하지 않는가? 그런데 믿는다면서도 왜 마음이 편치 않은지 나는 그것이 궁금하다. 믿음이 좋다는데 저 사람은 왜 저럴까, 무엇을 믿기에 저럴까 하는 경우를 꽤 보았다.

오로지 믿음 하나 믿고 '믿습니다'를 연발하며 열심히 교회에 나가고 법문 날짜를 지켜도 주일 예배가 끝나거나 초하루 사찰 법문을 마치고 교회나 사찰이라는 종교적 장소만 벗어나면 마음의 평안을 잃는 것이 다반사이다. 하루 받은 약의 효과는 그날이나 다음 날로 사라진다. 대체로 삶이 고단한 사람에게 교회나 사찰은 진통제 역할을 한다. 마음에 피 흘리는 신자라도 있으면 교회나 사찰이 지혈제도 되어준다.

그런데 예수가 준 완치 처방전이 있는데, 부처가 준 최고의 만병통치약이 있는데 왜 스스로 자가 치료를 하지 않고 진통제에만 의지할까? 하루라도 통증이 멎는다면 관여할 일이 아니다. 하지만 부처의 유언에도 있듯 자신의 가르침을 등불로 삼아 스스로 영원히 아프지 않을 감로수 명약을 만들면 되는데 왜 이것을 그렇게 하지 못할까? 예수가 이르길 "내가 주는 물을 마시는 자는 영원히 목마르지 아니하리니" 요한복음 4:14 라고 했건만 왜 영원히 그 물을 직접 마시지 않는 것일까? 왜 스스로 마르지 않을 샘물을 못 파는 것일까?

'마음의 평안을 얻으려고' 믿는다는데 마음에 여전히 평안이 없다면 그 믿음은 분명 무언가 잘못되어 있는 것이다. 마음의 평안을 얻으려고, 복을 많이 받기 위해서, 죽은 다음 영원한 삶을 얻으려고 교회를 찾든지 사찰에 나가든지 하는 사람 중에서 개인의 소원 성취나 복을 비는 기복형이 99.99퍼센트라고 생각한다. 믿는 이유가 오로지 개인 욕망의 발현뿐이고 믿음은 복 받고 싶은 자신과 가족으로만 향하고 있기 때문에 마음에 여전히 평안이 없는 게 아닌가 한다.

종교의 내용은 그 종교가 구체적으로 어떤 사람을 만들어내느냐에서 알 수 있다. 즉, 종교의 성향이 그것을 믿는다는 신자에게 자연히 드러난다. 신자들의 인간다움과 사람다움을 보면 그가 속한 종교가 어떤 종교인가를 가늠할 수 있다. 특정 종교에 소속을 두었다는 신자를 보면 그 종교에 대해 감이 잡히는 것이다. 신자들에게 평온이 있는가, 충만과 기쁨이 있는가, 대인관계는 어떤가, 인품은 어떤가 등

등을 보고 그 종교를 판단해도 크게 틀리지 않는다.

사례를 하나 들어보자. 경전 공부하는 모임에 한 만학도가 있었다. 나는 3년간 그의 사람됨과 인간성을 보고 '저런 인간을 키워내는 종교는 가보고 싶지 않다'는 생각을 내내 했다. 그 사람의 처신과 처세를 보면 그가 속한 종교단체는 안 봐도 뻔할 것 같았기 때문이다. 오히려 무신론자를 자처하는 분이 늘 부드러운 미소로 함께해주어 공부 분위기가 좋았던 기억이 있다. 학교 선배 중에 강남의 대형 교회에 다니는 교인이 있었다. 그의 대인관계는 엉망이고 과에서 아무도 그를 좋아하거나 반기는 사람도 없는데 행여 복도에서 마주치기라도 하면 교회, 주일예배, 목사 자랑을 늘어놓기 일쑤였다. 그런 신자가 전체 교인을 대표하지 않는다 해도 분명 잘못되기는 단단히 잘못되어 있다는 점을 피부로 느꼈고 아마 여기에 공감하는 사람도 있으리라 짐작된다.

과연 믿는 자라는 신자가 믿는 것의 대상이 무엇이기에 하루만 종교인이 되고 장소만 벗어나면 '종교 따로 생활 따로'가 되는 것일까? 이것의 원인을 찾아보면서 믿음의 실체가 혹시 빨간 십자가 아니면 금칠한 불상, 아니면 교리나 도그마일까 하는 의문이 드는 것은 당연하다. 예수의 가르침 대신
교회와 목사를 믿고 부처의 가르침 대신 사찰과 승려를 믿는 경우가 태반이기 때문에 나오는 결과가 아닐까? 신자들에게 묻고 싶다. 몇 십 년이 되었든 몇 년이 되었든 과연 교회 나가고 절에 다니며 마음의 평안을 찾았느냐고, 지금 당장 마음이 평안하냐고.

믿는다는 신자들에게 또 하나 묻고 싶다. 믿음으로 해결된, 즉 믿어서 자신의 문제가 해결되었느냐고. 아이러니하게도 단지 믿음만으로 해결될 것 같지 않은 문제가 바로 이 믿음이다. 이는 곧 '믿음'이라는 것, 즉 믿어서 만사형통하는 하는 일이 이 세상에 없다는 점을 말하는 것이다.

믿음 자체의 큰 문제는 믿음이 주일 하루나 특정일에만 약효가 있는 묘한 약이라는 점이다. 교회에서의 예배나 사찰에서의 예불과 불공이나 그 무엇이든지 효험이 몇 시간밖에 가지 않는다. 믿음이 좋다해도 주일 하루 교회에서 잠시 통증이 멈췄다가 장소를 벗어나면 늘 제 자리로 돌아와 또다시 문제 속에서 산다. 문제가 생겨 다시 불상 앞으로, 십자가 앞으로 달려간다 해도 그것은 그때뿐이며 해결되는 게 없다. 스스로 자신이 나서서 완전히 해결하지 않으면 믿음이라는 것도 결국 임시 '땜빵'에 불과하다.

이것을 다른 것에 비유하면 불이 났는데 연기만 끄고 연기를 내뿜는 불씨를 끄지 않는 것과 같다. 불씨를 끄려면 신자가 몇 가지 직접 해야 할 일이 있다. 믿음을 참 믿음으로 신앙으로 소화시켜나가는 데 첫째

로 해야 할 일은 불상이나 십자가 같은 상징적 대상물을 거두어들이는 것이다. 둘째, '교리'라는 허울 좋은 도그마의 장막을 거두어내는 것이다. 도그마로 변질되지 않은 예수와 부처의 원음, 즉 오리지널 말씀만 붙드는 것이다. 셋째, 목사나 승려를 믿지 말고 나와 부처 그리고 나와 예수의 관계에서 가운데를 가로막고 선 모든 중간 매개를 통하지 않는 것이다. 목사나 승려 같은 중간 매개체는 오히려 믿음에 방해가 되는 장애물이다. 넷째, 홀로서기를 위해 경전을 보며 말씀을 일상으로 가져와 몸으로 실천하며 본인이 직접 샘물을 파고 감로수를 만드는 길로 가는 것이 최고의 방법이다. 이것만이 참 믿음으로 인도하는 길이다. 적어도 내 개인적 경험에 비추면 이것이 최상의 방법이다.

흔히 성경이 어렵다는 말도 듣지만 경전을 이해할 수 없는 경우 그것을 몸으로 실천하면 알게 된다. 진정한 의미의 믿음은 대상을 두고 단지 믿는 것이 아니라 믿음을 몸으로 실천하는 것이다. 그때 종교가 살

아서 내 신앙이 되고 믿음이 눈에 보이게 되는 것이다. 믿는 자의 믿음에는 무한책임이 따르며 말씀을 살려내는 실천이 따라야만 생명력을 갖는다. 몸으로 옮길 때 믿음이 살아난다. 이것이 바른 신앙생활이다. 믿음의 책임으로 실천을 말하는 것은 조금 뒤에서 상세히 다루려 한다.

　자기가 십자가를 지지 않고 십자가만 바라보고 자기가 부처 되지 않고 불상만 바라보는 것은 평생 동안 주일 하루 아니면 법회날에 진통제만 맞는 것과 크게 다르지 않다. 얼마든지 스스로 자신이 마실 샘물·감로수의 물길을 터나갈 수 있다. 스스로 천국을 내 안에 만들고 내 안에 극락을 만들자. 내가 천국 자체가 되고 낙원 자체가 되고 내가 부처되는 것은 모두 자기하기 나름이다. 다시 강조하지만 이 세상에 단지 믿음으로만, 즉 믿어서 해결되는 것은 아무것도 없다는 사실이야말로 진리이다.

차라리 믿지 말 것을

　신자들은 대체로 특정한 종교적 장소에 속한 것으로 자신에게 이름표를 붙인다. "나 교회 다녀요"라는 소속이 자기 정체성을 갖게 하고, 주일 예배 출석 여부나 수요예배·금식기도회·부흥회 등의 활동 참여가 바른 크리스천의 기준이 되어 있는 경우가 허다하다. 집 아파트 대문에 교회 명찰도 단다. 불교에서는 "나 절에 다녀요" 하며 절에 연등을 단다거나 불공·재일에 동참하는 것이 불자의 잣대가 되어 있기도 하다. 주일날 성경 들고 교회 간다고 교인이 아니듯, 사찰에 다닌다고 모두 불자가 아니다. 세례를 받았다고, 오계를 받았다고, 예배와 예불에 참여한다고 누구나 크리스천이 되거나 불자가 되는 것은 더더욱 아니다.

　행여 "구원받았다면서 왜 저 모양이야", "저 사람 크리스천 되었다더니 하나도 변한 게 없네"라든가, 사람들 입에서 막말이 나오게 해 "저 딴 게 무슨 크리스천이야"라는 소리를 듣는지 곰곰이 생각해보라.

불자라면 "저 사람 매일 백팔배를 한다면서 왜 저러지", "저 사람 입에 관세음보살, 나무아미타불 달고 살면서도 저러네"라는 소리를 듣는지 자신을 점검해보라. 만약 이런 소리가 뒤에서 들린다면 신앙생활이 분명 잘못되었다는 점은 삼척동자도 알 것이다.

믿음이 있어도 또 오래 믿어왔는데도 원래의 자기가 하나도 바뀌지 않았음이 확인될 때 자연히 목사나 승려 이전에 믿는 자라는 신자들을 탓할 수밖에 없다. 그럴 때 나는 "저 사람들 차라리 믿지 말지" 한다. 성경에 손까지 얹고 맹세하며 돈 빌려간 교회 친구가 갑자기 사라지더니 10년이 넘은 지금까지도 감감무소식이라는 소리도 듣는다. "저 사람 독실한 신자라더니 그것밖에 안 되나", "저 사람 뭐 하러 절에 다니나", "교회에서 목사 설교를 듣고 뭘 배웠나. 차라리 믿지나 말지" 하고 한숨지은 적이 몇 번인가 있었다.

주변에, 그것도 거리상 아주 가까운 곳에 이런 무늬만 크리스천인 사람이 있다. 그녀를 보면 생전 남에게 좋은 일 한 번도 한 적 없고, 따스한 손길 한 번 내밀어본 적 없으며, 자기 이익에만 급급해하고 살면서 절대로 손해 안 보려 한다. 그녀는 누구를 만나도 첫 질문으로 "교회 나가세요" 하고 물으나 주변과 이웃에서도 절대로 가까이 하고 싶어 하지 않는 사람이다. 동네에서도 소문이 자자한 그 집에서는 다투고 싸우는 큰 소리도 자주 들린다. 이런 사람이 과연 크리스천인가? 신자도 아닌 이런 사람이 예수 망신 다 시킨다.

절에서 만나면 늘 자기 이야기만 주절주절 늘어놓고 하소연하는 사람이 있다. 신세 한탄으로 이어지는 이런 사람이 보살인가? 멀리 가지 않아도 "저 사람으로 보니 난 절대로 저 종교는 믿고 싶지 않다", "교회에서 뭘 배웠기에 저러나", "목사가 사람을 저 모양으로 만들어놓았나", "저런 사람에게 기도가 나올까" 하는 소리를 듣는 사람을 의외로 많이 만난다.

'저 사람 차라리 믿지 말지' 하고 한숨 나오게 만드는 첫 번째가 주일 하루 쉬지도 못하고 교회 가고 절에 가도 늘 인상 쓰고 다닌다는 사실이다. 그들은 다녀도 여전히 허전하고 갔다 오면 그것으로 끝나 또다시 자기 분열이 일어나는 것이다. 나는 크리스천이든 불자이든 신자라는 사람들에게 가슴 뭉클한 감동을 받은 적이 거의 없다. 지난 30여 년 동안 내 기억으로 대여섯 번밖에 없었다. 일일이 모든 사례를 말하면 너무나 긴 이야기이기에 간단히 대표적인 사례만 소개하겠다. 온통 '차라리 믿지 말 것을'에 해당하는 일들이다.

작년의 일이다. 택시를 탔다. 택시 안 룸미러에 십자가가 걸려 있었다. 마침 큰 라디오 소리를 들으니 2시를 알리는 방송국 이름이 CBS 기독교방송이었다. '기사가 개신교인인가 보다' 하고 있는데 그의 운전이 무척 난폭했다. 운전 실력을 과시라도 하려는 것인지 끼어들기는 기본이고 빨간 불에도 횡단보도에 사람 없으면 무시하고 지나갔다. 그것만이 아니었다. 잔돈 내주는 태도가 무척 불친절했다. 그런 사람이 택시에 십자가를 달고 기독교방송을 청취하고 있다는 것에 씁쓸했던 기억이 있다.

'차라리 믿지나 말지'라고 말하게 만드는 대표적인 사례

택시 안에 걸려 있는 십자가

가 있다. 도저히 신자라고 부를 수 없는 그는 주변에서 불성실하고 신뢰할 수 없는 사람이라는 평을 듣고 있다. 하지만 그는 자기 입으로 '거듭난' 크리스천이라 말하며 주일 성수聖守와 헌금을 자랑한다. 그는 그것을 최고의 자랑으로 삼고 있지만 여기까지는 그렇다고 치자. 그런데 누군가 교회라도 빠지면 자기가 마치 목사나 되는 것처럼 "지난 주일에 왜 안 나왔나요"라며 추궁한다. 나는 어떻게 저런 교인에게서 기도가 나올까 하고 의심스러웠다. 교회에 소속을 두고 다니는 것이 마치 훈장이라도 되는 것처럼 여기는 그를 만나는 날이 왔다. 그 교회 행사에 초대받아 예배 후 한 테이블에 앉아 밥을 먹던 나는 그에게 성경을 대고 물었다. "복음서에 예수가 주일마다 교회로 꼭 나를 경배하러 와야 한다고 한 말씀이 적힌 문장이 있나요?" 물론 그는 화제를 단박에 바꾸어버렸다.

오래전에 연세가 칠순이 넘은 한 남자 교인을 알고 지낸 적이 있었다. 툭 하면 입에서 나오는 소리가 "아멘", "할렐루야", "믿습니다"였다. 성경까지 선물하며 교회에 나오라는 그의 실생활을 5년여 보다가 나는 경악을 금치 못했다. 벌어놓은 돈도 많은 그는 믿음이 좋아 남동생을 신학대학원에 보내 목사를 만들었다. 그리고 교회를 개척해 그 교회의 장로로 있다. 문제는 그의 주변에 있는 사람이라면 누구나 아는 게 그의 여자관계이다. 게다가 자기 입으로 외박도 자주 한다고 자랑하는 그를 행사장에서 만났다. 농담 식으로 말을 건네며 "몸 좀 생각하세요" 했더니 두 가지 대답이 나왔다. 하나는 "옛날 같았으면 첩을 두는 게 아무런 흉이 안 된다"는 것이었고, 또 하나는 "매일 밥만 먹으면 좋은 밥맛을 모르잖아. 그러니 가끔 자장면도 먹고 빵도 먹어야지" 하는 것이었다. 무척 드문 경우이지만 한국 개신교인의 또 다른 현주소가 아닌가 생각했다.

대체로 '믿음 따로, 생활 따로'에 추가되어 믿는 것과 도덕은 별개의 것으로 본다. 그들의 윤리체계는 기본적으로 세상의 잣대가 아닌 소속 종교에 얼마나 충실한가에 있다. 교인이라면 적어도 십계명은 준수해야 하는데 '믿음 따로 실생활 따로'인 경우 도덕은 믿음 하나로 해결보고 생활은 자기 멋대로 한다. 믿음도 소용없다, 믿어봤자 사람 안 된다는 말이 그냥 있는 게 아니었다.

교회만 열심히 믿는 것의 전형적인 예가 하나 더 있다. 자신이 나가는 교회에 가면 유명한 저명인사를 만날 수 있다며 나를 유혹하는 아는 동생이 있었다. 그의 사업은 교회의 인맥을 통해 들어오는 것이 대부분인데 그것을 더 폭넓게 하려고 주일만 기다렸다 열심히 나간다. 같은 교회 교인과 골프도 치고 휴가도 같이 가는 그는 지치지도 않고 여전히 토요일마다 전화해 이 사람 저 사람 교회로 초대한다. 그의 신앙은 교회이다. 교회만 믿는다. 거기서 모든 인맥 관리가 다 되니까 말이다.

정권이 바뀔 때마다 개종하는 사람도 보았다. 불교인이면서도 기독교 대학의 교수 채용원서의 종교 난에 기독교로 쓴 사람도 보았다. 개중에 교회 다니는 것을 과시하는 유형도 있어 '내가 교회 나와주는 것에 너희는 감사하라'는 듯한 태도를 보이는 교인도 있다. 교회에 소속을 둔 것이 마치 하나님에게 선택받은 양 유난히 으스대는 교인도 서넛 보았다. 대체로 헌금을 많이 하는 부류가 예외 없이 여기에 속한다. 믿음이 뭔지도 모르고 교회 가는 것을 친목회 정도로 가는 것까지 좋으나 개인적 욕심을 위해 교회를 이용하는 신자도 많다. 교회를 용도 변경해야 하는 건 아닌가 할 정도로 온갖 용도로 써먹는 신자도 있다. 이런 개인적 욕망의 발현으로 교회가 미어터지고 예배 장소가 부족해 여기저기 비디오를 걸고 설교를 듣는다. 싸구려 은총만 남발하

는 교회일수록 열광하는 교인의 숫자가 많다는 점을 확인할 수 있다.

한 교회에서 직접 눈앞에서 본 것 가운데 또 다른 사례가 있다. 예배만 마치면 그룹지어 여기저기 놀러 다니던 소그룹이 있었다. 돈 모아 외국 여행도 간다고 계모임도 겸하는 모임이다. 그런데 하루는 회의 중에 한 교인이 "우리 놀러 갈 시간에 어디 봉사 나갑시다" 했고 그날로 그 교인은 전체 그룹에게 찍히고 말았다.

큰 교회 권사라는 교인 하나 때문에 봉사자가 견디지 못하고 떠나기를 반복하는 한 봉사단체도 있다. 모두 직함 없이 하는 봉사인데 마치 자기가 전 봉사자를 휘하에 두고 있는 것처럼 명령하고 감시한다. 그녀가 환자들에게 믿음과 예수 영접을 강요하는 정도는 '예수는 내 건데 너에게 조금 나눠줄게' 하는 것만 같았다. 병원을 대상으로 하는 봉사단체에서 그가 큰소리치는 건 자기가 또는 소속 교회가 병원에 기부를 많이 하기 때문이다. 봉사자들은 이구동성으로 "나는 저 권사

제3장 | '믿는 자'가 믿는 것 · 127

를 한 번도 크리스천이라 생각한 적이 없어요"라고 말한다. 실제로 이런 신자 아닌 환자가 곳곳에 있다.

죽어서 극락에 간다고 아미타 기도만 열심히 하는 보살이 있었다. 어느 날 절에서 같이 나와 길을 가다가 '정신대할머니 돕기 모금'을 하는 젊은 여대생들을 보았다. 그때 그 보살이 "쟤네들 시간도 많네. 공부나 하지. 저거 나라에서 다 해주는데 왜 쟤들이 나서지" 한다. 선거 때가 되면 교인·신도는 어떤 후보가 무엇을 믿느냐로 내 식구 찍어주기도 잘 한다. 국회의원 선거를 앞두고 한 승려가 법문 중에 "XXX 후보의 집안은 대대로 불교 신자이니 그가 좋겠다"고 하니 대중이 모두 "예" 하는 소리도 들었다.

지하철에서 본 일이 하나 떠오른다. 중년 여자가 경로석에 앉아 열심히 염주를 돌리는데 천수경을 속으로 독경하는 듯이 보였다. 바로 앞에 배부른 임산부가 서 있는데도 자리를 양보하지 않고 입을 오물거리며 독경에만 열중하고 있는 것이었다. 보다 못한 한 학생이 나서서 양보를 권유하니 그때 일어나며 투덜거린다. 독경에 방해가 되었다면서.

생명을 나누는 한 모임의 대표를 인터뷰하러 갔다. '종교 인물 탐구'에 추천받은 사람이었다. 마침 자리에 없는 그의 사무실에 들어가 기다리는데 10개쯤 되어 보이는 화분이 모두 까맣게 말라죽어 있었다. 나는 속으로 '이 사람이 생명을 말할 자격이 있는 사람인가, 이런 사람이 다른 생명을 사랑하고 존중하자고 할 수 있을까' 하는 의문이 들었다. 정작 나타난 그의 얼굴도 생명이라곤 없는 피곤에 지친 파김치였다. 나는 그 인물을 주제로 도저히 글을 쓸 자신이 없어 그만 포기하고 말았다. 식물이든 동물이든 생명에 대한 외경畏敬, 이것도 종교인데 하면서 말이다.

"차라리 듣지 말 것을 애당초 믿지 말 것을"이라는 노래가사를 떠오르게 하는 원인 제공은 교회 출석한다며 또는 절에 다닌다며 예수와 부처를 욕보이는 신자들이다. 개신교인, 크리스천, 불자, 신도, 신자 등등의 이런 이름표나 명패가 함께 따라다닐 때 자신의 언행이 모범을 보이지는 못하더라도 적어도 예수와 부처의 얼굴에 먹칠하지 않도록 더욱 조심해야 한다. 입조심이나 몸조심 같은 사소한 것부터 자신이 예수나 부처를 대표한다고 생각해야 하는 것이다. 조심할 자신이 없다면 신자라는 딱지를 떼어버려야 한다. 자신을 '신자'라고 부를 때 거기에는 내적·외적으로 무한한 책임과 처신 그리고 실천이 따라야 한다. 신자가 어떻게 하느냐에 따라 예수와 부처의 가르침이 살아나기도 하고 죽기도 하니 철저하게 자기 자신에게 예수와 부처에 책임을 지는 것이다. 믿음에 반드시 무한책임과 실천이 반드시 뒤따라야 하는 점은 아무리 강조해도 지나치지 않다.

하나님이 계시다면 교인 아닌 비교인을, 종교 없는 무교인을 더욱 사랑하실 것 같다. 함께할 때 마음이 편해지는 사람들은 대부분 신자가 아니다. 함께 있어 마음 뿌듯하고 편안한 신자 만나기는 하늘의 별 따기인데도 솔직히 내 주변만 보아도 교회나 절에 소속이 없는 친구들이 훨씬 우정과 신뢰를 준다. 오히려 믿지도 않는, 교회나 사찰에 소속이 없는 사람들이 더욱 양심적이고 모범적이다. 종교라는 틀에서 벗어나 있는 사람들이 대체로 대인관계에서도 신뢰도가 높다는 견해도 있다.

그간 내가 만난 최고의 종교인은 예수가 누군지 부처가 누군지 모르는 순천의 농부였다. 믿음이 뭔지 모르나 땅에 겸허한 모습을 보고 나는 그 할아버지가 홀로서기를 한 분이라는 느낌을 강하게 받았다. 농작물에 살충제도 농약도 쓰지 않고 농사짓는 할아버지는 "오십 년

농사지으며 자연에서 배우고 터득한 게 많아. 독약을 뿌려대면 땅이 아파하지" 한다. 자연이 할아버지에게 스승이나 마찬가지였던 것이다. 나는 그 말에서 진정 참된 종교인의 얼굴을 보았다. 다석 유영모 선생님이 농부에게 예수 이야기를 꺼내지 마라 했던 말을 상기시키는 가장 신자다운 분이셨다.

정년퇴임을 하신 아는 어른 한 분은 독특한 일을 하신다. 종교와 담 쌓고 살지만 누구보다도 종교인 같은 분이다. 그분은 매일 새벽 4시에 일어나 '오늘은 누구를 어떻게 도울까'를 생각하신다. 생활 좌우명이 '하루에 한 사람에게 한 가지의 도움 주기. 반드시 사람이 아니어도 착한 일이면 뭐든 많을수록 좋음'이다. 이것이 삶의 철학이다. 정 도울 일이 없으면 지나가다 보이는 말라가는 화분에 물주는 것으로 대신하는 날도 있다고 한다. 그는 예수도 부처도 구원이 뭔지도 모르는 분이지만 '참다운 신자 공로상'을 받을 만큼 늘 도움에 열려 있고 지극한 행복의 표준을 실물로 보여주는 얼굴을 하고 있다. 개인적 견해이지만 난 이런 분은 이미 구원받았다고 본다.

참으로 예수를 많이 닮은 교인을 경험한 적도 있다. 성공회 교인 로사 자매님은 매주 수요일 국립의료원에서 자원봉사를 한다. 그곳 환자는 대체로 경제적인 형편이 좋지 않기에 손길이 필요한 부분이 많다. 비가 오나 눈이 오나 자신의 소명처럼 고요히 손길을 나누며 환자를 돌보고 봉사팀을 이끌어나가고 있다. 참으로 낮은 곳에 임하는 그녀의 모습은 감동 그 이상의 것으로 가슴을 파고들었다. 지금껏 보아온 교인 가운데 가장 크리스천다운 자매님이라 확신할 수 있는 것은 나 자신이 그녀를 통해 예수의 사랑이 저런 것이라 배웠기 때문이다.

앞서의 장황한 말을 종합하면 종교가 오히려 믿음이란 것으로 인해 역기능을 하는 면이 많다는 것이다. 세례를 받고 오계를 수계하고 교인이나 신도가 되었다는 것은 예수나 부처의 제자가 되는 것을 의미하고 그들의 삶을 따라 닮아가겠다는 선서이다. 믿음이 뭔지 모르거나 믿음이 과한 경우는 교회 다니는 교인에게서 적나라하게 드러난다. 교회에 나간다 함은 사랑을 먹고 충전하고 사랑을 나누는 것이 기본이어야 한다. 훗날 언젠가 대형 교회는 그 안을 채울 신자가 없어 텅텅 비어가겠지만 한국의 개신교인에게 예수를 믿지 말고 예수를 닮아 그의 삶을 따르라 말하고 싶다. 우리나라 개신교인의 반만이라도 이웃사랑의 화신이 된다면 지금 우리 사는 이곳이 여기가 천국이고 낙원일 텐데.

우리 목사님, 우리 스님

예수와 부처의 얼굴 욕되게 하는 대표적인 행위가 바로 목사·승려를 예수·부처와 동격으로 떠받드는 광경이다. 우리는 종교지도자나 성직자가 예수이든 부처이든 신과 가까울 것이라는 환상을 갖고 있다. 사람은 무언가에 의존하는 대상을 가지려 하는데 눈에 안 보이는 예수나 부처보다 눈앞에 있는 목사나 승려를 신적인 존재로 보아 의존하려는 것인지도 모른다. 대부분의 신자가 무언가에 매달려 있을 때 그것은 신이 아니면 성직자이다. 신이 아닌 성직자를 신적인 대상으로 받드는 경우가 많다. "우리 목사님", "우리 스님" 하면서 그들을 신격화시켜 섬기고 추앙하고 우상 숭배하듯 한다.

불자들이 그냥 '스님'도 아닌 "우리 큰스님"이라고 부르는 경우도 많다. 큰스님이 어떤 스님이냐, 큰스님의 큰 기준이 무엇인가 물으면 각자의 시각에서 '훌륭하신 스님'이라고만 한다. 한 사찰에서 신도 한 명이 큰스님이라 부르기 시작하면 너도나도 따라 부를 뿐인 큰스님의 기준은 이도저도 아닌 일개 승려의 우상화일 뿐이다. 이럴 때 흔히 '내 행복은 스님 덕, 내 기쁨도 스님 덕'이 된다.

유별나게 자기가 소속한 교회나 사찰의 목사·승려를 거론하며 추켜세우는 신자를 보면 그 자신이 주목받고 싶어 그러는 경우가 많다.

유난히 큰 액수의 시주·보시·헌금뿐만 아니라 용돈까지 갖다 바치는 신자들은 대부분 승려나 목사에게 눈길 한 번 받으려 애쓴다. 그리고 신자들 사이에서는 생색내기 일쑤이다. 유난히 목사이나 승려 이야기를 입에 달고 맹목적으로 떠받드는 신자는 맹목적 믿음으로 일관하는 맹자盲者이다. 목사이나 승려의 말에 무조건 복종하는 신자는 그들이 죽으라면 죽는 시늉도 할 것 같은 태도로 일관한다. 이런 맹자야말로 모두 종교적 장소를 오염시키고 성직자를 타락시키는 공범이다. 광신도에겐 이런 현상이 더욱더 강하게 나타난다. 자기 삶도 제쳐두고 목사이나 승려를 우상화하는 데 일조하는 신자 아닌 환자도 꽤나 많다.

이런 소리를 들었다. 한 친구가 절에 다니는 친구 보살의 절에 같이 갔다가 자신의 친구가 승려 앞에서 숨도 크게 못 쉴 정도로 예를 갖추는 것을 보고 경악했다고 한다. 실상은 그녀가 집에서 남편을 운전기사 취급하면서 승려에겐 지극 정성이라는 것이었다. "집에서 조금만 저렇게 하면 좋을 텐데" 하는 말을 듣고 나는 "맹자가 또 하나 나왔구먼" 했다. 나는 이럴 때도 '차라리 믿지 말지' 하며 다석 유영모 선생님의 말씀을 상기한다. "사람을 숭배하여서는 안 된다. 그 앞에 절을 할 분은 참되신 한아님하나님뿐이다. 종교는 사람을 숭배하는 것이 아니다. 한아님을 한아님으로 깨닫지 못하니 사람더러 한아님이 되어달라는 게 사람을 숭배하는 이유이다."

목사를, 승려를 예수나 부처 대하듯 하는 신자는 교회에, 절에 돈 잘 갖다 바친다. 한 가지 신자들에게 당부하고 싶은 것이 있다면 승려나 목사에게 돈, 물건, 보약 등을 갖다 바치지 말라는 것이다. 그간 가져다준 게 얼만데 하며 땅을 치며 눈물 흘리는 모습을 볼까 두려워서 하는 말이다.

한 사례를 들어보자. 평소 자주 절에 가면서 주지스님에게 잘 했던 보살이 어느 날 다른 부자 보살이 절에 들락거리자 그 스님과 틀어지게 되었다. 긴 이야기의 요점을 말하면 스님이 손금 봐주고 달마도 그려 수맥 차단도 해주고 미래까지 예언해주었다는 것이었다. 그리하여 그 보살은 스님에게 돈과 물건을 꽤나 바쳤다고 한다. 입술까지 타들어가며 말하는 것을 보니 그 가슴은 이미 숯이 되었을 것 같아 내 마음이 다 아팠다. 결국 그 승려를 사기죄로 고발하겠다며 말을 끝낸 그 보살에게 어떤 위안도 소용없음을 알기에 난 이렇게 물었다. "그 보시는 스님 몫이 아니라 도움이 필요한 곳으로 가야 했어요. 불교 경전에 부처님이 스님에게 신통묘용의 기술을 가르친 구절 본 적 있나요?"

실제로 목사나 승려나 신부의 방에 가면 몸에 좋다는 온갖 건강보조식품이나 보약을 모조리 볼 수 있다. 신자가 갖다놓고 선물로 보내준 것들이다. 보약만이 아니라 세상에서 좋은 것은 모두 성직자의 방과 집무실에 있는 것 같다. 용돈에 보약에 온갖 것 다 갖다 바치며 눈길 한 번 받는다고 절대로 마음의 평안을 얻지 못한다. 이것은 성스러운 장소를 오염시키고 성직자를 나태하게 만들고 거짓 권위로 허세를 부리게 할 뿐이다.

목사나 승려는 예수나 부처의 대리자가 아니다. 그들은 우리와 똑같은 고민을 안고 사는 인간이며 단지 특별한 직업을 가진 사람일 뿐이다. 다르다면 단지 몸을 둔 장소가 다를 뿐이다. 그들도 인간인 만큼 성직자를 성스러운 존재로 우러러 보고 떠받들다 결국 실망만 안게 될지도 모른다. 이제 잘못된 믿음, 그릇된 신앙의 환상을 부술 때도 되지 않았나 싶다. 지금이 순간 누군가가 이런 경우에 해당된다면 그들 앞에 머리 조아리지 말고, 스스로 성경이나 불경에서 예수와 부처의 육성을 직접 듣는 것이 참다운 신자로 가는 지름길이라는 점을 꼭 일러드리고 싶다.

절은 초파일에만, 교회는 성탄절에만

누구나 외로운 섬이라 했던가? 철학자 화이트 헤드는 종교는 인간이 고독을 인식할 때부터 나왔다고 말했다. 원초적인 외로움은 누구에게나 있다. 잘 나가는 남편에 자식이 셋이나 있는 친구가 우울하다며 자신의 외로움을 토로한다. 교회나 사찰이 잠시 외로움은 덜어주는 데 효과는 있다. 부천에 살던 교인이 의정부로 이사갔는데 두 시간 반 넘게 걸리는 길을 마다않고 전에 다니던 부천교회로 간다고 한다. 예수가 오로지 그 교회에만 있는 건 아닐 텐데, 다니던 교회가 외로움도 덜어주고 소속감을 주기는 하나보다.

영어 단어 donation기부, 기증의 발음도네이션으로 장난삼아 하는 '돈 내시오', '더 내시오', '다 내시오'라는 우스갯소리도 하지만 뼈가 있는 농담이기도 하다. 모두 외로워 교회에 가고 사찰에 나가는데 돈 낼 일이 많다. 앞서 보았던 십일조 약정서에 의해 수입의 일정 부분을 낸다고 약속하지 않으면 눈치 보며 다닐 수밖에 없게 되었지만, 이러한 영업 전략은 여기서 그치지 않고 지속적으로 확장될 것이고 돈 낼 일은 갈수록 많아질 것이다. 외로움을 잠시 잊으려고 교회나 사찰 나간다면 그것은 누가 뭐라 할 수 있는 게 아니다. 그러나 돈을 줄 때 그것이 어떻게 쓰이는지 아는 신자를 별로 없다. 흔히 돈을 낼 때 눈에 보이지도 않는 예수나 부처가 아니라 교회나 사찰이라는 단체에 멤버십 회비를 내는 것이라 나는 생각한다. 대체로 소속 종교단체를 생명보험 들어놓은 안전지대로 인식하고 있는 경우가 허다하지만 교회나 사찰은 이미 예배당이나 법당이 아니고 사람 만나는 친목회 장소로 변해버렸다.

신자들이 목사나 승려에게 내미는 돈 봉투, 각종 명목으로 종교단체에 내는 돈은 아마 열이면 아홉이 자기 복 받겠다고 내미는 당근이거나 '나 좀 봐주세요' 하는 면죄부의 성격이 짙다. 천국이나 극락에 간다는 확고한 믿음이 있는 사람에겐 해당되지 않을지 몰라도 정말 아낌없이 십일조 헌금을 하고 '상相에 머물지 않는 보시·시주無住相布施, 즉, 베풀고도 베풀었다는 상을 비워버린 상태'를 하는 신자는 거의 없을 것이다. 육바라밀六波羅密, 참된 깨달음을 위한 6가지 실천 덕목의 하나로 장려되는 보시, 더 나아가 무주상보시가 오히려 한국 불교를 좀먹는 오염의 원인이라니, 어찌 이 지경에 이르렀는지 '차라리 믿지나 말지' 소리가 절로 나온다.

교회와 사찰의 온갖 명목의 지출을 무시해도 되는 방법은 '연중행사만 참석'하는 것이다. 교회는 성탄절에만, 사찰은 초파일에만 가는 것이다. 내가 이렇게 말하는 데에는 배경이 있다. 5~6년 전 겨울, 금으로 만든 불상이 무척 고급스러워 보이는 부촌의 초호화판 절에 갔을 때의 일이었다. 한 여신도가 스님이 지나가도 합장을 하지 않기에 "여기 스님들 모르세요" 하고 물었더니 그 대답이 이랬다. "난 능력이 안 돼 큰 보시 못하니 조용히 법당에서 기도만 하고 가요. 여기 스님은 밍크코트 입은 사람만 상대하거든요. 이 절이 집과 가까워 초파일에만 오고 지나가다 시간 되면 잠시 기도하고 가요." 여기 스님이 밍크코트 입은 보살만 상대한다는 말은 곧 그가 물질에 어둡다는 점을 상징적으로 전하는 것이었다. 온통 금으로 장식한 불단만 봐도 대충 어떤 상황인지 알 것도 같았다.

친구 가운데 하나는 미션스쿨을 나왔다. 그 친구는 성탄절이 가까워 오면 전화를 걸어 "나 예수님하고 연락하고 싶은데 올해는 어디로 갈까"라고 말한다. 교인은 아니어도 법 없이도 살 친구이다. 일 년에 한 번만 참석하는 이런 연중행사가 가장 이상적인 신앙생활이라 생각한다. 그러지 않아도 바쁜 세상에 교회는 성탄절에만, 절에는 초파일에만 가고 나머지 시간은 스스로 홀로서기 신앙 공부에 쏟는 것이다. 경전 공부도 혼자 하고 기도도 혼자 하고 이렇게 스스로 홀로서기를 하는 독자적인 형태가 가장 안정된 신앙생활이다.

그렇다면 교회나 사찰로 가야 할 돈은 어디에 주는 것이 가장 이상적일까? 정년퇴임한 어느 불교 신자는 재산을 자식에게 물려주지 않겠다며 일찍이 사회 환원을 선언했다. 그분은 우선 복지시설 여러 곳을 선택해 직접 나가서 자원봉사를 하며 그곳의 상황을 확인했다. 돈을 주었을 때 어떻게 쓰일지 사전에 답사하는 것이다. 그분처럼 스스로 기부할 곳을 찾아서 직접 주는 것이 돈의 가치를 가장 극대화하는 것임은 누구나 알 것이다. 연말에 반짝하는 기부행사에 편승하지 말고 차라리 달동네나 빈민촌, 영등포 쪽방으로 가보는 것이 돈을 돈답게 쓰는 일이자 예수와 부처를 싱긋 미소 짓게 만드는 일이라 확신한다.

교회나 사찰에 반드시 소속될 필요는 없으며 어디든지 반드시 교적을 두고 이름을 올릴 필요도 없다. 대부분의 신자들은 교회로 절로 알맹이도 없는 가짜 행복을 사러 다닌다. 자신이 변하지 않고 거듭나지 않는다면 사찰이나 교회에 다니는 것은 일시적으로 불안을 해소할 만한 곳을 탐색하러 다니는 것과 마찬가지이다. 물론 친목회 정도로 생각하고 교회나 사찰에 나가는 신자에게 해당되지 않는 말이나 혹시 나간다면 승려나 목사와 직접적인 관계를 맺지 않는 것이 가장 좋다.

돈 낼 일도 많은데 또 내야 할 명목이 점차 늘어날 테니 일 년에 한 번만 가고 그 시간에 자신이 직접 예수 되고 부처 되는 공부를 하자. 요리를 예로 들면 중심이 되는 음식은 자기가 직접 만들어 먹고 디저트로 교회나 사찰에 나가면 되는 것이다. 진정한 신앙생활이란 스스로 사색하고 기도하고 혼자서 경전 구절을 몸으로 살려내며 끊임없이 자기를 갈고 닦아 점차 거듭나는 것이기 때문이다. 이것은 반드시 자신의 힘, 즉 자력으로 혼자서 해결해야 한다. 100퍼센트 타력도 없고 100퍼센트 자력도 없다고 하니 교회는 성탄절에만, 사찰은 초파일에만 나가는 나이롱신자가 가장 이상적이라는 것이 나의 믿음이다.

기도의 모습, 목적도 가지가지
― 현세이익형, 신경강박형, 갈구구걸형, 자기도취형

무엇을 믿든 자신이 신자임을 드러내는 종교적인 발현이 기도이다. 신자로서 반드시 해야 하는 의무로 주어지기도 하나, 자신의 자발적인 욕구에 의해 기도를 안 할 수 없다. 일정한 장소에서 기도한다면 교회나 사찰보다 집이 가장 편한 장소이다. 기도에 좋은 최상의 장소는 홀로 있기 좋은 다락방이나 작은 골방이다. 그런데 기도원을 찾는 신자들이 꽤 많다. 기도란 단독으로 자신이든 하나님을 대면하기 좋은 정적 속에 있는 것인데 왜 시끄러운 기도원을 찾을까? 기도원에 가서 집단으로 열광의 도가니에 몸을 담고 나야 기도했다는 기분도 들고 은총 받고 은혜 입었다는 느낌이 들어서일까?

특정 종교 장소에서 기도하는 모습을 보면 그 기도에 효력이 있을까 고개가 갸우뚱해지기도 한다. 신자들이 하는 기도의 부정적인 유형을 몇 가지로 나눠볼 수 있다. 현세이익형現世利益型, 신경강박형神經强迫

기도하기 좋은 동광원 골방과 예수원의 다락방

型, 갈구구걸형渴求求乞型, 자기도취형自己陶醉型이다. 이런 유형은 모두 개인의 욕망이 가득한 전형적인 기도 모습인데, 개신교 기도원에 가면 많이 볼 수 있다.

현세이익형의 기도에서 가장 큰 자리를 차지하는 것은 '가족이 잘 되는' 기도이다. 예수와 부처는 늘 "뭐뭐 하도록 해주시옵소서"가 딸린 시시콜콜한 기도의 홍수 속에 시달리고 있다. 신자가 가득 찬 교회와 사찰에 가는 목적이 예배와 예불이라면 여기에 기도가 빠지지 않는다. 그런데 문제는 기도가 대부분 안으로는 자기 문제만 바라보고 밖으로는 예수와 부처에게 해달라고 매달리는 것이 태반이라는 점이다.

기도 중에 빠지지 않는 단골 메뉴가 있다면 "내 마음 편하게 살게 해주시옵소서"라는 기도와 가족에게 집착이라 할 정도의 사랑을 표현하며 남편, 자식, 손자손녀 잘 되게 해달라고 비는 기도일 것이다. 남편 사업 번창, 자녀 합격·취직 아니면 승진, 손자 손녀 몸 건강, 아픈 가족 쾌유 등으로 순위를 매기면 과히 틀리지 않을 것이다. 이외에도 고부갈등이나 돈에 얽힌 문제 등등이 기도 주제 목록에서 늘 앞자리를 차지한다는 점 역시 기도하는 당사자가 더 잘 알 것이다. 그러나 기도는 '나', '내 것', '내 자식'을 위한 기복, 그리고 "하게 해주시옵소서"에서 떨어져 나와야만 효험이 강하다는 게 결론이다.

현세이익형 기도에는 돈 주고 하는 기도도 있고 대표적인 것이 바로 입시기도이다. 대학 합격기도는 대표적인 현세이익형 기도이자 갈구구걸형 기도에 속한다. 2008년인가, 여의도 순복음교회에서도 보았지만 기도가 무척 시끄러웠다. 그 시끄러운 기도가 행여 아이들 수능공부에 지장이라도 주지 않을까 할 정도였다. 오죽하면 같이 간 친구가 그것을 보고 이런 말을 한다. "정말 잘못 믿고 있어. 예수가 이 광경을 보면 놀라 자빠지겠다."

이런 기도는 몇몇 오순절교회에서도 성행하고 있고 이 시기가 되면 사찰 역시 문전성시를 이룬다. 이때는 사찰에 늦게까지 불이 켜져 있

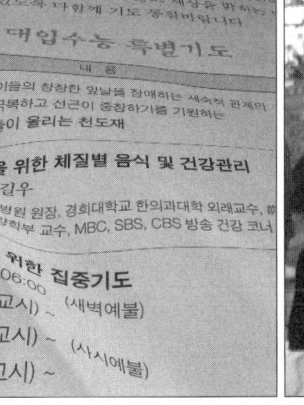

는 기간이기도 하다. 사오 년 전 삼성동 봉은사에서 늦은 시간까지 기도하고 있는 어머니들을 본 적이 있다. '아! 저 어머니의 마음을 부처님이 알아주었으면' 했다. 그런데 동시에 돈 주고 하는 입시기도가 과연 효험이 있을까. 어쩌면 내 아이만 시험 잘 보고 남의 아이는 떨어져도 좋은 얌체 심보가 아닌가 하는 생각이 들었다. 신자들에게 돈 주고 하는 기도로 응답을 받았나. 그 기도에 과연 효험 보아 자식이 모두 일류대학, 좋은 대학에 들어갔느냐고 묻고 싶다.

대체로 현세이익형 기도는 많이 갈구하고 기적이나 영험을 바라기 일쑤이다. 기적을 바라는 사람은 온갖 부흥회나 특별고승법문 등을 다 쫓아다닌다. 기도는 철저히 자신이 해야 하는 것인데 자기가 하는 것도 모자라 남에게 돈 주고 기도를 산다. 돈 받고 기도하는 것을 직업으로 가진 사람이 목사와 승려이다. 수능기도, 대학합격기도, 쾌유기도, 특별기도, 감사기도, 봉헌기도 등등의 판매 상품에 붙은 가격표가 나부낀다. 기도는 교회나 사찰의 배를 불려주는 공헌자이다. 이것은 어떻게 보면 내 문제를 남에게 떠맡기며 대신 해결해달라는 것과도 같으며 내가 낳은 아이를 다른 사람에게 키워달라고 책임을 전가하는 것과도 같다.

유난히 사찰은 기도라는 명목으로 큰 수입을 올리고 있다. 한 사례를 보자. 진정으로 부처의 가르침을 갈파한 어느 승려가 절에서 하는 49재, 천도재, 살아서 내생을 위해 미리 닦는다는 예수재豫修齋, 백중 우란분절 행사, 100일 기도, 1000일 기도 등과 같은 불공과 행사를 모두 없앴다. 그리고 참선반을 오전, 오후, 저녁으로 세 개를 만들어 오로지 수행만 하도록 했다. 그랬더니 한 달이 지나자 신자 숫자가 반으로 줄고 석 달이 지나자 도저히 절을 운영하기 어려울 정도로 재정난이 심각해졌다. 결국 그 승려는 다시 불공을 부활시키고 말았다. 기도

나 불공이 없으면 사찰은 유지하기 불가능하고 불공과 기도가 있어야 지갑이 열린다는 점을 단적으로 보여주는 사례이다. 휴암 스님이 쓴 《한국불교의 새얼굴》이라는 책에 이런 구절이 있다. "복에 환장하는 한국의 불교인들아!" 누구를 향한 외침인지, 웬만한 절에 가면 직접 눈으로 볼 수 있다.

　복 달라고 비는 기도만 한다면 그것은 예수와 부처를 싸구려 은총이나 가피를 남발하는 시시껄렁한 존재로 전락시키는 행위라는 점을 분명히 각인시키고 싶다. 이런 행위는 예수를 복권팔이로 만드는 것이다. 예수와 부처가 겨우 소원이나 들어주는 존재란 말인가? '하게 해주시옵소서' 하는 기도는 인류 최고의 스승을 모독하는 행위이다. 예수 믿어 병 고친다면 예수가 사이비 의사라도 된다는 말인가? 예수 믿어 부자 된다면 예수가 로또 복권 일확천금을 벌어주는 마술사라도 된다는 말인가? 예수를 굳이 의사에 비유한다면 육체의 병과 함께 마음이 병든 사람들을 아가페라는 사랑의 명약으로 치료하는 명의 중의 명의이다. 사랑덩어리였던 예수, 자비덩어리였던 부처가 한낱 기도나 들어주는 존재가 아니라는 점은 아무리 강조해도 지나치지 않다. 진정한 기도란 자신의 마음에 예수의 사랑을, 부처의 자비를 옮겨 심어 자신이 점차 변화되어나가다 최종적으로 거듭나는 것이다. 이것이야말로 최고의 기도이자 불공이자 예배이다.

　여기서 우주의 법칙이라는 철저한 인과율因果律을 적용시키자면 복은 자신이 지은 만큼 받는다. 한 것도 없는데 어떻게 복 받을 수 있는가? 기독교의 은총이나 은혜, 불교의 가피는 우주의 법칙인 인과율에 의하면 축복이나 강복降福에 의해 공짜로 얻는 것이 아니라 자신이 한 만큼 받는 것이다. 틱낫한 스님은 "업은 자신이 다운로드한 것이다"라 말한다. 자기가 다운로드한 것도 없이 무제한으로 파일만 받으려고만

하는 신자들에게 어떤 축복이 올 수 있을까? 한 것도 없이 복 달라고 갈구하며 구걸하는 사람들에게 복 지은 적 있느냐고 묻고 싶다.

'이 세상에 공짜는 없다'는 평범한 진리에 입각하면 '하게 해주시옵소서'의 기도는 분명 공짜 좋아하는 심보에 다름 아니다. 공짜 은혜, 공짜 은총, 공짜 가피는 없다. 복을 지으면 우주의 법칙, 자연의 순리가 그만한 대가를 준다. 쌓인 복을 현생現生, 내 대代에 받지 못하면 자손에게 간다. 살아서 복 잘 짓고 가는 사람이 잘 사는 사람이다. 결국 삶이란 살아서 얼마만큼의 복을 짓고 가느냐이다. 은총·은혜·가피를 받기 위해 자신이 무엇을 했는가를 살피는 것이 마땅한 순서가 아닐까 한다.

신경강박형은 기도를 해야 안심한다. 이런 유형은 기도를 마치고 나면 안도와 함께 자기만족을 느낀다. 주일 성수도 마찬가지이다. 성경 어디에도 주일을 반드시 지키라고 명령한 구절은 없다. 그런데 행여 주일에 교회라도 못 가게 되면 안절부절 정서불안 상태를 보이는 교인도 있다. 아이들 데리고 놀이공원 갔다 사고라도 당하면 "오늘 내가 교회 빼먹어서 이런 일이 일어났네" 말하는 사람이 대표적인 사례이다. "오늘 아침 묵주기도 까먹었더니 이런 사고가 나네." "백일기도 느슨하게 했더니 재앙이 닥치네." 모두 같은 유형이다. 성경은 주일날 착용하는 액세서리가 된 지 오래이다. 집안 구석에 박혀서 손길 대신 먼지털이만 닿는 신세를 면치 못하다가 주일 하루 일회용으로 햇빛 보는 하루살이 성경을 갖고 있으면서도 교회에 나가야만 마음을 놓는 교인이 많다.

교회 못 갔다고 사고를 당하게 하거나 기도 안 했다고 벌주는 그런 예수는 없다. 성경이 어려워 성경 읽기에 재미를 못 붙인 사람이 교회에 더 열심히 나가는 것은 무언가 빈 곳이 채워지겠지 하는 기대심리 때문이다. 이런 심리가 아니라면 대부분이 친목회 참석용이다. 현재 성실한 신자, 독실한 신자의 기준이 주일성수와 수요찬양예배·부흥회·기도회·기도원 등의 행사에 얼마나 자주 나오느냐, 그리고 헌금 액수이다. 정신병리학적인 관찰까지는 아니어도 나는 왜 프로이트가 종

교를 신경강박 증세라고 했는지 요즘도 가끔 확인하고 있다.

교회처럼 절에도 때가 되면 해야 할 불사와 불공이 너무 많다. 하루는 마산으로 가는 방생 현장을 따라갔다. 관절염이 도져 겨우 움직이면서도 절에서 가는 행사는 꼭 갔다 와야 직성이 풀리고 할 것은 했다고 마음 편해지는 친구 때문이다. 방생 가서 단체로 시장에서 산 미꾸라지를 놓아주었다. 그런데 돌아오는 버스에서 보니 동네 사람들이 한쪽에 숨어서 풀어준 미꾸라지를 고스란히 잡아들이고 있었다. 각종 명목의 불공에 휘둘려 '만들어진' 형식에 매여 있으면 '할 것 했다' 하고 마음을 놓는 신경강박증적인 현상이 나타난다. 특정한 기간에 성지순례 간다고 버스 몇 십 대가 동원되어 교통을 마비시키는 현상도 이와 크게 다르지 않을 것이다.

갈구구걸형의 기도는 목소리 높고 리듬을 타는 경우가 많으며 애타게 복 달라고 비는 경우가 대부분이다. 오로지 자기만의 요청과 용건만 늘어놓고 은총·은혜·가피를 받겠다는 자기 고집을 내세워 해달라는 매달린다. 어느 때는 구걸이 도를 넘어 마치 탄원서를 낭독하는 것

같은 기도를 한다. 쌍방향이어야 하는 기도에 일방적으로 원하는 것을 늘어놓는 갈구형의 기도는 손 내밀지 않고 목소리로 뭔가 달라고 구걸하는 것과 다른 게 하나도 없다. 모두들 오로지 "모든 원하는 거 하게 해주옵소서"만 하니 오죽하면 하나님이 화가 나서 "나한테만 다 시키는 넌 뭐 할래" 했다는 우스갯소리도 있다.

갈구구걸형의 대표적인 기도라 볼 수 있는 통성기도는 울부짖음과 다르지 않다. 한풀이하는 듯한 이런 기도로 잠시 속시원함이나 자기만족을 느낄지 몰라도 효험이 있을지는 미지수이다. 기도란 목소리의 크기로 전하는 것이 아니다. 쌍방의 속삭임이어야 한다. 말로 모건이 쓴 《무탄트》에 이런 구절이 있다. "목소리란 말하기 위해 있는 게 아니라는 것이 '참사람'들의 생각이다. 대화는 가슴이나 머리로 하는 것이다. 말하는 데 목소리를 사용하면 사소하고 불필요한, 그리고 정신적인 것과는 거리가 먼 대화에 빠지기 쉽다."

자기도취형의 기도는 마치 독한 약에 취한 것처럼 기도 자체에 만취되어 기도로 만사형통한다고 믿으며 대외적으로 기도한다고 과시한다. 백일기도를 한다, 특별기도를 한다, 새벽기도를 다닌다, 기도원에 다닌다 하며 기도하는 것을 떠들고 밖으로 알린다. 대체로 자기도취형에는 조건타협형條件妥協型도 많다. "이렇게 할 테니 나에게 이런 일을 일어나지 않게 하소서", "이것을 할 테니 나에게 이런 복을 주시옵소서", "이렇게 해주시면 이것을 하겠습니다" 등과 같이 사전에 조건을 걸고 하는 기도는 이런 유형에 해당된다.

  이들 유형 이외에도 분류가 가능하겠지만 앞에서 살펴본 유형의 기도는 분명 허공의 메아리와 같을 것이다. 무슨 기도를 며칠 동안 했다는 사실이 아니라 얼마나 자신이 지혜로워졌느냐, 얼마나 거듭났느냐, 조금이라도 변화했느냐가 기도를 가늠하는 중요한 기준이다. 개인의 경험과 관찰에 의하면 내면의 고요함이나 속삭임 속에서 자신을 깨우는 메시지를 들을 때가 많다. 적어도 나 개인의 경험에 의하면 이것이 기도의 정도正道이고 점차 이런 기도의 힘을 느끼는 폭이 커지면서 삶에 자그마한 충만과 기쁨의 자리가 늘어가고 있다고 자신 있게 말할 수 있다.

응답받는 기도,
하나님은 어떻게 생각하세요?

　개인적으로 남을 위한 기도를 자주 하면 기도에 힘이 생기는 것을 알게 된 계기가 있었다. 언젠가 내가 기도가 안 된다고 하자 젬마 수녀님은 이렇게 말해주었다. 먼저 다른 사람들을 살펴 몸과 마음이 아픈 사람들을 위한 기도를 먼저 하고 난 다음 내가 원하는 것을 기도에 불러들여 하나님의 생각을 물어보는 것이 기도의 순서라 했다. "나는 이렇게 하고 싶은데 하나님은 어떻게 생각하세요" 그리고 그날 누군가 내 손길이 필요한 곳에서 그를 돕는다면 그것도 기도라 말해주었다. 나는 그때 "내가 고통스러울 때 남의 고통을 생각할 겨를이 없어요" 하고 토로했다.

　그러나 수녀님이 가르쳐준 이런 기도의 효험을 보고 있다고 고백할 수 있는 것은 지난 세월 속에 이런 기도에는 분명 응답이 온다는 점을 실감했기 때문이다. 오늘 누군가 내 손길이 필요한 곳에서 그를 돕는 것도 기도라 가르쳐주신 것은 몸으로 하는 기도였다. 기도를 했는데 응답이 없거나 효험이 없다면 젬마 수녀님의 기도 방식을 따라 해보면 어떨까 싶다. 우선 나와 내 가족이 아닌 다른 사람을 향해 있어야 한다. 주변 사람들을 둘러보고 그들을 차례로 기도에 불러들이는 기도는 자기와 가족에게서 잠시 떨어져 나와 남을 중심에 두는 것이다.

꾸준하게 하는 이런 기도는 사람을 변화시켜 거듭나는 길로 이끌어준다. 남을 향한 기도는 늘 마음을 따스하게 녹여 주어 기도 시간이 사랑의 배터리를 충전하는 시간이 된다.

기도 가운데 '자비기도'라는 게 있다. "주여, 저에게 자비를 베푸소서." 이것은 마땅히 "주여, 모든 이에게 자비를 베푸소서"가 되어야 한다. 자기중심에서 벗어나도록 이끌어 '나' 또는 '자기'라는 구심점이 사라지면 사람은 자연히 남에게 눈이 가고 그가 눈에 들어온다. 자기중심에서 타인중심으로 이동하는 것이다. 적어도 기도할 때만은 나 또는 자기를 완전히 잊고 온전히 내맡기는 연습이 필요하다. 이때 집착이 뚝뚝 떨어져 나가는 소리를 경험한다면 그것이 올바른 기도이다. 기도는 자기 변화의 촉매제가 되어 점차로 조금씩 사람을 거듭나게 해준다. 사찰에서 기도 대신 절을 하는 것도 마찬가지이다. 나무로 깎은 불상이든 청동으로 만든 불상이든 그것에 절을 한다는 자체가 자기를 낮추는 연습으로 이어져 최종적으로 거듭남으로 연결되어간다.

백일기도를 하고 나왔는데 사람이 변하지 않았다면 극기 훈련을 한 것이지 기도를 한 것이 아니기 때문이다. 몇 년 전 여름, 일주일 휴가를 기도원에서 보내고 막 나왔다는 사람이 동네 가게주인의 실수에 짜증 부리는 것을 보고 그 시간이 아깝다고 생각했다. 백팔배를 하든 삼천배를 하든 자기를 낮추는 마음으로 절하지 않으면 그것은 단순한 운동일 뿐이다. 용맹정진하며 딴 생각에 사로잡혀 있다면 그것은 자기 정신력 테스트이거나 자기만족의 하나일 수도 있다. 자기의 근본적인 변화 없이 아무리 통성기도·새벽기도·철야기도를 하고 백일기도·천일기도를 한다 해도 그것은 일시적일 뿐이다. 기도원에 가서 새벽기도를 매일 한다고 해도 그때뿐 '약발'이 오래가지 않는다는 점은 누구보다도 기도를 한 사람들이 잘 알고 있을 것이다.

기도는 영혼에 밥을 먹이는 시간이다. 영혼에 주는 최고의 비타민은 기도이다. 기도는 내 안이나 밖에 있는 성령 또는 불성과 주파수를 맞추는 것이다. 고요한 가운데 마치 자신의 영혼이 자신에게 속삭이게 안테나를 자신의 안으로 고정시켜 잠시 내면의 소리를 들어보는 것, 이것이 예수나 부처와 직접 접선하는 기도이다. 이것이 기도가 사람을 거듭나게 하는 것이자 스스로 자신 안에 천국과 극락을 만드는 일이다. 경험담이지만 고요함 속에서 기도에 나를 온전히 내맡길 때 천국이 따로 없었다. 톨스토이는 이렇게 말했다. "신의 나라는 눈으로 볼 것이 아니고 또 말할 것도 아니다. 신의 나라는 여기도 있고 저기도 있고, 그렇기 때문에 신의 나라는 우리 안에 있다."

모든 것에 집착을 놓고 온전히 자기를 내맡길 때 첫 번째 할 일은 묵언默言이다. 기도에 신이라는 대상을 필요로 하는 경우 기도는 영적 교신을 나누는 것이 된다. 이 쌍방향 접선에는 고요함과 침묵이 필요하다. 대부분의 기도가 일방통행일 경우가 많으나 기도는 쌍방향이 될 때만 응답을 기대할 수 있고 이것을 위해서는 침묵이 필수이다. 자신의 입과 말과 소리, 주변의 소음과 잡음으로 인해 대상이 주는 말씀 전달을 느낄 수 없는 것은 아닐까? 내 안에 내가 너무도 많아 내 말도 많고 거기에 목사나 승려의 말도 너무 많다. 굳이 기도에 대상을 두어야 한다면 나의 속삭임을 전하고 상대의 속삭이는 소리가 들리도록 침묵하고 고요하게 내면으로 침잠해보자. 이러한 오랜 기도에도 응답이 없다면 신이 침묵하고 계신 것일 수도 있다. 그렇다면 기도하는 자신이 더욱더 침묵해야 한다. 침묵 속에서 내 뜻이 아닌 신의 뜻을 살펴야 한다. 반드시 기도가 아니더라도 묵상이든 묵언이든 몸과 마음을 잠시 고요하게 침묵하는 시간 여유는 분명 필요해 보인다.

응답 받는 기도는 자기를 반성하는 기도이다. 인간이 동물과 다른 점 중 하나는 자신을 반성하는 능력이 있다는 것이다. 누구나 잘못을 저지를 수 있고 실수하기 마련이다. 수시로 자기 성찰을 하면서 기도 중에 그것을 다시 짚어내는 것이다. 하루를 되돌아보는 반성하는 기도는 하루 일과를 마친 저녁 시간에 하루 중 누군가에게 잘못한 일을 없는지부터 살펴보면 좋다. 기도에서 반성부터 하는 것은 죄를 고백하는 고해성사와는 다르다. 외부적으로 도덕적으로 잘못한 것만 죄가 아니다. 자기가 자기를 속일 때 짓는 죄가 태반이다. 왜 일상적인 기도에서 자신을 문제 삼지 않는지 이것도 무척 궁금하다.

기도의 가장 큰 역할은 자기 욕심을 절제시키는 연습이다. 기도 중 간절히 원하는 것이 있다면 그것이 내 욕심에서 나오는 것인가를 반드시 점검할 필요가 있다. 대체로 자기 욕심을 미화시킨 기도가 많다. 기도 가운데 영험을 바라는 것은 사심에서 나오는 대표적인 자기 욕심의 발현이다. 자기 욕심을 채우려 하는 기도는 효력을 보지 못한다. 경험에서 나오는 말이다.

조금이라도 거듭나는 것이 기도라 할 때 거듭남의 장애는 욕심·욕망이다. 마하트마 간디가 한 교훈적인 말 가운데 가장 감동적으로 들리는 한마디가 있다. "이 세상은 우리의 필요를 위해서는 풍요롭지만 탐욕을 위해서는 궁핍한 곳이다." 나는 델리의 마하트마 간디의 묘소에서 욕심을 채우려면 이 세상이 한없이 궁핍하다는 것을 절감했다. 대부분의 사람에게는 가지려는 것에 대한 기대, 마음 편하고 싶은 기대가 분명히 있다. 물질로 인해 일어나는 고통을 없애는 방법은 두 가지이다. 재산을 더 늘리는 것과 욕망을 줄이는 것이다. 재산을 늘리는 것은 마음대로 되는 것이 아니나 욕망을 줄이는 일은 기도의 훈련으로 해나갈 수 있다. 이것이 평안으로 가는 첩경이다. 인도의 힌두교

경전인 《바가바드기타》는 이것을 평화라고 말한다. "모든 욕망을 버리고 '나'라는 생각과 '내 것'이라는 생각에서 벗어나 바라는 것 없을 때 평화가 온다."

인간의 탐욕·욕망·욕심이 끝없다는 것은 특히 부패한 성직자와 믿음 좋은 신자들에게서 많이 보게 된다. 가장 적나라한 사례를 들어야겠다. 한 신자가 말기 암 선고를 받고 마지막을 준비한다며 산 좋고 물 좋은 한적인 시골에서 요양을 하고 있었다. 내가 그곳을 갔을 때 그는 이미 사지를 움직이지 못해 휠체어에 몸을 두고 있었지만 핸드폰도 잘 터지지도 않는 그곳에서 매일 신경이 여의도 증권가로 쏠려 있었다. 깊은 산 속에서 핸드폰이 잘 터지지 않으니 수신 막대기가 서는 곳으로 휠체어를 이동해 안간힘을 쓰며 "그거 사라", "그거 팔라"며 지시를 내린다. 그 신자는 산 속이 답답하고 직접 나가 사고팔지 못하는 것에 울분을 토했지만 그것보다 그가 사사건건 짜증내는 것은 몸에 병이 난 사실이 무척 원통해서였다. 그는 결국 석 달 후 죽었다. 이 얼마나 허무한가? 인간 욕심의 한계가 어디까지인지, 돈은 죽음의 공포도 물리치는 괴력을 가졌는지 의문을 품게 한 경험이었다.

부자가 임종을 맞으면서 재산 걱정, 돈 걱정 없이 죽는다면 그건 축복이다. 돈 때문에 골머리를 앓는 부자를 보면 하나도 부럽지 않다. 인간의 욕심을 가장 잘 드러내 보이는 문구가 하나 있다. 나는 돈 욕심이 날 때 이것을 상기한다. "마지막 남은 나무가 베어진 뒤에야, 마지막 남은 강물이 오염된 뒤에야, 마지막 남은 물고기가 붙잡힌 뒤에야, 그제야 그대들은 깨닫게 되리라. 사람이 돈 먹고 살 수 없다는 사실을"《무탄트》에 나오는 크리족 인디언 예언자의 말.

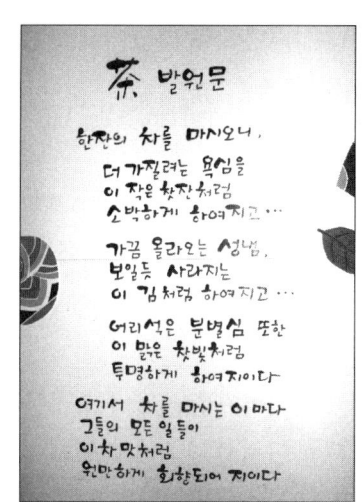

법정 스님의 무소유는 물질을 소유하지 않는 것이 아니라 불필요한 것을 갖지 않는 것이라 풀고 있다. 왜 우리는 가져도 또 가지려고 하며 넘쳐야만 직성이 풀리는가? 아무리 욕망을 채워도 욕망은 또 생긴다. 하나의 욕망이 충족되면 또 새로운 욕망이 기지개를 켜서 자리 잡는다. 이것을 견제해주는 것이 기도의 역할이고 욕망을 절제하고 제어하는 것이 바른 기도가 아닌가 한다. 기도 가운데 원하는 것이 과연 내 욕심에서 나오는 것인지 확인하는 절차는 반드시 필요하고 이것이야말로 기도에 응답을 받는 지름길이다.

진정한 신자라면 기도하는 마음을 기도가 끝난 다음에도 유지시켜야 한다. 믿음이 좋다 해도 아무리 믿고 기도를 열심히 해도 실제 일상생활에 전혀 도움이 되지 않으면 무슨 소용인가? 유난히 종교적인 사람이나 신자들에게 나타나는 성향이 바로 '종교 따로 생활 따로'이다. 기도할 때 모습과 평소의 모습이 아주 다른 사람들이 있다. 기도할 때의 마음을 기도가 끝난 다음의 일상생활에 연장시켜나가는 것이 몸으로 하는 기도이다. 부처 사랑, 예수 사랑, 가족 사랑, 재물 사랑은 해도 이웃을 자기 몸처럼 사랑하는 사람이 신자 가운데 있을까? 교회에 나간다, 절에 다닌다 하는 사람들에게 예수와 부처의 말 가운데 무엇 하나 실천하는 것이 있느냐고 묻곤 한다. 종교적인 장소에 있을 때 잠시 보살이나 천사가 되었다가 그곳을 벗어나면 다시 원래의 모습으로 돌아오는 모습은 도처에서 흔하게 볼 수 있다. 일상을 기도로 이어 나가는 것, 이를 가능하게 하는 방법이 예수와 부처의 말씀 속에 다 나와 있다.

　이 이야기를 하자니 오래전 송광사에서 본 광경 하나가 떠오른다. 사찰 안에서 부처에게만 잘 보이면 된다는 생각은 불상 앞만 벗어나면 그것으로 끝인가 보다. 송광사 대웅전 법당에서 한 보살이 삼배를 올리는데 얼마나 정성스레 기절을 하는지 옆에 있던 내가 몸 둘 바를 모를 정도였다. 경내를 돌아보고 일주문을 나오다가 그 보살을 다시 보았다. 그런데 아까 본 보살의 모습과 영 딴판이었다. 버스 기사에게 물을 뿌리고 욕설까지 퍼부으며 다투고 있었다. '내가 본 건 진짜 천사보살이었는데, 이제 보니 원래 마녀였구나.' 문수보살 게송에 "성 안 내는 그 얼굴이 참다운 공양구요, 부드러운 말 한 마디 미묘한 향이로다面上無瞋供養具, 口裏無瞋吐妙香"라는 구절이 있다. 그 보살이 이 게송을 한 번이라도 보았을까.

성 안내는 그 얼굴이
참다운 공양구요
부드러운 말 한마디
미묘한 향이로다..

　예능교회에 나가는 아는 신자 하나가 언제부터인가 말수가 적어지더니 출근 전 아침마다 10분간 하는 기도로 삶의 무게를 많이 줄일 수 있었다고 토로한 적이 있다. 오래간만에 길에서 만난 아는 처사님은 기도의 한 형태라 볼 수 있는 참선을 3년간 했다는데 무척 고요해 보였다. 대화를 나눠보니 그는 이미 그의 안에 극락을 만들어 거기에 거하고 있었다. 천국도 극락도 결코 특정한 물질적인 장소가 아니며 우리 내면에 깃들어 있는 정신적 차원의 평안한 세계가 아닌가 하며 그가 극락 바이러스를 주변에 널리 뿌려주기를 기원했다.

앞에 열거한 기도는 나 자신 기도에 효험을 보겠다며 수녀님의 기도 방식을 기준으로 찾아낸 몇 가지 비방이다. 이런 기도야말로 확고한 거듭남 과정의 변화 촉매제라 확신한다. 종교는 정말 스스로 거듭나지 않고는 풀리지 않는 사슬과 같고, 기도는 나를 바꾸는 명약임을 배워가고 있다. 그러나 나 자신 체력과 여건이 딸려 완벽한 실행으로 옮기지 못하고 있음을 고백한다. 그러나 적어도 일부를 선택적으로 실천하면서 나의 기도를 일상에서 지속시켜 하루하루 작고 작은 거듭남의 길로 가고 있다는 점만은 확신하고 있다.

기도는 거듭남이다

과연 기도는 소원 성취의 명약일까? 소원 성취는 외부로 향하지만 거듭남은 내면으로 눈을 돌리는 것이다. 간디는 기도로 거듭난 대표적인 사례로 오랫동안 기도를 통한 자기 수련으로 아무도 미워하지 않게 되었다고 쓰고 있다. 다석 유영모 선생님은 이런 말을 하셨다. "자신이 할 수 없는 것만 기도하라." 이것이 진인사대천명盡人事待天命이고 기도 역시 이것에서 비껴가지 않는다.

부처는 6년간 고행하다 중도中道로 보리수나무 아래서 연기법을 깨달았다. 그때 거듭나 45년간 중생을 제도했다. 예수는 요한에게 세례 받고 광야에서 40일간 금식기도를 했다. 예수 역시 그때 거듭났고 그 후 3년간의 공생애를 시작했다. 그들은 먼저 자신이 해야 할 것을 다한[盡人事] 다음 하늘의 명령을 따른 것이다[待天命]. 석가모니가 부처가 되고 예수가 그리스도가 된 것은 이러한 거듭남을 거친 후에 가능했다. 예수는 대중에게 "내가 네게 거듭나야 하겠다 하는 말을 놀랍게 여기지 마라"요한복음 3:7고 했다. 기도는 자기 자신이 거듭나는 마디마디이다. 기도를 오랜 세월 해왔는데도 자신이 바뀌지 않는다면 그 기도에 뭔가 잘못되어 있는 것이 분명하다.

예수의 공생애를 여는 첫 말은 "회개하라, 천국의 가까웠느니라"(마태복음 4:17)였다. 흔히 회개를 자신의 잘못을 후회하고 반성하고 죄를 뉘우치는 것이나 자기의 마음을 돌린다는 회심回心이라고도 쓴다. 하지만 그리스어 원문 성경의 '메타노이아metanoia'의 참 의미는 '가던 길을 돌이켜 근본적인 자기 자신의 의식 전환 또는 자기 변혁'이다. 이것은 곧 거듭남이라고도 할 수 있다. 거듭나기 위해 자기를 내려놓고 대신 십자가를 지는 것이다. 시시각각 사사건건 고개를 드는 '나' 또는 '자기'에 빠진 의식을 전환시켜 자신을 변혁해나가는 것이다.

기도는 끊임없이 '나'와 '자기'를 매 순간 매일 죽여나가는 일이다. 그러므로 어떤 의미에서 기도는 매일 죽는 연습을 하는 것이어야 하며 매일 부활하는 것이다. 매일 회개하고 매일 깨닫고 매일 부활하는 것이다. 너도나도 의식 전환 또는 자기 변화라는 거듭남으로 매일 부활할 수 있으면 매일이 생일이고 나도 부처가 되고 너도 부처가 된다. 이렇게 해 "하나님의 나라는 너희 안에 있느니라"누가복음 17:21가 가능하게 되는 것이다. 개개인을 비추어보면 이 말은 나 자신이 하나님 나라, 나 자체가 천국이라는 상징적인 의미도 내포하고 있다. 나의 부활이 먼저 있지 않고는 예수의 부활도 없으며 나의 깨달음이 있지 않고는 부처의 깨달음도 없다.

옛 자기를 십자가에 박고 새로운 자기로 태어나는 첫째는 감사하는 마음을 기도로 연결시키는 것이다. 신자로서 반드시 해야 하는 숙제가 있다면 이것이다. 기도하는 마음에 감사가 없다면 기도가 아니라 독백이다. 경험에 의하면 감사는 나를 정화시켜 불순물을 걸러내준다. 몇 년 전 성당 나가는 친지가 아침마다 하는 고요한 묵상 속에서 어느 날 갑자기 감사기도가 터져 나오며 뜨거운 눈물을 흘렸다고 전해왔다. 그간 주변에 얼마나 감사할 것이 많은지 모르고 살았다며 울먹이는 것이었다. 직장에서 미워했던 상사가 결국 자신에게 마음공부를 하게 해준 사람이었고 늘 불만이었던 가족 하나하나에게도 감사한 마음이 들더라는 것이었다. 게다가 샤워를 하며 자기 몸에 대고 "오장육부야, 잘 움직여줘서 고맙다" 하는 생각까지 들더라고 했다. 상사와의 갈등에다 세상살이 걱정으로, 특히 돈 걱정으로 짓눌려 살던 이 친지가 모든 것에 감사하게 되다니 그야말로 하늘이 감동한 경우이다. 기도는 근본적으로 이런 부대끼는 마음을 전환시켜주는 명약 가운데 최선의 명약이자 보약 가운데 최고의 보약이다. 이렇게 점차 거듭나가는 것이다.

감사하게 만드는 첫째는 만족이다. 아니 만족을 아는 지족知足이다. 없는 것이 아닌 가진 것을 보고 만족해하는 지족은 '이것밖에 없네'를 '이만큼이나 있네'로 바꿔주고, 누구의 입에서도 '감사'라는 단어가 나오게 하고 주변 모든 것에 절 올리고 싶은 마음을 불러일으킨다. 거듭남으로의 씨앗을 마음 밭에 뿌리는 것이다. 가만히 보면 주변의 모든 사람과 널려 있는 물건도 감사의 대상이 아닌가 한다. 적어도 누구나 자신이 현재 살아 숨 쉬고 있음에 감사하는 것, 이것은 인간이 하늘에게 돌려야 할 기본 예의가 아닌가 한다.

자신에서 좀 더 나아가 현재 자신을 있게 해준 주변의 모든 사람과 사물에 감사가 터져 나오면 그때 우리는 내면의 소리를 들을 수 있고 신이 있다는 전제하에 신의 목소리도 들을 수 있는 것이다. 수시로 주변을 둘러보고 감사가 절로 나오면 자신 안에 낙원·천국·극락의 공간이 살짝 자리 잡아 나가기 시작한 것이다. 이때 우주의 기운을 온전히 느끼고 자신도 한없이 충만감에 휩싸이게 된다. 감사하면 따스한 사랑이 슬며시 몸 전체에 퍼진다. 이것이 거듭남으로 한 발씩 다가가는 훈련이다. 그리하여 너도나도 서로 '당신은 사랑받기 위해 태어난 사람'임을 알게 되고 저절로 자연스럽게 사랑할 수밖에 없게 될 것이다.

믿음은 홀로서기,
인생은 셀프서비스 Self service

　믿음에 기반을 둔 기도의 신앙생활은 스스로 영원히 마르지 않을 샘물을 파는 것이며 혼자 해나가야 하는 공부이다. 성경 구절을 인용하면 예수가 준 영원히 목마르지 않을 물을 스스로 마시는 것이다. 여기서 나아가 결국에는 직접 샘물을 파서 졸졸 흘러나오게 해서 직접 마시는 것이다. 믿음에만 내맡기고 스스로 직접 나서서 하는 것이 없으면 목마를 때마다 십자가와 불상 앞으로 달려간다. 인간은 누구나 자신의 십자가를 자기가 지고 나는 누구인가 공부 역시 자신이 하는 것이다. 그 누구도 대신 못하는 이것은 하나님도, 용하다는 점쟁이도 대신 못해주는 영역이다.

　개인적인 생각에 지나지 않지만 하고 싶은 말을 여기서 먼저 꺼내자면 믿음이란 결국 신적인 대상에 의존하는 것이 아니라 자신이 거듭나는 '홀로서기'라고 생각한다. 그리하여 자기가 자기 자신을 거듭남으로 이끄는 셀프서비스 self service 의 과정이다. 셀프로 자기에게 서비스해 홀로서기 하는 것이다. 이것이 거듭남이고 평안으로 가는 길이다. 결국 혼자 왔다 혼자 가는 인생에서 그 무엇에서도 위로받을 수 없으며 오로지 자기 자신이 해나가는 홀로서기 이외 나를 근본적으로 거듭나게 해주는 것은 아무것도 없다. 각자가 홀로서기를 해야 하는

이유는 모든 문제는 자신 안에 있기 때문이다. 문제는 내 안에 있다.

구원이라는 측면에서 보면 내가 있어 우주가 있고 이 우주의 모래 알인 내가 바로 작은 우주라는 점을 상기해 내가 나를 구원하는 것이다. 이 세상의 주인공은 나이다. '나'를 참나 또는 진아眞我라 부르든지 본성·불성·영성·성령이라 부르든지 본래면목이라 부르든지 신이라고 부르든지 하나님이라 부르든지 그것은 나를 떠나서 이 세상은 존재하지 않는다. 주체는 바로 '나'이다. 나는 나 이외 그 누구도 구원하지 못한다.

오래전 송광사에서의 일이다. 할머니 한 분이 근심 어린 얼굴로 법당에 들어왔다. 꾸깃꾸깃한 천원짜리 한 장을 담배쌈지에서 꺼내 복전함에 넣었다. 그러더니 관세음보살 앞에서 손을 위로 들어 둥그렇게 원을 그리며 정성을 담아 간절하게 기도하는 것이었다. 그 모습에 담긴 간절함이 얼마나 깊은지 옆에 있던 내가 다 경건해질 정도였다. 하지만 문제는 그 다음이다. 그 노 보살님에게 기도는 잠시의 위로가 되었겠지만 그 장소를 벗어나면 다시 허전해질 것이 분명하다.

나는 불상이, 관세음보살상이 한 많은 우리나라 어머니들의 간절한 기도에 얼마나 많은 눈물을 닦여주었는지 알고 있다. 가톨릭에 성모 마리아가 있듯 관세음보살이 있어 그나마 한 많은 우리 어머니들의 맺힘을 많이도 풀어주었다. 아미타부처, 미륵부처, 비로자나부처, 지장보살, 관세음보살, 문수보살 등등 보살상도 많으니 그간 그들이 들은 기도는 얼마나 많은 소원과 눈물이 맺혀 있을지 잘 안다.

그러나 대상을 두고 무언가에 의지한다면 그것은 오래가지 않는다. 종교를 전문으로 사는 나는 다음과 같은 질문을 받을 때가 종종 있다. "행복해지고 싶은데 나에게도 종교가 필요할까요?" "행복으로 가게 해주는 믿음이 있을까요?" "믿음을 가지면 행복해질 수 있을까요?" 사람 사는 데 괴로움이 있는 한 누구나 이런 생각을 하게 되어 있고 어쩌면 누군가는 지금 이런 고민을 하고 있을지도 모르겠다. 그러나 이것은 그 누구도 풀어주거나 해결해줄 수 없다. 신부도, 목사도, 승려도, 교황도 '이거다' 하고 확실한 답을 주지 못한다. 스스로 자기 안에 영원히 마르지 않을 생수·감로수가 나오게 해야 한다. 이것이 셀프이고 내가 나에게 서비스하는 것이다.

목사나 승려라도 내 문제를 해결해주지 못한다. 남편에게, 자식에게, 자기에게 문제가 생겼다고 교회나 사찰로 달려가 걱정을 늘어놓아보았자 허공의 메아리가 아닌가? 신자들은 하소연할 곳이 없을 때, 누군가에게 이야기를 털어놓고 싶을 때 으레 신부나 승려나 목사에게 달려간다.

　　　　　여기에 한 신부의 고백이 있다. 신자들이 그에게 들려주는 이야기 중 태반은 자식과 관련된 것인데 어머니들의 속상한 마음을 자식을 키워보지 않아 공감하기 어렵다고 실토했다. 그 신부가 웃으며 이렇게 말했다. "나는 자식이 없어 그 마음을 잘 모르니까 그냥 내버려두고 들어주기만 해요." 승려 역시 아이 키우는 사람이 아니다. 그러니 아무리 속상한 마음을 털어놓아도, 가정생활을 해보지 않은 그들을 붙들고 하소연해봤자 순간적인 반짝 시원함밖에 더 있을까? 사실 신부·수녀·승려·수사는 가정생활이야말로 진정한 도 닦는 일이라는 점을 잘 모른다.

　성직자든 불상이든 십자가든 뭔가 대상을 두고 아무리 하소연을 풀어놓아도 그것은 화살을 밖으로 쏘는 것과 같다. 아무리 강조해도 지나치지 않는 말이라 다시 하자면, 교회나 사찰에 가서 잠시 진통제 한 대 맞고 오는 것은 약효가 하루이틀뿐이다. 불공 드렸다고 얻을 수 있는 것은 잠깐 동안의 환희와 안도일 뿐, 언제든지 다시 나락으로 떨어질 수 있는 도로 아미타불이다. 삶의 통증에 완치가 가능한 비법은 분명 있고 이것의 처방전은 성경과 불경에 낱낱이 나와 있다. 고뇌, 걱정, 염려, 괴로움, 이 모두의 원인을 알아 대처하는 최상의 방법이 이미 2,500년 전 부처의 가르침 속에, 2,000년 전의 예수의 말씀에 다 들어 있다. 문제 해결의 실마리를 그들이 주신 말씀에서 스스로 찾아내 해결할 수 있다. 나 이외의 그 누구도 해결사가 될 수 없으며 아무리 막강하다는 저 너머의 초월자라도 내 문제를 해결하지 못한다는 점 역시 성경과 불경에 모두 적혀 있다.

오랜 시간 관찰하다보니, 오랫동안 신앙생활을 해왔다고 해도 믿음만으로 믿어서 해결되는 것은 아무것이 없다는 최종 결론에 도달했다. 문제는 안에 있는데 왜 밖에서만 찾는가? 지옥도 천국도 극락도 모두 내 안에 있고 우리 안에 있는 것이다. 눈을 돌려라. 지금까지 믿음의 상징이라고 여긴 십자가와 불상은 장례용으로 충분하니 성직자도 보지 말고 자신을 믿고 자신에게 의지하며 바라봐야 할 때이다. 그 어디에도 내 소원을 들어주고 원하는 모든 것을 가능하게 해주는 신통력 강한 예수나 부처는 없다.

믿음은 셀프서비스이다. 믿음이 내 가슴에 녹아내려 씨 뿌려주면 그다음 신앙생활은 혼자서 자기 힘으로 하는 철저한 홀로서기이다. 근본적으로 의존을 벗어나 확고한 자신만의 홀로서기이다. 진정한 교인이라면 단독자로 하나님 앞에 홀로서고 불자라면 단독으로 내면으로 눈 돌려 무상과 무아를 체험할 때이다. 불교는 원래부터 자력이다. 자기 밖의 그 어떤 힘에도 의존하지 않으며 오로지 자신만의 수행으로 탐욕·성냄·어리석음, 즉 탐진치라는 세 가지 독이 있는 불을 완전히 꺼버려 열반에 이르는 것이 최종 목적이다. 그리고 생활 속에서 욕심날 때, 성날 때, 어리석은 언행을 했을 때 적용시켜볼 수 있다. 혼자서 하는 신앙생활은 모두 경전이 있기에 가능하다. 문맹이 아니라면 목사, 승려, 십자가, 불상 등에 의존할 필요가 전혀 없다.

자력으로 자기 믿음을 키워나가는 수행을 하거나 기도를 하거나 경전을 공부해나갈 수 있다. 초기 경전인 《법구경》과 《숫타니파타》, 신약의 복음서는 부처와 예수의 육성을 들을 수 있는 가장 이상적인 경전이다. 2,000~2,500년이 지난 오늘날에도 우리가 직접 그 목소리를 듣고 혼자 자기만의 믿음을 키워나가며 홀로설 수 있는 것은 이러한 신앙 지침서인 불경과 성경이 있기 때문이다. 문맹이 아니라면 아는 만큼 보이는 한도 내에서 혼자서도 충분히 해나갈 수 있다.

성경에는 온갖 인간 군상이 다 있으니 우리 사는 각자의 모습과 삶에 얼마든지 공감과 공명을 울려줄 수 있다. 흔히 성경이 어렵다는 말도 하지만 성경은 일상적 문제, 실존과 연결된 의문과 질문을 갖고 읽으면 읽히는 책이다. '예수'라는 주어에 대신 '나'를 넣어 읽어보면 그것의 숨겨진 의미가 드러날 때가 많다. 삶의 순간순간에 먼 세상 오래전 이야기가 아닌 지금의 나 또는 나의 상황을 떠올려 대비시켜 읽으면 얼마든지 읽히고 해답을 찾을 수 있는 묘한 책이다. 불경도 마찬가지이다.

그래서 고독은 홀로서기에 좋은 약이 된다. 셀프서비스는 무소의 뿔처럼 혼자서 가야 한다. 우리 모두 이 세상에 가뿐하게 왔으니 사뿐하게 홀로서기로 살자. 여기에 무한대의 자유가 있다. 믿음은 셀프이

다. 자기가 자기를 일으켜 세우는 셀프이다. 믿음도 신앙도 자기가 자기에게 무제한의 서비스를 제공해 최종적으로 홀로서기 하는 것으로 거듭나는 것이다. 하늘은 분명 스스로 돕는 자를 돕는다. 어떤 교단이나 종단에 소속되지 않아도 신앙생활은 홀로 충분히 가능하다. 기도는 홀로서기의 가장 좋은 훈련이라고 장담한다.

"진리가 너희를 자유케 하리라" 요한복음 8:32. 이 구절을 나는 이렇게 푼다. '자유가 너희를 진리케 하리라.' 이것이 현재 이 시점의 나에게는 진리로 들린다. 하나님, 예수, 부처를 모두 놓아주어라. 그들을 놓아버리면 자유가 찾아온다. 그리고 셀프서비스로 홀로서기를 해라. 이것이 셀프에게 주는 최상의 서비스이다.

4
'진리' 그 실체

종교에서 말하는 진리란 무엇인가? 우리는 무엇을 진리라 믿고 있는가? 구원이 진리라 믿고 있는가? 신이 진리를 만들어 우리에게 선물한 것일까? 아니면 진리가 우리 곁으로 온 것일까? 도대체 진리가 무엇일까? 종교란 초월적인 힘에 대한 두려움과 자연 재앙에 대한 공포를 해소시키기 위한 것에서 출발했고 사냥에서 농경으로 정착된 이후 풍요를 위해 하늘에 드리던 제사가 제도화·조직화되고 된 것이라 보는 것이 정설이다. 이러한 과정에서 현재 주어진 종교와 그것에서 파생되어 나온 것들이 진리로 다가와 있다. 그것을 구원이라 말한다.

흔히 종교에 진리가 있다고 말한다. 종교에서 말하는 진리는 기본적으로 종교라는 두 가지 신信+神으로 만들어진 것이다. 믿을 신信과 하나님 신神, 이 두 가지의 신이 없으면 쓰러지는 게 종교이다. 그런데 이 둘 모두 잡히지 않는 것들이다. 진리라는 딱지가 붙어 포장된 도그마에 가려져 잘 보이지 않는다. 종교의 진리가 개개인의 거듭남에 오히려 방해물이 아닌지 하는 의문이 든다. 진리 대신 눈에 보이는 것은 불상과 십자가, 중간매개인 성직자, 예배·미사·예불을 통한 예식뿐이다. 교회에 그리고 사찰에 진리가 있는가? 성당에서 미사 집전만 20년 넘게 해온 신부님이 하루는 나에게 이런 말을 건넨다. "솔직히 미사 집전하면서 신의 존재를 느낀 적이 없어요."

이 장에서는 지금 이 순간 '이것이 나에게 진리로 보인다'고 말할 수 있는 것들을 내가 파악한 범위 안에서 '진리'라는 옷이 벗겨진 참 진리의 몇 가지 핵심으로 나눌까 한다. 진리라는 이면에 스며 있는 공통분모는 몇 가지로 실마리가 잡히는데, 그것은 진리가 뭐냐 묻는다면 아마도 '이것일 것'이라고 말할 수 있는 것들이다. 비록 한 개인의 관찰 결과에 불과하지만 '종교', '진리', '구원'이라는 이름 대신에 이것이 우선한다면 그것이야말로 참다운 예수나 부처를 닮아가는 것이라는 점만은 확실하다.

정작 진리라는 포장을 벗겨보면 진리는 내 눈높이로 가져와 몸으로 실천할 때 그 정체를 보여준다. 진리는 몸으로 사는 것이다. 몸으로 살면 진리가 움직여 다닌다. 진리는 거창하지 않은 사소하고 하찮은 것들에 있다. 진리가 여기저기 널려 있어 지금 여기서 얼마든지 진리대로 살 수 있는 것이다. 진리란 지금 여기에 사는 것이다. 과거를 잘라내고 미래의 염려를 놓는 것은 지금 여기서 이 순간을 영원으로 사는 것이다. 자기를 십자가에 박으면 에고가 죽어 나간다. 에고가 죽고 그 자리에 예수나 부처를 들여앉힌 사람은 자기 안에 남을 먼저 두게 된다. 에고 없음이 되면 한없이 자기를 내어준다. 자기를 내어주고 나누면 결국 우리는 한 몸이라는 점을 깨닫게 된다. 그물코 네트워크 속에서 너도 있고 나도 있으며 내가 있는 것은 네 덕이고 네 덕으로 내가 사는 것이다. 이렇게 우리는 한 몸이 되어 너와 내가 별개의 둘이 아니다. 적어도 지금의 나에게는 이것이 참 진리의 하나라고 진리가 알려주었다.

예수와 부처를 내 눈높이로

　진리라고 포장된 것이 오히려 진리를 아는 데 방해물이라는 점이야 말로 참 진리가 아닐까? 지금 이 순간 부처나 예수가 우리를 내려다보고 있다면 아마도 이런 말을 할 게 틀림없다. "얘들아, 나는 그렇게 하라고 말한 적 없다. 그렇게 가르친 적은 더더욱 없다." 예수·부처의 순수한 원음과 핵심 가르침은 종교의 틀 안에서 제도화와 조직화로 이미 깊이 매장되어버린 지 오래이다. 우리가 흔히 아는 종교의 진리가 원래의 가르침과 너무나 동떨어진 점을 확인하려면 이 둘을 기초로 한 현 종교의 예식과 관행만 비교해보아도 안다.

　진리가 잠들면 요괴가 눈을 뜨는 법이다. 사람들은 진리가 불편한지 진리를 수정하고 가감하고 각색하고 멋대로 믿는 성향이 강하다. 우리가 현재 종교에서 진리라 믿는 '교리'는 거의 대부분 인간이 경전의 편찬과정에서 공의회나 결집을 통해 추가·삭제·수정된 다음 선별된 것들이다. 그리고 그것이 다른 지역으로 전파되어 현지에서 수용되는 과정에서 다시 덧칠되거나 부분적으로 성형을 받기도 하며 현지의 풍습과 혼합되기도 한다. 세계 3대 종교만 해도 역사 속에서 사람들이 만들어내거나 저절로 덧입혀진 것에 의해 자연히 원래의 가르침에서 멀어진 오류나 모순 등을 많이 갖고 있다.

　진리는 무척 성스럽고 거룩하고 추상적인 것으로만 각인되어 있다. 하지만 진리는 눈에 보이는 것이다. 실상 진리는 모든 사소한 것에 있고 여기저기 널려 있다. 알고 보면 진리는 거룩하지도 성스럽지도 않으며 일상의 삶 속 여기저기에 널려 있다. 단지 '진리'라는 것에 이름표를 붙여 거창하게 포장·치장·과장·무장하는 성향이 짙을 뿐이다. 종교는 진리를 보물단지 안에 넣어 저 멀리 두고 바라보게만 하는 습성이 강하다. 하지만 멀리 있어 체감이 안 되는 진리를 어떻게 살려낼 수 있는가 고민해보자. 인간의 문제와 불행의 불씨를 끄는 비결은 이미 2,000여 년 전에 예수와 부처가 주었던 말씀에 모두 나와 있다.

　예수와 부처를 신적인 존재의 자리에서 끌어내릴 때, 즉 우리의 눈높이에서 마주하면 진리가 드러난다. 예수의 신성神聖만 강조하면 예수 정신의 핵심이 떨어져나가고 말지만 눈높이에 맞추면 예수에게서 가장 큰 휴머니즘과 이 세상 어디서도 맛볼 수 없는 사랑을 느끼게 된다. 부처를 신격화된 자리에서 끌어내려 눈높이에 맞추면 자비가 발동 걸려 너도나도 부처가 되려 한다. 이것이 진리이다. 눈높이를 맞춰

나가면 교리라는 도그마, 엄숙한 예식, 십자가, 불상 등에 가려진 진리가 하나둘씩 드러나 그 실체를 볼 수 있게 된다.

한 가지 예를 들자. 개신교의 보수와 진보가 구분되는 다섯 가지 기준이 있다. 보수는 성경에 단 한 점의 오류가 없다는 성경 무오설, 동정녀 마리아의 성령 잉태, 예수가 우리 죄를 대신해 죽었다는 십자가 대속代贖, 예수의 육신 부활, 예수의 육신 재림 등을 강조하는 입장이다. 이로 인해 강경 보수가 생기고 예수가 뿌연 안개 속에 있는 것이다. 늘 강조되는 대속과 부활만이라도 거두어내면 진짜 예수가 조금은 보인다. 예수를 신의 아들로, 부처를 법신불로 받드는 것으로 인해 거리가 생기고 소통에 어려움이 온 것은 아닌가 한다. 거창하게 포장된 '진리'와 '구원'이라는 상표와 십자가·불상 같은 간판에 가려져 있거나 성직자가 중간에서 덧칠한 것들로 인해 진리는 거룩함과 성스러움 속에 갇혀 있다는 게 나의 판단이다.

개신교 포함한 전체 기독교 교파에서 말하는 진리는 구원이라는 데는 이견이 없을 것이다. 그러나 예수가 오로지 자기 자식만 구원한다는 어처구니없는 발상은 다른 문제이다. 구원에 관해 대변화가 온 것은 1960년대 중반이었다. 가톨릭은 제2차 바티칸 총회1963~ 1965년 이후 교회 밖에도 구원이 있음을 천명했다. 개신교만 아직도 이것을 붙들고 있다. 진리, 사랑, 평화, 진선미, 영성, 빛, 자기 비움, 성령, 성불, 불성, 깨달음, 해탈, 열반 등을 말하지만 기독교와 불교만이 아닌 다른 종교에서의 진리도 구원을 약속하고 보장한다. 정작 진리가 우리에게서 너무나 멀리 떨어져 있고 이것을 눈으로 보고나 느끼지 못해 그 실체가 오리무중이 아닌가 한다.

성경과 불경이라는 두 경전에만 한정시켜 말하면 예수와 부처는 우리에게 불편한 진실을 말했다. 예수도 부처도 우리가 눈으로 보는 것

또는 보이는 것이 다가 아니라는 점을 말해주고 싶어 했다. 그렇다고 다른 초월적인 세계를 지향하자고 한 것은 아니었다. 우리의 지각이나 감각이 만들어낸 것이 모두 허상이고 껍데기라는 것을 말해주려 했던 것이다. 우리 눈에 잘 보이지 않는 깊숙한 또 다른 내면을 보면 우주의 법칙이라고 할 만한 것이 있다. 이것은 몇 가지 특성을 갖고 있다. 나는 개인적으로 예수의 빵만으로 살 수 없다는 말이 이 보이지 않는 세계로의 진입으로 인도하는 것이라고 풀고 있다. 보이는 것의 이면에 있는 그 진리를 부처는 연기법이라 했고 예수는 산상수훈에서 다 밝혀주었다. 부처는 45년간, 예수는 3년간 같은 가르침을 여러 비유와 은유로 설명해주었다.

성경과 불경에 나와 있는 이야기를 보면 대부분 당시의 시대적인 배경을 안고 있는 일상의 삶과 고뇌 그 자체이지 추상적이거나 거룩함과는 상관이 없다. 경전 속에서 예수의 행적과 설교 그리고 부처의 법문과 족적을 찾아보면 2011년 현재의 기준에서 보아도 아주 사소한 것들, 지금 여기 당장에 우리 가운데 있는 문제와 인간의 불행 해결을 주제로 삼았다. 자신의 문제와 불행의 불씨를 끄는 비결은 이미 2,000여 년 전에 예수와 부처가 주었던 말씀에 모두 나와 있으며, 지금의 모든 인간 군상의 모습이 성경에 그리고 불경에 모조리 다 나와 있다.

인간의 욕망이 변치 않는 한 성경이나 불경에서 들려주는 모든 이야기는 21세기 현재 우리의 삶과 다르지 않다. 그때나 지금이나 인간의 욕망이 변하지 않았기에 인간의 사는 모습과 일상이 같으니 성경과 불경의 이야기가 나의 일상과 동떨어진 세계는 아니다. 문자로 적힌 구절이 오늘날에도 살아 있는 말씀이 되는 유일한 길은 직접 자신의 일과 문제, 즉 현재의 나와 관련시키는 것이다. 단지 2,000여 년 전에 있었고 끝난 이야기가 아니라 지금의 삶도 그때의 연장선상에 있는 것이다. 종교는 결코 우리의 삶에서 떨어져 있지 않다. 내 호흡 속에, 내 핏속에 있는 것이다. 구구절절 일상의 삶으로 그대로 옮겨 살려 이어가게끔 해주는 말씀이 성경과 불경을 가득 채우고 있지 않은가?

예수와 부처를 내 눈높이로 내려 보면 그들의 가르침에서 몇 가지 실마리가 잡히는데, 그것은 독특한 특성을 갖고 있다. 부처를 법신불로 받들어 추앙하거나 예수를 신의 아들로 거룩하게 보기보다 그 가르침에서 무엇을 실제 생활에서 실천하고 있는가가 관건이다. 지금부터 이것을 하나씩 거론해보려 한다.

진리란 몸으로 사는 것

　결론부터 말하면, 진리는 눈에 보이는 것이다. 충분히 각자의 자리에서 삶 속에서 낱낱이 느낄 수 있는 것이기도 하다. 실천으로만 옮기면 진리가 살아 움직이고 눈에 보인다. 이런 점에서 진리란 명사가 아닌 동사이다. 다시 말하면 몸으로 움직이는 행行이 있으면 교리서에 '글자'로 있던 것들이 살아나 생명 입고 생동감을 갖는 것이다. 종교가 그리고 진리가 교리와 계명으로만 각인되어 있다면 그것은 죽은 신앙이다. 그것이 믿음이든지 신앙이든지 진리 찾기의 출발선상에서 가장 중요한 것은 예수와 부처의 오리지널 가르침을 몸으로 살려내는 것이다. 그리고 그것은 '지금 여기' 이 순간 나의 일상에서 얼마든지 살려낼 수 있는 것들이다.

　몸으로 하는 실천이 따르면 경전에 단어로만 있던 문구들이 하나씩 살아난다. 체험, 실천, 실행, 행함이 뒷받침된다면 진리는 움직여 눈에 보이는 것이 되고 서서히 거듭남이라는 열매를 맺게 된다. 간단한 한 예로 행하는 것을 보자면, 부처는 팔정도의 수행을 말했다. 바르게 보고, 바른 말 하고, 바르게 일하고, 바르게 정진하라는 것 등이다. 예수는 "네 이웃을 내 몸같이 사랑하라"고 했다. 이것이 바로 직접 몸으로 하는 것, 즉 행함이다.

특히 야고보서 2장은 예수가 믿음보다 행함을 중요시했음을 보여준다. "영혼 없는 몸이 죽은 것같이 행함이 없는 믿음은 죽은 것이니라" 26절. "내 형제들아, 만일 사람이 믿음이 있노라 하고 행함이 없으면 무슨 유익이 있으리오. 그 믿음이 능히 자기를 구원하겠느냐" 14절. "행함이 없는 믿음은 그 자체가 죽은 것이라" 17절. "나는 행함으로 내 믿음을 네게 보이리라 하리라" 18절. "믿음이 그의 행함과 함께 일하고 행함으로 믿음이 온전하게 되었느니라" 22절. "사람이 행함으로 의롭다 하심을 받고 믿음으로만은 아니니라" 24절. 이 모두 행함으로 보여주는 것, 진리를 살려내는 것이 말하고 있다.

《법구경》에 이런 말이 있다. "고운 꽃은 향기가 없듯이 잘 설해진 말도 몸으로 행하지 않으면 그 열매를 맺지 못한다."《잡아함경》에 보면 부처는 팔정도의 정진을 말했다. 모든 것을 고苦로 보고 부처는 수행이라는 행함으로 바로 들어간다. 이론적인 관심보다 수행 실천을 중시하고 이것과 연관시켜 궁극 목표 지점인 열반으로 향하도록 정진할 것을 권하며 행함으로 이끌었다. 또한 수행에 게으른 자에게 설하길 "수행을 하지 않는 것은 곧 자기도 해치며 남을 해치는 것"이니 탐욕과 성냄과 어리석음의 삼독인 탐진치의 불을 끄라고 하고 있다.

몸으로 행할 때 열매가 서서히 열린다. 무엇을 행하느냐의 주제는 사랑이고 자비이다. 진정 사랑이 뭔지, 자비가 뭔지 실천해 몸소 모범적으로 보여준 사람이 예수였고 부처였다. 이 세상에서 맛볼 수 있는 최고의 잘 사는 비결을 본보기로 실천해 보여준 것이다. 진정한 진리란 말이나 경전 구절에 있지 않고 그것을 실천할 때 다 눈으로 들어온다. 그러므로 시간을 초월한 가르침은 오늘 이 순간 내가 살려낼 수 있다. 내가 아는 진리는 실천이다. 몸으로 실천할 때 진리가 살아나 꿈틀거린다. 그래서 진리는 눈에 보이는 것이다.

진리를 행할 때 받는 선물이 있다. 가슴 떨리는 무한대의 감동을 받게 된다. 가슴 뭉클한 감동이나 떨림이 없다면 그것은 죽은 진리가 아닌가? 결국 종교라는 것도 진리라는 것도 몸으로 실천하지 않으면 이해할 수 없는 영역의 것이다. 종교는 지식으로도 열리지 않으며 연구해도 실마리가 잡히지 않는 세계이다. 오로지 몸으로 체험해야만 풀린다. 이것이야말로 진짜 진리이다. 흔히 진리를 따르는 자라는 성직자나 신자들이 이것을 알지도 못할 뿐더러 알아도 실천하지 못한다. 종교학자 치고 참 종교를 아는 사람이 없다는 말은, 진리를 연구나 토론의 대상으로만 볼 뿐 몸으로 실천하지 못하니 감을 잡지 못하고 또 잡히지도 않기 때문에 나왔다.

이렇게 모셔두기만 할 때 진리는 절대로 그 모습을 드러내지 않으며, 일상적인 삶에서 구체적으로 전개될 때 옷을 벗고 눈앞에서 살아난다. 사랑으로 비유하면, 예수의 사랑이나 부처의 자비를 조금이라도 몸소 체험하면 자연히 남을 사랑하지 않고는 못 견디게 되는 것과 일맥상통한다. 이런 실질적인 행함 없이는 도저히 이해할 수 없는 것이 바로 종교이고 진리이다. 그러므로 기본적으로 종교의 진리는 '믿으라'가 아닌 '행하자'가 되어야 한다.

진리는 거창하지 않은 것

그렇다면 무엇을 실천으로 옮기라는 말인가? 진리를 몸으로 살려내 구체적인 일상의 삶에서 실천해보면 그것은 특별하지도 대단한하지도 거창하지도 않다. 몸으로 진리를 살려내면 사소한 것들, 우리가 시시하다고 여기는 하찮은 것들에 값진 것이 숨어 있음을 알게 된다. 적어도 자신이 체험한 것은 체험한 사람에게 진리일 뿐이나 진리는 우리 주변 여기저기에 널려 있으며 우리가 평소 쓰는 일상적인 고사성어와 속담에도 많다. 알고 보면 너무 시시한 것이 진리이다.

새옹지마, 전화위복은 진리이다. 이외의 흔히 쓰는 말 중에서 몇 가지 예를 들어보자. '하늘은 스스로 돕는 자를 돕는다.' '콩 심은데 콩 나고 팥 심은데 팥 난다.' '해는 동쪽에서 떠서 서쪽으로 진다.' '사람 마음이 화장실 들어갈 때와 나올 때 다르다.' '이 세상에 공짜는 없다.' '오는 말이 고와야 가는 말이 곱다.' 내가 할 수 있는 것은 하고 하늘의 뜻을 기다린다는 '진인사대천명', 지극정성에 하늘이 감동한다는 '지성이면 감천'도 사소해 보이나 모두 시시한 것들에서 캐어낸 진리이다.

진리를 찾아 어떤 범주에 가둬서 가야 할 것, 성취해야 할 것으로 본다면 진리는 이미 멀어져 있다. 일상의 자잘하고 사소한 하찮은 것에 있는 진리이지만 그것으로 가는 길에 큰 걸림돌은 바로 자신을 옭아매는 지식이다. 여기에 지혜가 필요한데, 사물을 있는 그대로 보는 것이다. 있는 그대로가 진리의 실체인 것이다. 적어도 개인의 일상에서 볼품없는 하찮은 것에서 진리를 발견하게 되면 그 너머의 초월적인 그 무엇도 들어설 자리는 없다. 진리란 얼마든지 눈에 보이는 일상의 사소한 것에서 찾을 수 있는 것이다.

살아 숨 쉬는 순간순간에 집중하면 주변에 널려 있는 것에서 작은 깨달음으로 다가오는 것이 있다. 깨달음을 예로 들어보자. 깨달음 하면 거창하게 오는 것으로 알거나 깨달음 자체를 거창하게 보는 경향이 있다. 선종의 입문서인 《무문관無門關》을 보면, 무엇이 부처냐고 묻는 질문에 운문선사는 똥막대기乾屎橛라 답한다. 불법의 도리가 무엇이냐 물으니 마삼근麻三斤 혹은 무無라 답하고, 달마가 서쪽에서 온 까닭을 물으니 '뜰 앞의 잣나무庭前栢樹子'라 답하는 것은 모두 일상의 사소한 것에 가치를 두라는 의미이자 지금 여기 서 있는 자리를 말하는 것이다. 매일 일상의 생활에서 작고 사소하게 일어나는 깨달음이 있다. 이것이 진리의 모음집이 되고 천국이나 낙원으로의 가는 하나의 점이 되는 것이다. 일상생활의 사소한 것을 통해 진리는 구체화되고 구현된다.

지금, 그리고 여기에서 살기

지금은 시간이고 여기는 공간이다. 시간과 공간에 갇혀 살지만 '지금 여기'는 시공간에 갇히지 않게 가장 잘 사는 법이다. 진리란 바로 지금 여기 발 딛고 있는 그 자리에서 이 순간을 사는 것이다. 저 멀리 나중에 저기서 살지 말고, 지금 내가 있는 자리 이 순간으로 눈을 돌리는 것이다. 예수와 부처를 '지금 여기'에서 내가 살려내지 않으면 그들은 죽어 있다. 지금 여기서 내가 그들처럼 사는 것도 참다운 진리이다.

우리는 지금 여기보다도 저 멀리 나중에 만날 파랑새를 쫓는다. 우리 눈의 초점은 여기에 있지 않고 '저기'에 가 있다. 마치 저 너머 어딘가에 우리 본향이 있는 것처럼. 저 너머에 무지개를 만들고 초월이라는 환상을 덧입힌 것은 인간 소망의 발현일 뿐이지만, 저 너머의 초월적인 세계를 동경하여 차안 아닌 피안에 쏠려 있다. 우리가 여기에 살아야 한다는 점을 잘 보여주는 것이 보조국사 지눌의 "땅에서 넘어진 자 땅 짚고 일어나라 因地而倒者 因地而起"는 구절이다. 발 딛고 서 있는 그 자리에서 넘어졌다면 바로 그곳에서 다시 일어나 해결을 봐야 한다는 의미이다. 차안에서 피안으로가 아니라 피안에서 차안으로 와야 하는 것이다. 《반야심경》의 "아제 아제바라아제 가자, 가자 저 피안의 세계로"

는 단지 대승불교적 발상일 뿐이다.

예수도 부처도 모두 자신이 발 딛고 살던 그 순간에 집중했지 지금 여기를 떠나 저 너머로 가자고 한 적 없다. 예수도 부처도 지금 여기에서 행할 것을 말했지 초월적인 것으로 눈 돌리라 하지 않았다. 현실과 동떨어진 구름 잡는 소리나 형이상학적인 추상 세계가 아니라 여기서 지금 인간의 고뇌와 문제를 직시했다. 예수는 천국이 너희 안, 지상에 있다고 했다. 지극히 현실, 현재, 금생今生, 현존주의자인 부처도 '지금 여기'만 이야기했다. 그것이 바로 부처의 유명한 무기無記·무기답無記答에 잘 드러나 있다. 초월적이고 형이상학적인 문제를 철저하게 배제한 부처는 세상은 영원한가, 세상은 영원하지 않은가, 영원한 것도 아니고 영원하지 않은 것도 아닌가, 세상은 공간적으로 유한한가, 여래는 사후에 존재하는가. 육체와 영혼은 동일한가 등 14항의 질문에 답하지 않고 침묵했다.

하나님 나라이든 불국 정토이든 예수와 부처는 천상을 모두 잘라내 버리고 지상에서 '지금 여기'서 실현하려 했다. 뜻이 하늘에서 이루어진 것같이 땅에서도 이루는 것은 지금 여기서이다. 우리가 발 디딘 지금 여기에서 최고로 잘 사는 비결은 이미 성경과 불경에 모두 나와 있다. 경전의 몇 구절만 읽어도 예수와 부처가 저 세상이 아닌 이 세상 우리 사는 모습의 고뇌와 문제에 초점을 두고 그 원인인 인간 욕망의 제거를 외쳤음을 알 수 있다. 저기도 아니요, 나중도 아니요, 지금 여기서 해결을 보려 했던 것이다. 그런데도 여기가 아닌 저기로 눈이 가 있는 대표적인 표상으로 천국, 극락, 낙원을 꼽는다. 이것은 특정한 장소를 가리킨 지리적인 영역이 아니다. 남이 떡이 커 보이는 것처럼 지상을 제쳐두고 천상만 관심을 두지만 우리 사는 여기가 지상낙원이고, 우리 사는 이곳이 천국이고 천당이고 극락이고 서방정토일 수 있다.

예수는 하나님 나라가 가까이 왔으니 회개하라 했다. 이것은 회개해 우리 사는 여기에 하나님 나라를 만들자는 것이지 저 너머 하나님 나라로 가자고 한 것은 아니다. 회개하라는 천국을 네 안에 우리 안에 만들자는 것 아닌가? 하나님 나라는 이미 와 있다. "아버지의 뜻이 하늘에서와 같이 땅에서도 이루어지게 하소서"를 공간적인 개념으로 풀면, 바로 우리 사는 여기에 아버지의 뜻을 이루자는 것이 아닌가? 한 번 뿐인 인생인데 여기에 살지 않고 저기 천상으로 가 있으면 그 인생은 참 아까울 것 같다. 예수도 부처도 내가 '여기'서 살지 않으면 2,000여 년 전에 왔다가 사람일 뿐이다.

공간에 금을 그어 여기가 아닌 저기를 더욱 우러러보듯 시간을 토막 내 과거와 미래로 정하는 데 익숙해 있다. 지금 이 순간에 머물지 않으면 마음은 과거와 미래에 얽매이게 된다. 그 때문에 걱정·염려·고뇌를 유발하는 온갖 생각이 꼬리에 꼬리를 물고 일어나는 것이다. 지금 현재 이 순간을 못 사는 것은 과거를 물고 늘어지거나 미래의 일이 늘 마음에 걸려 염려하기 때문이다. 어찌 보면 모든 인간은 지금을 버리고 오직 '미래의 완벽 추구'만 향해 달려가는 브레이크 없는 열차와도 같다는 생각이 든다.

발 딛고 서 있는 자리에서 지금 이 순간순간에 충실한 것이 가장 잘 사는 비법이다. 살아 숨 쉬는 순간순간을 지금 여기서 즐겁게 사는 것, 그것이 우리가 사는 최고최선의 비결이다. 이때마다 매 순간에 살아 있음을 온전히 느낀다. 이것이 순간을 사는 것이고 현재를 사는 것이자 현존하는 것이다. 이럴 때 순간은 영원이 된다.

지금이 아닌 내세에 눈이 가 있는 것이 천국, 영생, 서방정토 극락으로의 관심이다. 예수천국 불신지옥은 예수 믿어 죽어서 천국 가거나 영생하자는 것이고, 아미타 부처는 서방정토 극락에 태어나게 해준다는 미래의 부처이다. 죽음 이후를 위해 살아서 재(齋)를 지내 공덕을 미리 쌓아 둔다는 예수재도 이것에서 나온 것이다. 메시아 사상과 미륵 모두 미래 지향의 산물이다. 과거에 매어 또 미래를 당겨와 지금을 못 사는 것이 우리의 모습이다.

예수의 설교나 부처의 법문에서 사람들에게 염려를 놓으라, 내일을 걱정하지 마라, 근심을 버려라, 번뇌를 없애라고 말하는 문구가 꽤나 많다. 근심, 염려, 걱정, 고뇌, 번뇌에 싸여 지금 여기서 이 순간을 살지 못하는 사람들에게 준 메시지이다. 세상살이 걱정으로 짓눌려 사는 것은 2,000여 년 전이나 지금이나 다를 게 없었나보다. 예수도 부처도 눈에 보이는 당장의 현실이 급했다. 내일을 미래를 걱정하고 염려하는 사람들에게 이런 설교를 주었다. "그러므로 내일 일을 위하여 염려하지 말라. 내일 일은 내일 염려할 것이요. 한날 괴로움은 그날에 족하니라" 마태복음 6:24-34. "너희는 목숨을 위해 무엇을 먹을까, 몸을 위해 무엇을 입을까 염려하지 말라" 누가복음 12:22-23. 부처의 실제 설법이 가장 많이 들어 있으며 가장 먼저 편찬된 《숫타니파타》에도 유사한 문구가 있다. "먹을 것과 마실 것, 옷을 얻더라도 그것을 쌓아두어서는 안 된다. 그것들이 없다 해도 두려워하지 말라."

우리는 지금을 살면서 의식주 걱정에 휩싸여 있다. 이러한 예수의 말과 유사한 구절을 불교의 초기 경전에서 꽤 많이 찾아낼 수 있다. 부처는 설법을 통해 왜 이미 지나간 과거로 인해 지금을 못 살며 왜 오지도 않은 내일의 걱정으로 현재를 못 사느냐고 한다. 부처는 과거를 끊고 미래는 놓으라고 했다. 불교에서 번뇌는 과거와 미래에 가 있는 망상이다. 그리고 이것이 괴로움을 일으키는 주범이자 무명無明의 원인이다. 번뇌는 늘 과거와 미래로 치달린다. 번뇌에 물들어 사는 당시 사람들에게 한없는 연민을 느낀 부처는 《숫타니파타》에서 이런 말을 주었다. "과거로 거슬러 올라가지 말고 미래를 바라지도 말라. 과거는 이미 버려졌고 또한 미래는 아직 오지 않았다. 그리고 현재 일어나는 상태를 그때그때 잘 관찰하라." "과거에 있었던 것을 말려 버리고 미래에는 그대에게 아무것도 없게 하라. 현재에 대해서도 집착하지 않는다면 그대는 적멸을 이룰 것이라."

《법구경》은 '과거도 미래도 버리라 捨前捨後'고 가르침을 준다. "지나간 일에 대해 근심이 없고 다가올 일에 대해 반겨하지 않으며 현재에 있는 그대로 따르고 바른 지혜로 생각을 매어두며 먹는 것에도 생각을 거두었기에 얼굴빛이 언제나 곱고 밝다네. 다가올 일에 마음이 치달려 생각하고 지나간 일을 돌아보고 근심하고 뉘우치며 어리석음의 불로 제 자신을 태우는 것 마치 우박이 초목을 때림과 같네."

과거도 미래도 아닌 괴로운 현실에의 집중을 말하는 대표적인 이 문구는 부처가 왜 지금 여기의 현실에 초점을 맞춰야 하는지 독화살의 비유로 유명한 만동자 鬘童子와의 대화에서 자세히 설하고 있다. 다소 긴 문장을 줄여 소개하면 다음과 같다. 사람이 독화살을 맞아 죽어가는데 당장 화살 뽑을 생각은 안 하고 화살 쏜 사람이나 화살을 만든 것을 문제 삼으면, 결국 독화살 맞은 사람은 죽을 수밖에 없다. 이것은 당장의 현실을 말하는 것이다. 과거도 미래도 사후나 내세에 무관심한 부처는 이 순간, 현실, 현재, 현세가 우선이었다. 불교에서 선사들이 놓아라, 비워라, 버려라 하는 것도 모두 이와 같은 맥락이다.

예나 지금이나 같이 지금 여기에 못 사는 것은 살맛나는 세상을 앗아가는 어리석은 행위이다. 내일, 즉 지금을 기준으로 아직 일어나지도 않은 일을 일찌감치 염려한다고 그것이 무슨 도움이 되겠는가? 일어날지 안 일어날지도 모르는 일에 지레 겁먹고 염려로 시간을 보내는 것은 지금을 놓치는 가장 어리석은 짓이다. 차를 마시며 순간순간에 그 맛을 온전히 느끼는 것, 이것은 과거와 미래에 휩싸인 생각만 놓아버리면 가능하다. 진리란 특별하고 거룩하고 완전한 어떤 추상적인 것이 아니라 지금 여기 있는 그대로의 일상적인 삶 속에서 매 순간 스치는 감정과 느낌, 마음의 일어나고 사라짐이다. 꼬리에 꼬리를 무는 생각과 염려에서 자유로워지는 길은 숨 쉬는 자신이 있는 지금 여기에 충실하면 된다.

이렇게 진리란 저기가 아닌 여기에서, 나중이 아닌 지금 이 순간에 전개시켜나가는 것이다. 천상으로 향한 눈을 지상으로 돌리고 발 디딘 자리에서 이미 지나간 과거와 다가올 미래의 걱정을 버리는 것이다. 우리가 불행에 물들어 있는 이유 가운데 하나가 지금 여기를 못 살고 지나간 과거만 붙들고 어찌 될지도 모르는 오지도 않은 미래의 걱정으로 고뇌와 문제에 휩싸여 살기 때문이다.

지금 이 순간을 그리고 발 디딘 자리인 여기서 사는 것은 우리를 저 넘어가 아닌 여기서 그리고 매 순간을 최고로 잘 살게 하는 비결의 하나이다. 나 역시 때론 여전히 과거의 생각과 내일 일을 걱정하지만 적어도 '지금 그리고 여기서' 살아야 함을 또 하나의 진리로 받아들이고 있다.

'에고 없음'

 사람에 따라 다르겠지만 어쩌면 각자가 '나', '자기'라는 고유한 신앙을 이미 갖고 있을 수도 있으며 자신에 대한 환상을 자기 신앙으로 갖고 있는지도 모른다. 각자가 자기를 보는 시각이 모두 다르기 때문이다. 이렇게 다르다 해도 현재 세계 종교로 우뚝 선 몇몇 종교에 일맥상통하는 하나의 가르침이 있다면, 나·자기·자아·자의식이라 부르는 것을 제거하자고 하는 것이다. 자기중심적인 에고에서 벗어나는 이것을 '에고 없음ego-less'라고도 부른다. 에고가 죽으면 참나가 산다. 그래서 내가 죽으면 내가 산다. 죽으면 살리라가 그것이다.

 종교다운 모든 종교는 기본적으로 인간의 욕망을 경계함과 동시에 에고를 부정한다. 다른 말로 하면 우주가 보내준 사도使徒들의 가르침은 '에고의 죽음'을 지향한다는 공통점이 있다. 에고가 있는 한 행복할 수 없기에 공통적으로 잡히는 것이 무아이고 자기를 십자가에 박는 것이다. 종교에, 믿음에, 구원에, 신앙에 나 또는 자기라고 하는 에고가 있어서는 불행을 자초한다는 것이 그들의 가르침이었다. 이 에고 없음이 우선되지 않고는 결코 그 누구도 행복해질 수 없다는 것이 예수와 부처의 가르침이었다.

 종교에 입문해 첫 발을 떼려면 거듭남에 목표를 두어야 한다고 앞

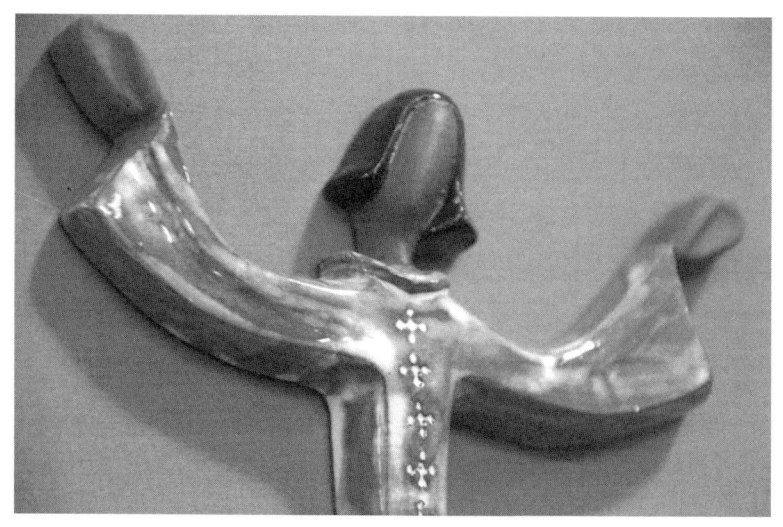

서 말했다. 거듭나기 위해 해야 할 것은 우선 나 또는 자기라는 에고를 놓고 이것과 씨름해야 한다. '에고 없음'은 거듭남의 결과로 주어지는 것이다. 거듭났다는 것은 다시 태어났다 또는 죽어서 다시 사는 부활이라고 해도 좋을 듯싶다. 즉, 자기를 십자가에 박아 내가 사는 게 아니라 그리스도가 사는 것이다. 에고를 죽이는 것은 곧 자기 안에 그리스도가 활동할 범위를 넓히는 것이다. 예수는 이것을 "진실로, 진실로 네게 이르노니 거듭나지 않고는 하나님 나라를 볼 수 없느니라" 요한복음 3:3, "하나님 나라는 볼 수 있게 임하는 것이 아니라" 누가복음 12:2 라고 의미를 풀고 있다.

거듭나면 '성령으로 난 사람', 하나님의 형상으로 새로운 존재로 태어나는 것이자 나의 옛 자아가 죽고 내 안에 그 대신 예수가 사는 것이다. 〈어메이징 그레이스Amazing Grace〉라는 노래의 가사가 이를 잘 표현하고 있다. "나 한때 길을 잃었으나 지금은 알았도다. 나 눈이 멀었

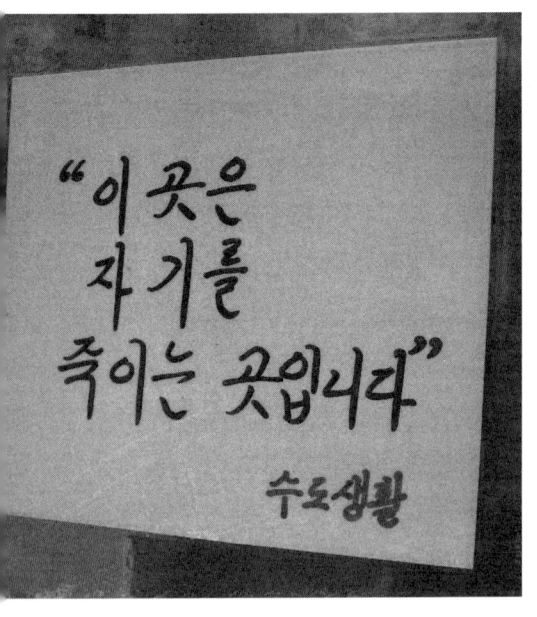

었으나 지금은 볼 수 있도다." 종교의 첫 걸음은 여기서부터 시작되고 이때 진리가 보인다. 《탈무드》에 이런 말이 있다. "자아를 부인하는 사람에게만 진리의 가르침이 보인다."

에고가 강해 자기밖에 모르는 자기중심적인 사람 가운데 행복해 보이는 사람이 없다는 것도 진리이다. 대체로 우리의 문제, 불행을 만드는 근원을 보면 거기에 욕망이 있고 그 바닥에는 '나'라는 에고가 도사리고 있다. 인간은 본래 자기중심적인 욕망덩어리이다. 부처가 설한 열반은 욕망의 불길이 완전히 꺼져 더 이상 욕망이 일어나지 않는 경지이다. 하나님 나라 역시 인간의 욕망이 제거된 상태이다. 모든 성현은 욕망으로부터의 해방을 쉬지 않고 말했다. 비유와 은유로 가득한 성경과 불경의 말씀 안에 '너희 안의 욕망과 작별하라'는 의미를 주는 구절이 반을 넘게 차지한다.

자기를 죽인 에고 없음, 그 자리가 거듭남이고 구원이고 해탈이고 열반이다. 이렇게 하여 하나님 나라는 내 안에 거하고 저절로 주변도 하나님 나라가 되는 것이다. 진리는 에고가 사라진 자리에 드러난다. 개신교 수도원인 포천의 은성수도원에서 본 작은 문구가 생각난다. "이곳은 자기를 죽이는 곳입니다." 시시각각으로 고개를 들고 나서려는 에고를 죽이는 것이 바로 부활이다. 다석 유영모 선생님이 말한

'몸의 나'가 '얼의 나'로 솟나는 그것이다. 교인이라면 자신을 십자가에 박는 것, 자기를 산 제물로 바치는 것이 '에고 없음'이다.

예수처럼 자기를 십자가에 못 박을 때 에고는 완전히 사라진다. 사도 바울이 좋은 본보기이다. 그는 진정으로 자기를 십자가에 못 박아 다시 산 사람이다. 오른손이 하는 것을 왼손이 모르게 하는 것, 한쪽 뺨을 맞고도 다른 뺨을 내밀 수 있는 것은 에고가 없을 때 나올 수 있는 행동이다. 부활은 예수만 한 것이 아니다. 나도 너도 부활할 수 있다는 가능성은 열려 있다. 부처가, 예수가 어떤 말을 했건 그 말에 진리가 있는 게 아니라 그것을 붙들고 자기를 알아가는 '나'라는 자체가 진리덩어리이다. 인간에게 에고의 자의식이 생기는 과정을 보여주는 것이 선악과이다. 인간의 에고가 들어와 자기중심적인 사고방식을 갖게 된 것을 보여주는 것이다.

불자라면 무아無我를 몸소 체험하는 것이다. 에고 없음은 곧 무아이다. 내 안에 너무나 많던 '나'가 하나로 통일되어 결국 자기라는 게 없음을 알아 확고하게 거듭난다. 이것은 다른 말로 자기 비움이다. 비우면 충만이 채워지고 본모습이 보인다. 에고가 없는 내가 진짜 나이다. 이것이 참나이다. 에고 없음이 가능할 때 자기에서 해방되고 나 또는 자기라는 작은 굴레에서 벗어난다. 예수에게 에고가 없었기에 "누구든지 네 오른편 뺨을 치거든 왼편도 돌려대라"마태복음 5:39 고 말할 수 있었던 것이다. 부처에게 에고 없음은 무아였다.

일상생활 가운데 에고 없음으로 나아가는 연습은 매일 부활하는 것과 같다. 이렇게 거듭남의 과정에서 나라고 내세울 게 없다는 것을 서서히 알아 깨닫게 된다. 나는 개인적으로 '한 알의 밀알이 땅에 떨어져 죽어 열매를 맺는다'는 구절을 보잘것없는 나이지만 그것이 극대화되는 길은 에고를 죽이는 것, 그리하여 남먼저 챙겨 넘어진 주변 사람이 일어서도록 하는 것이라 풀이한다. 역사학자 아놀드 토인비는 종교의 궁극적 목표를 정의하며 '자기중심적인 사고의 극복'이라고 단언한다. 이것을 다른 말로 에고 없음, 자신을 완전히 항복시키는 것이라 해도 무방하다. 그러므로 예배와 예불에서의 봉헌은 물질이 아닌 에고이어야 한다. 나를 완전히 또한 온전히 바치면 그것이야말로 형식이나 예식에 관계없는 참다운 예배이자 예불이다.

자기중심적인 에고가 있던 자리에 예수나 부처를 들여앉히는 것은 에고가 사라졌을 때만 가능하다. 이렇게 에고 없음의 상태에서 천국도 극락도 모두 내 안에서 맛볼 수 있다. 이것이 자기 무화無化이다. 자기를 무화시킨 에고 없음의 상태는 그 보상으로 지극한 비움과 겸허라는 선물을 주며 한없는 충만을 약속한다. 자기 포기 또는 자기 내어줌으로 에고를 산 제물로 바치는 것이 제사이고 예배이고 예불이다.

진리가 경전 속에 모셔져 있는 게 아니라 진리라고 믿는 그 주체인 '나'이고 나 자신이 바로 진리이다. 에고 없음을 알기 위해서 '나'를 알아야 한다. 세상에서 가장 소중한 존재는 각기 개인으로의 인간이고 나이다. 그래서 소크라테스는 '너 자신을 알라'고 했고 부처는 여기서 한 발 더 나아가 자신을 알고 보니 나라고 내세울 게 없다는 무아를 말했다. 우선 자기가 무엇으로 구성된 존재인지를 아는 것, 나 자신이 정말 아무것도 아니라는 것을 아는 것이 진리이다. 세상의 주인공인 내가 나를 모르면 독불장군이 되고 나를 알면 내가 아무것도 아니라는 것을 안다고 한다. '나라고 우긴 것이 이런 존재였구나'를 알면 자연히 에고가 사라지게 된다. 에고가 없으면 자신이 원래 티끌만도 못하다는 것, 그리고 아무것도 아니라는 것을 안다. 이러한 에고의 정체를 알면 눈뜸과 열림과 자각이 동시에 자리한다. 에고가 없을 때 비어 있는 나를 우주적 차원으로 끌고 갈 수 있다. 이것이 가능해지면 보이는 것마다 다 부처이고 예수이다. 다른 말로 하면, 나를 비우면 채워진다.

　욕망은 에고로 충전된다. 에고의 특성은 욕망이다. 인간이 갖는 모든 고통의 원인은 에고에서부터 시작된다. 에고는 욕망을 만들어낸다. 더 많이, 더 나은 것을 찾는 모습은 예나 지금이나 같다. 종교인이라면 욕망을 얼마나 절제하고 사느냐가 관건이다. 욕망에 눈멀어 부질없이 가치 없는 것에 온 신경을 곤두세우고 사는 우리에게 에고 없음이야말로 마음 편히 사는 길이다. 나아가 인간의 에고만 없으면 몸살에서 중병으로 아니 이제 임종이 가까울지도 모르는 지구는 저절로 치유될 것이다.

　진정한 종교인·신앙인이 되려면 부단히 '나'를 문제 삼아야 한다. 자신을 낮추는 연습, 즉 자기가 아무것도 아니라는 것을 알아야 '나'의 죽은 자리가 드러난다. '자기'라는 에고가 완전히 죽음으로써 다시 사는 것이다. 자기중심에 서 있던 나 또는 자기라는 에고가 녹아내리면 저절로 자기가 죽는다. 여기서부터 큰 짐을 내려놓은 듯 큰 공간이 나타나고 점차 그 크기가 커진다. 나 또는 내 것에만 묻혀 있게 하는 에고가 사라지면 남이 눈에 들어오고 그 자리에 내가 아닌 남이, 예수가, 부처가 들어온다. 바울의 말을 빌리면, 내가 사는 게 아니라 내 안에 그리스도가 살기 때문이다.

한없는 내어줌

7세기 대승불교의 큰 스승이었던 샨티데바寂天는 이렇게 말했다.
"세상의 모든 기쁨·행복은 남을 위한 마음에서 오고, 세상의 모든 고통·불행은 자신의 행복만을 갈망하는 이기심에서 온다." 에고 없음으로 인해 나타나는 전형적인 현상이 남을 위하는 마음이고 배려하는 마음이다. 무인도에 혼자 살지 않는 한 우리는 관계 속에 산다. 집에서는 가족들과, 직장에서는 상사와 동료들과, 그리고 친구·친지들과 관계하며 살아간다. 이런 관계 속에서 에고 없음을 드러내주는 것이 남을 먼저 헤아리고 배려하는 마음이다.

여기서 최근에 남을 배려하는 따스한 사례 하나를 일기에서 옮겨보자. 스승님의 집에 갔다가 식탁 유리 밑에 있는 작은 카드를 보았다. 거기에는 이런 글이 적혀 있었다. "집 벽 수리를 하게 되어 소음을 드리게 되었습니다. 죄송한 마음 이 카드에 담아 보냅니다. 일주일 예정이나 빨리 마치도록 하겠습니다. 아침 9에서 오후 5시까지 나는 소음 양해해주십시오." 카드가 우체통에 들어 있었는데 그 마음이 고마워 식탁 유리 밑에 두고 본다는 스승님의 말씀이었다.

나는 이 카드를 쓴 사람은 분명 무척 행복한 사람이라고 확신한다. 남을 배려하는 작은 마음이 충서忠恕이고 경천애인敬天愛人이다. 공자는

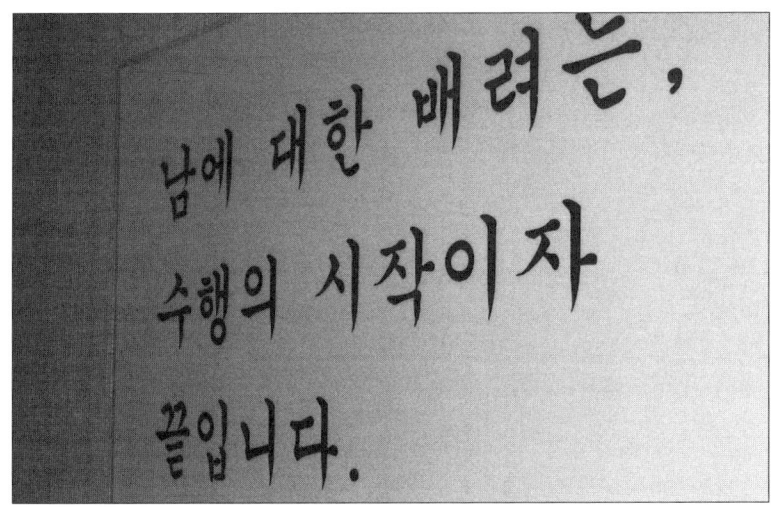

한 수도원에서 본 문구이다.

《논어》에서 이를 기소불욕물시어인己所不欲勿施於人, 즉 '자신이 하기 싫은 일, 자신이 당하기 싫은 일은 자연히 다른 사람도 싫어할 것이기 때문에 당연히 남에게 하게 해서는 안 된다'고 말했다. 자기 처지를 미루어 남의 처지를 헤아린다는 점에서 추기급인推己及人, 입장을 바꿔 생각하는 역지사지易地思之도 같은 맥락의 의미이다.

일상의 평범할 것 같은 이 구절은 성경에도, 불경에도, 《논어》에도, 《탈무드》에도 유사하게 나와 있다. 예수는 "무엇이든지 남에게 대접을 받고자 하는 대로 너희도 남을 대접하라. 이것이 율법이요, 선지자니라"마태복음 7:12, "비판받지 아니하려거든 비판하지 말라"마태복음 7:1로 말했다. 부처는 "남이 듣기 싫은 말을 하지 말라"《아함경》, "모든 존재를 너 자신으로 여겨라"《법구경》라고 했다. 이와 비슷한 말이 《명심보감》에도 있으며, 소크라테스도 "너 자신이 괴로움을 느끼는 일은 다른 사람에게 시키지 말라"고 했다. 《탈무드》에는 이를 "네 자신이 싫어하는 일은 아무에게도 행하지 말라", "네게 싫은 것은 네 동료에게 행하지 말라", "네가 당하기 싫은 일을 네 이웃에게 하지 말라. 이것이 율법의 전부요 나머지는 모두 풀이다"라고 적혀 있다.

이렇게 남을 배려하는 마음은 어떤 종교에서도 모두 언급할 만큼 중요한 것이다. 이것도 수행이다. 에고 없음으로 남이 먼저 눈에 들어와 나오는 마음이다. 여기서 자연히 한없이 내어주려는 마음이 나온다. 에고가 사라지면 자연히 이웃에게 손길이 간다. 사랑과 자비에 발동이 걸려 이웃을 내 몸처럼 사랑하게 되는 것이다. '나'라는 게 없으니 주변을 둘러보며 자기보다 못한 사람에게 저절로 손길을 내밀며 자기를 내어주는 것이다. 한없이 자기를 내어주는 것이 나눔이고 자기희생도 기쁘게 하게 한다. 희생인데도 세상에서 맛볼 수 없는 묘한 충만감과 행복감을 느끼게 한다. 러시아의 문호 도스토예프스키는 사람이 자기 자신을 희생하는 것처럼 행복한 일은 없다고 말했다. 어쩌면 이것이 어머니의 마음일지도 모른다.

불교 용어로 성불 또는 깨달음을 구원이라고 한다면 그것을 가능하게 해주는 보조 역할을 하는 것이 보살도와 같은 이타행利他行이다. 이것을 예수는 "이웃을 네 몸처럼 사랑하라"는 말로 극명하게 표현했다. 에고 없음이 몸으로 실천될 때 아낌없이 내어주고 나누고 봉사한다. 손길을 내미는 것은 생명에 생기를 불어넣어주는 '살림'의 극치이다. 생명의 속성 자체가 나눔이라는 말은 진리이다. 한없이 자기를 내어줌이야말로 종교를 이해하는 첩경이다.

자기가 받은 축복을 남과 나누고 싶어 늘 몸과 마음이 남에게만 가 있는 신부님이 계시다. 그는 자신이 은혜를 입은 만큼 거기에 이자를 붙여 다른 사람에게 베풀어야 한다고 생각한다. 나의 행복은 곧 남의 행복을 바라는 마음, 그 과정에서 내가 행복해진다는 것이 신부님의

지론이다. 2004년 불량만두 파동이 대서특필되던 날 신부님을 만났는데, 신문을 보시다가 "만두집 주인들 큰일 났네. 오늘부터 한동안 만두만 먹어야지" 하신다. 예수는 이런 분을 제자로 원한다.

나는 저것이 바로 이웃 사랑이구나, 저것이 자기를 한없이 내어주는 모습이구나 하며 2,000년 전 예수가 했을 것 같은 장면을 눈으로 직접 보았다. 그 순간에 본 것은 에고 없음이고 무아였다. 그 장면은 예수의 십자가와 무아가 무엇인지를 충분히 설명해주고도 남음이 있었다. 2003년 겨울 한 일

간지에 '푸른 눈의 성자들'을 연재할 때였다. 수원에 있는 평화의 모후원 경노수녀회에 원장 수녀님을 취재하러 간 날은 그해 가장 추웠던 날로 기억된다. 수녀님 방은 기름을 아끼려 간신히 영하의 기온을 면한 냉방이었다. 길거리에 나가 지게로 모시고 온 무의탁 노인들을 모신 큰방은 따뜻했다. 마침 모셔온 한 노인을 따뜻한 물로 발 씻어주는 모습을 보며 나는 고요한 감동에 휘말려 눈물을 흘리고 말았다. 완전한 자기 비움에서 나오는 이 광경에서 진정 무아가 무엇인지, 에고 없음이 무엇인지를 눈으로 모두 보았다. 나의 경험에 비추어보면 늘 손길이 필요한 곳에는 수녀님들이 계셨다. 가톨릭에서 운영하는 복지시설에서 늘 낮은 자리에 함께하는 수녀님들의 헌신적인 모습을 보고

눈물 흘린 적이 몇 번 있었다.

반면 불교는 이런 면에 취약하다. 경노수녀회 취재를 마치고 돌아오는 길에 몸을 녹이려고 전철역 근처에 있는 작은 사찰에 들어갔다. 안으로 들어가니 비구니 몇 명이 따스한 아랫목에 누워 텔레비전을 보고 있었다. 요란한 텔레비전 소리와 내용에 대해 뭔가 이야기를 주고받으며 웃고 떠들고 소리로 소란스럽까지 했다. 그들은 영업의 달인은 될지언정 깨달음도 열반과도 거리가 멀어 보였다. 원래 불교가 복지에 약하다는 말을 자주 듣지만 너무 대조되는 현장이었다. 너와 내가 둘이 아니라는 연기법을 안다면 자비가 발동되어 가만히 앉아 있을 수 없는데도 말이다. 45년간 몸으로 자비가 무엇인지 보여준 부처와 대조적으로 나는 지금껏 만나본 800여 명의 승려 가운데 자비를 몸소 보여주는 스님은 단 두 분뿐이었다.

부처가 누구인지, 예수가 누구인지 모르는 사람, 알고 그것을 몸으로 실천해내는 사람들이야말로 성자이자 성직자이자 진정한 믿음을 가진 신자이다. 앞에서 말한 유럽의 의사들을 보면 그렇다. 섭씨 40도가 오르내리는 캘커타에서 여름휴가를 봉사하며 보내는 길거리 의사들이야말로 정말 행복을 거머쥔 천사이자 보살이었다. 그들은 자신 안에 영원히 마르지 않을 사랑이라는 샘물을 파놓은 것이다. 그들이야말로 종교의 테두리 밖에서 내가 본 가장 거룩하고 성스러운 사람들이었고 가장 감동스런 광경이었다고 말할 수 있다. 하나님이 있다면, 절대자가 있다면 그의 역량은 모두 이런 곳에 스미어 있었다. 《레미제라블》의 주인공 장발장은 이렇게 말한다. "사랑은 신이 주신 유일한 희망이다." 또한 기독교가 잃어버린 예수 정신을 찾아낸 톨스토이는 "이 세상에 하나님을 본 사람은 하나도 없다. 그러나 만일 우리가 서로 사랑한다면 하느님은 우리의 가슴속에 머무를 것이다"라고 말했다.

하나님이 있든 없든 하나님은 분명 사랑이라는 보통명사이다. 우리 사이에서 사랑이라는 이름으로 존재한다. 사람에게 사랑이 들어차면 신을 만나고 저절로 그 사랑을 남에게 나누게 된다. 이것이 기독교 최고의 수행이다. 이것으로 영성을 키워나간다. 예수와 교회와 목사에 향한 열정을 이웃에 온정으로 나누는 것이 진정 예수가 바라는 일일 것이다. 남을 위해 시간을 얼마나 투자했느냐에 따라 가족의 안녕 확보 내지 소원 성취가 보장된다면 아마도 대한민국의 모든 어머니는 남을 돕는 데 나설 것이다. 예수는 지구에서 가장 막강한 사랑의 증거를 보여주었고 사랑은 기적을 낳는다는 점, 장님을 보게 하고 앉은뱅이를 일으켜 세운 그 사랑만이 답이라는 것을 보여주었다. 이것이 복음서의 반이나 차지하고 있다. 이렇게 하면 우리 사는 이 세상 자체가 천국·낙원이 되고 서방정토 극락이 되는 것이다.

나는 톨스토이의 말을 자주 되씹곤 하는데 여기에 어울리는 글귀가 있다. "다른 사람을 위해 희생을 하는 것이야말로 진정한 사랑이다. 다른 사람과 다른 살아 있는 모든 것을 위해 나를 버리는 그런 사랑이야말로 진정한 사랑이고, 그런 사랑에서 우리는 복된 삶과 더불어 세상에 나온 보답을 얻으며 세상의 머릿돌이 되는 것이다. 사람은 사랑함으로써 살아가는 존재이다. 자신을 사랑하는 그 순간부터 죽음이 시작되며 다른 사람과 신을 사랑하는 순간부터 삶이 시작되는 것이다." 그는 인간과 동물의 차이를 '사랑'이라고 보고 사랑 없이 살아가면 짐승의 삶과 다를 바 없다고 기록하고 있다. 이 글귀는 사람이 오로지 부귀영화만 추구한다면 동물과 다르지 않다는 점을 전해주고 있다.

부처는 직접적으로 인간 포함 만물의 실상을 분석해 자비를 말했다면, 예수는 이웃과의 관계에서 실천을 권했다. 사랑을 직접 해보지 않은 사람이 사랑을 모르듯, 진리를 우러러본다고 진리가 말 걸어오지 않는다. 특히 성직자에게 예수의 아가페적인 사랑, 부처의 한없는 자비는 달동네나 쪽방에 나가 직접 몸으로 실천하지 않으면 알 수 없는 경지이다. 등 따숩고 배부른 성직자 가운데 노숙자에게 밥 한 그릇 떠 먹여준 경험이 있느냐고 묻고 싶다. 땅콩은 원래 나눠 먹으라고 알이 두 개로 갈라져 있다고 한다. 땅콩 한 알 나눠 먹지 않고 예수의 마음을 어찌 알까? 호빵 반쪽 나눠 먹지 않고 어찌 부처의 마음을 알까?

봉사, 헌신, 섬김, 모심, 나눔, 베풂을 몸으로 실천할 때이다. 행하고 행하면 추상적이었던 사랑과 자비가 실제로 살아 움직이게 된다. 이렇게 진리란 눈에 보이고 몸소 보여주는 것이다. 이런 점에서 보면 진리는 명사가 아닌 동사형만 있다고 할 수 있다. 진리를 몸으로 살면 그때 진리라는 것이 저 멀리 떨어져 있지 않다는 점을 깨닫게 될 것이다.

에고가 사라진 상태에서 저절로 주체할 수 없어 나오는 것이 나눔이지만 자기를 아는 가장 좋은 방법이 내어줌 또는 나눔이다. 나눔을 실천하면 그것이 기도에 대한 응답을 기다리는 것보다 의외로 빠르고 명확하게 자신을 아는 방법임을 알게 된다. 나누는 사랑의 바이러스를 뿌리면 그것은 전염이 강해 꼬리에 꼬리를 물고 다른 사람에게 퍼져나간다. "한 알의 밀이 땅에 떨어져 죽지 아니하면 한 알 그대로 있고 죽으면 많은 열매를 맺느니라" 요한복음 12:24. 나는 이것을 '에고 없음'으로 나와 주변을 얼마나 편하게 해줄 수 있는지 극명하게 보여주는 문구로 풀고 있다.

진리는 남과 나눌 때 슬며시 고개 들며 생기가 돈다. 세계적인 빈민 구호 공동체운동을 확산시켰던 아베 피에르 신부는 이런 말을 했다.

"사람을 굳이 두 부류로 나누어야 한다면 '믿는 자'와 '믿지 않는 자'가 아니라 '이웃 사랑을 실천하는 자'와 '그렇지 않은 자'로 나뉜다." 자기를 내어주는 봉사나 나눔을 모르고는 종교를, 하나님을, 진리를 파악해낼 재간이 없다고 감히 말한다. "하나님은 사랑이시다." 이것에 의하면 사랑을 몸으로 체험하기 전까지 하나님을 모를 수밖에 없다. 여기에 더해 우리는 사랑하기 위해서만 이 세상에 태어났다는 말도 또 하나의 진리로 들린다. '에고 없음'으로 자기를 온전히 내어주는 이웃 사랑 없이 종교는 이해 불가능하고 불가해한 것이고, 에고의 죽음이야말로 저절로 사랑의 씨앗이 자라는 지상낙원이라는 점은 만고불변의 진리이다. 나는 이 진리를 안다. 그런데 사랑하고 살 시간도 부족해 어쩌나 한다.

내 안에 너, 네 안의 나

우리는 선 긋고 금 긋는 것에 익숙해 있다. 나, 너, 내 것, 네 것에 익숙해 있다. 그런데 내가 너이고 네가 나이며, 내 것도 네 것, 네 것도 내 것이 되는 어처구니 없는 진리 하나가 눈에 보이지 않는 세계에 있다. 에고 없음의 새로운 제3의 눈으로 사람과 사물을 보면 슬그머니 파악 가능한 진리가 하나 있다. 진리로서 자기를 드러내 보이는 이것은 쉬운 용어로 눈에 보이지 않는 네트워크, 인드라 망網이라고 부르는 그물코이다.

모든 성인은 우리가 보고 느끼는 모든 것이 허상이라 말해주려 했다. 《금강경》에는 '상을 보되 상이 아니다見諸相非相'라고 적혀 있다. 우리가 보는 세상은 진짜가 아니다. 그렇다고 다른 저 너머의 초월에 눈 돌리거나 지상이 아닌 천상으로 향하자는 것이 아니다. 어디까지나 지금 여기서 살아 있는 우리가 감관을 통해 보고 듣고 냄새 맡고 만지는 그것의 뒷면에 우리는 모두 하나라는 '일심동체一心同體'의 진리가 있다. 눈으로 보는 우리는 각기 분리된 상태이지만 그 뒷면을 보면 우리는 한 몸인 것이다.

단지 눈에 보이고 느끼는 감각에 취해 보지 못하는 이면에 네가 아플 때 내가 아픈 원리가 있다. 이것이 자비에서의 비悲이다. 형상과 감각을 통해 들어오는 것들로 인해 욕망에 눈멀고 집착하여 벌어지는 문제, 그리고 이것에서 파생되는 문제의 사슬이 있다. 우리는 하나인데 자꾸 분리시켜 보는 습관에서 온갖 문제가 꼬리에 꼬리를 문다는 점을 성현들은 일찍이 간파했다. 복음서와 초기 불경을 관통하는 하나의 주제가 이것이다.

불교 연기법의 네트워크를 확장시켜보면, 우리는 하나의 거대한 그물망인 인드라 망 그물코에 동시에 같이 얽혀 산다. 이 망의 그물코 하나가 너이고 그 옆 그물코 하나가 나인 것이다. 틱낫한 스님은 이것을 인터 빙inter-being, 즉 '어울려 있음'이라 했다. 인드라 망의 구도 속에서 너는 남이 아니다. 각자가 그물코로 상호 의존하는 구도이기에 나는 네가 없으면 안 되는 상호 보완의 역할을 하고 있다. 네가 있어 내가 있다. 내가 있어 네가 있다. 네 덕분에 내가 있고 내 덕분에 네가 있다. 내 안에 너 있고 네 안에 나 있다. 내 것이 네 것이고, 네 것이 내 것인 구도가 유지되는 것은 네가 거기 하나의 그물코로 있어 가능한 것이다. 이것이 눈에 보이지 않는 인드라 망 네트워크이다. 이것이 장일순 선생님이 말한 "나는 미처 몰랐네, 그대가 나였다는 것을"이다.

2008년 탁발 순례 중에 도법 스님이 주셨던 말이 이 구도를 가장 잘 나타내주고 있다. "삼라만상은 홀로 존재하지 않고 그물에 그물코처럼 연결돼 있다. 세상에 귀하지 않은 게 없고 내 생명 아닌 것이 없다. 나의 이익을 위해 상대가 손해 보는 것이 오히려 세상 이치에 어긋난다. 자리自利와 이타利他 무엇이 먼저인지 따질 필요가 없다. 그대가 있어 내가 있는 것이다. 욕심을 줄이고 세상 이치에 맞게 살면 그 삶이 평화롭고 자유롭고 행복하다. 그물코처럼 의지하며 살고 있는 가운데 서로에게 상처입고 있다며 아우성치기 전에 서로의 상처를 보듬을 수 있는 큰 존재가 되어야 한다. 유기적 생명공동체이기 때문에 우리는 '더불어 함께' 살아야 하며 그러자면 서로를 인정해야 한다. 물론 나와 너라는 그물코가 있기는 하지만 전체로 보면 한 몸이다."

예수는 이것을 "그날에는 내가 아버지 안에, 너희가 내 안에, 내가 너희 안에 있는 것을 너희가 알리라"요한복음 14:20라고 가르쳐주었다. 이렇게 그물코 사슬로 연결된 인드라 망 네트워크에서 상호 관계하며 얽혀 사는 우리는 그야말로 하나이며 형제요 자매이다. 내 자식이 나와 별개라고 여겨지지 않듯 나와 별개의 존재가 아닌 것이다. 이것이 자타불이自他不二이고 자리이타自利利他이며 홍익인간弘益人間 하는 것이다.

법정 스님은 《홀로 사는 즐거움》에서 이렇게 말한다. "어리석은 사람은 자기 이익에만 매달리고 지혜로운 사람은 다른 사람의 이익에 헌신한다. 그대 스스로 그 차이를 보라." 《나에게도 좋은 일이 당신에게도 좋은 일입니다》라는 제목의 책도 있지만 이것은 서로가 원윈win-win 하는 것이다. 이런 까닭에 당연히 저쪽 그물코가 행복하면 내가 행복해지는 것이다. 너를 위한 일인데 내가 행복해진다. 그물코의 네트워크 안에서 내 행복은 네 덕분이고 내 행복은 너를 행복하게 하는 것이다.

이 간단한 원리는 선후 관계가 아니다. 그러나 내가 먼저 행복의 바이러스를 뿌리거나 네가 먼저 행복하길 바라거나 둘 중 하나이며, 내가 먼저 스스로 돕는 자가 되거나 남을 돕는 자가 되거나 하는 것이다. 이렇게 해서 '모두가 다 부처되는 세상을 이루자自他一時成佛道'는 것이다. 결국 남이 행복하지 않으면 내 행복 역시 오래가지 못한다. 이러한 진리의 전제하에서 분명 남이 행복하면 내가 행복해야 하고 내가 행복하면 남도 행복해야 한다는 원리가 선다.

이런 구도인데 사촌이 땅을 사면 왜 내 배가 아플까? '나는 너보다 행복해야 돼'라는 심리는 인간이 지극히 이기적인 존재임을 말해준다. 이 점을 고려할 때 한 가지 설득력 있는 화해의 논리를 세울 수 있다. 즉, 내 행복만 추구하는 건 주변의 불행한 사람이 내 행복을 깨뜨릴 소지가 많다는 것이다. 그물코 안에서 나만 행복할 수 없는 것은 옆 사람이 불행할 때 그것이 나에게도 영향을 주기 때문이라고 보면 된다. 그러니 나의 행복은 곧 남의 행복에서도 오는 것이고 나의 행복은 남의 행복에서도 오는 것임을 인식할 필요가 있다.

그래서 모든 살아 숨 쉬는 다른 것에 대해서도 무한한 애정과 자비를 내뿜는 것이 바로 사랑이다. 서로 분리된 존재가 아니니 예수는 이웃을 네 몸처럼 사랑하라고 했고 하나님을 네 몸처럼 사랑하라 했던 것이다. 서로 신세지고 덕분에 사는 얽혀 있는 네트워크의 구도를 잘 설명하는 노랫말은 "우리는 너나 없는 나그네, 왜 서로를 사랑하지 하지 않나"이다. 여기에는 대립도 분별도 없다. 옳다 그르다, 맞다 틀리다, 길다 짧다, 예쁘다 밉다가 없다. 같은 그물코 인생을 사는 동지이자 도반이자 네가 나이고 내가 너이니까.

거대한 네트워크 그물코 안에서 '따로따로'가 아니기에 하나하나의 그물코가 있어 고맙고 귀한 존재이며 모두가 평등하다. 내가 신이 되면 저쪽 그물코도 신이 된다. 결국 그물코 안에서 너도 부처고 나도 부처이다. 신이 있다면 모두가 신의 축소판인 것이다. 대한민국에 5천만의 부처와 신이 있는 것이다. 그리하여 각자 다른 그물코를 존중하고 눈꺼풀을 하나만 벗기면 드러나는 이 세계는 모두가 나 아닌 것이 없는, 내 그물코 이웃으로 더불어 사는 원리의 시발점이다.

북한산 심곡암에서 만난 글귀가 있다. "너와 나의 분리로부터, 생각과 생각의 차이로부터, 믿음과 믿음의 충돌로부터, 갈등이, 괴로움이 시작된다."

누군가 "천국은 하나 안 된 것이 하나 되는 것, 겉돌던 것, 내가 아닌 바깥 것이 내 안으로 들어와 하나 되는 것이다"라고 했던가? 모 통신회사의 광고 문구처럼 '네트워크로 하나 되는 나라'이자 같은 하늘을 이고 사는 한 식구인 것이다. 유교에서는 이것을 대동大同이라 했고 《벽암록》에서는 "하늘과 땅이 나와 하나의 뿌리이고 만물이 나와 한 몸이다 天地與我同根 萬物與我一體"라고 했다.

이러한 네트워크 구도 속에서는 내가 편안하면 자연히 남이 편안해진다. 모든것은 다 마음이 만들어 낸다는 일체유심조一切唯心造에 따르면 모든 문제와 불행은 모두 자기 마음이 만들어낸 것이니 내가 편하면 주변도 같이 편해지는 것이다. 이제 20여 년간 붙들고 있던 화두인 '종교가 무엇일까'에 조금씩 실마리가 잡히는 것 같다. 절대 진리를 떠나고 나니 진리가 보이기 시작했기 때문이다. 또한 나를 조금씩 알아나가면서 진리라는 추상적 개념이 눈앞에 '실재'하며 살아나는 경험을 했기 때문이다.

솔직히 말하면 '내 안에 네가 있음'은 젊은 시절 사랑의 감정이 있었을 때뿐이었지만 누군가 몸과 마음이 아플 때

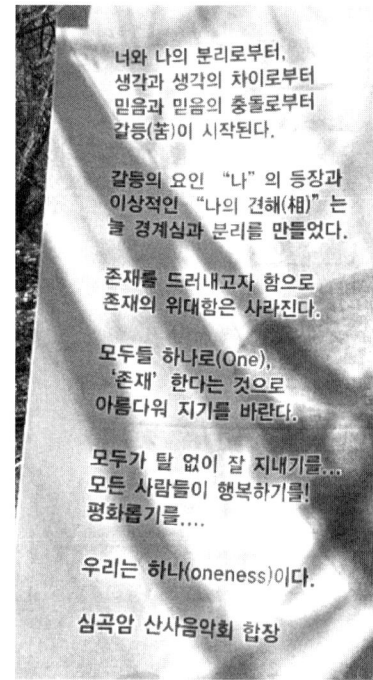

너와 나의 분리로부터,
생각과 생각의 차이로부터
믿음과 믿음의 충돌로부터
갈등(苦)이 시작된다.

갈등의 요인 "나"의 등장과
이상적인 "나의 견해(相)"는
큰 경계심과 분리를 만들었다.

존재를 드러내고자 함으로
존재의 위대함은 사라진다.

모두들 하나로(One),
'존재'한다는 것으로
아름다워 지기를 바란다.

모두가 탈 없이 잘 지내기를…
모든 사람들이 행복하기를!
평화롭기를….

우리는 하나(Oneness)이다.

심곡암 산사음악회 합창

같이 아플 때가 있다. 좀 더 깊게 확장시키려 애쓰는 중이지만 여전히 미미하다. 나의 에고 없음은 나하고 담판 짓는 중이다. 그러나 모든 것이 과정 속에 있듯 순간순간을 지금 여기서 살려내려고 적어도 하루 중 만나는 남을 먼저 배려하는 것에서부터 시작했다. 그리고 나눔과 봉사를 몸으로 실천하고 경험하고 나서부터 실타래가 풀리며 실마리를 잡아나가고 있다. 오늘이 어제보다 편안하고 흡족하다. 갈 길은 멀지만 첫발을 내디뎠다.

5
종교가 주면서 앗아가는것

어떤 형태로든 종교는 인류 문명과 함께 있어왔고 앞으로도 인류 역사와 함께할 것은 분명하다. 교리에 많은 오류가 있더라도 종교는 지금도 계속되는 '현재진행형'이다. 종교가 사람의 머리에서 가슴으로 파고들면 신앙이 된다. 신앙은 인간에게 약속의 땅과 같은 의지처가 되어주어 고달픈 삶에 위안을 주는 것만은 틀림없다.

내가 보기에 종교의 장점은 다음과 같다. 인생관과 세계관을 넓혀준다. 또한 '나는 누구인가'로 자기를 알게 하고 자기를 확장시켜 우주적으로 사는 길로 인도하기도 한다. 종교는 자기를 내어주며, 한없이 넓어지고 따뜻해져 희생을 할 수 있는 어머니 같은 존재로 살게 한다. 종교는 자기중심적 사고에서 타인중심적으로 바뀌게 해 사람을 거듭나게 하는 힘이 있다. 나 또는 자기라는 것에서 떨어져 나와 우주의 이치인 법法, 도道, 영성, 본래면목으로 나아가게 한다. 남들이 보지 못하는 세계를 체험할 수 있게 하고 한 번 사는 인생을 풍요롭고 의미 있게 살게 해주는 효과도 있다. 이것이 종교가 주는 최고의 선물이 될 것 같다.

종교가 주는 대표적인 것은 위안이다. 살아서 삶의 위안이 되며 사후를 맡겨도 좋을 유일한 보장이기도 하다. 종교로 죽음에 대해 위안 삼을 수 있는 것은 종교가 생사 문제에 일정한 답을 주는 안전지대를 제공하기 때문이다. 아는 어르신이 병원에서 암 선고를 받고 나더니 "교회 나가서 기도라도 해야겠다. 어떤 교회가 좋으냐"고 물었다. 생전 종교계 근처도 가지 않던 분이라 놀라웠다. 삶의 비중이 사는 데만 치우쳐 있다가도 막상 죽음이 닥치면 종교의 문을 두드리는 경우를 수없이 보았다. 죽음이 닥쳤을 때 초월적인 것에 의지하고 싶어지거나 종교적이 되는 것은 당연한 일이다. 죽어서 요단강 건너 천당 간다, 죽어서 서방정토 극락 간다는 말은 곧 사람은 결국 종교를 최종적인 의지처로 삼고 이것에 의지하는 나약한 존재임을 보여준다.

10여 년 전 번갈아 가며 나가는 종교 현장에서 얼굴이 어두운 한 아가씨를 만났다. 가는 곳마다 그녀가 있었다. 하루는 인사를 나누다 그녀의 사연을 듣게 되었다. 이야기인즉슨, 결혼식 당일 신랑이 식장으로 오다가 자동차 사고로 나 그 자리에서 즉사했다고, 신랑을 기다리던 신부가 그 자리로 달려가 새하얀 웨딩드레스가 핏빛으로 물들 정도로 그를 부둥켜안고 울고 울었다는 것이었다. 결혼식 당일에 일어난 그 일로 인해 왜 하필 자신에게 그런 일이 일어났는지 그 원인을 알고 싶었고 행여 종교에서 답을 얻을 수 있을까 해서 찾아다니는 중이라고 했다. 몇 달 후 성북동 사찰에서 다시 만난 그녀의 얼굴은 밝고 편안해 보였다. 이렇게 종교는 긍정적인 면도 많다. 종교의 장점이라 할 수 '위안을 주는 것'은 종교가 주는 최고의 보상이기도 하다.

이렇게 한없이 줄 수 있는 반면 마치 그 대가인 양 종교가 앗아가는 것들이 있다. 종교가 지닌 두 얼굴이다. 약을 잘 쓰면 효과를 보지만 잘못 쓰면 독이 된다. 소가 물을 먹으면 우유가 나오는데 뱀이 먹으면 독이 되는 이치와도 같다. 이런 점에서 종교는 필요악이다. 아마도 종교가 인간에게 가장 해악을 주는 형태는 신의 이름으로 못할 것이 없는 '오로지'일 것이다. 십계명이든 오계이든 계명·계율로 무장한 신의 이름은 인간을 가장 잔인하게 만들 수도 있다. 이것은 이성을 잃은 차원인데 일부 근본주의자에게 가장 극력하게 나타난다.

종교의 단점 중 하나는 환상을 갖게 하는 것이다. 가장 강렬하게 종교를 비판했던 사람을 꼽자면 단연 프로이트이다. 그는 기본적으로 사람이 종교에 의지하는 것은 '신경증적인 강박 노이로제 증상'이라고 주장했다. 사람이 행복을 위해선 종교를 탈피해야 한다고까지 말했다. 그 자신 유대인이었으면서도 무신론자였기에 이런 주장을 할 수 있었던 것이다. "종교적 개념이란 우리 사고의 최종 결과나 경험의 오랜 축척에서 나온 산물이 아니라 가장 오래되고 가장 강력하고 가장 간절한 인류의 소원이 실현된, 겉으로 드러난 환영이다." 프로이트에게 종교란 사람에게 부질없는 희망을 갖게 하는 환상 같은 것이었다.

이제 종교가 주는 것과 앗아가는 살펴보자. 종교 자체가 잘못되었기보다 그것을 추앙하는 '믿는 자'들의 잘못에 기인하는 것이 분명 있다. 칼의 문제가 아니라 칼을 쓰는 사람의 문제이다.

사랑에 빠지는 것과
종교에 빠지는 것의 차이

　종교에 빠진 사람과 사랑에 빠진 사람을 비교하면 흥미로운 현상이 발견된다. 요즘 들어 종교의 벽을 넘고 국경을 넘은 사랑에 완전히 빠진 남녀의 이야기를 많이 들어서인지 종교와 사랑을 비교해보고 싶었다. 이 둘의 차이를 말하기 전 공통점을 말하면 이 '빠짐'이 잘못되면 결국 둘 다 상처를 주기도 하고 받기도 한다는 것이다. 사랑에 상처받는 만큼 종교에서도 상처는 받는다. 대부분의 상처는 특정한 상대나 대상에게서 온다. 이성이라면 여자친구나 남자친구 또는 애인, 부부관계에서는 남편과 아내이겠고, 신자라면 성직자가 된다. 신이 자기를 저버렸다고 하는 사람도 보았지만 성직자가 주는 상처가 꽤 많았다. 사랑에 빠지고 종교에 빠진 사람들의 또 다른 공통점은 서로에게 빠져 있는 동안 자신도 모르는 엄청난 정신력을 발휘하기도 한다는 것이다.
　그렇다면 둘 사이에는 무슨 차이가 있을까? 첫째, 사랑에는 유효기간이 있지만 종교에는 유효기간이 따로 없다. 남녀 간의 사랑의 감정은 오래가지 않는다. 너와 나 그리고 주객관의 경계가 무너지는 것은 오직 사랑에 빠져 있을 때이다. 남녀가 느끼는 사랑의 감정, 뜨거운 열정은 1년 후 급속히 감소하며 길어야 3년을 넘지 않는다고 한다. 서로의 열정이 18~30개월 사이에 모두 사라지고 마는 것이다. 이것은 KBS 〈생로

병사의 비밀〉에서 다룬 적이 있다. 누구나 사람의 감정이란 것이 너무 쉽게 변하고 오래가지 않는다는 것을 실감하며 살고 있을 것이다.

그러나 종교에 빠지면 나와 나 그리고 주객이 확실해지며 선을 긋기 시작한다. 사랑에 빠진 경우 시간이 모든 것을 말해주지만 종교라는 아편에 빠진 사람은 시간이 지날수록 더욱 막강해지고 중독성이 강해진다. 사랑에 빠진 남녀관계에선 영원히 당신만을 사랑하리라가 새빨간 거짓말이 되지만 종교에 빠지면 이것은 영원히 가는 경우가 많다. 종교에 빠지면 그것은 갈수록 생명력이 커지고 눈덩이처럼 거대해진다. 깊이 빠지면 호전적이 되고 자연히 주변과 불협화음을 일으키며 신자는 투사로 바뀐다.

사랑과 종교를 단적으로 비교하는 하나의 기준은 자기 목숨도 불사할 수 있느냐는 것이다. 사랑하는 애인을 위해 목숨을 내놓지는 못하지만 신앙을 위해서는 목숨을 내놓는 순교자가 있다. 신앙을 위해 죽을 수는 있어도 애인을 위해 대신 죽을 수 있는 사람은 몇이나 될까? 그만큼 신앙이라는 것은 목숨과도 같아 사랑하는 애인보다 더 소중할 수 있다. 신앙의 힘은 이성을 사랑하는 힘보다 강하고 피보다 강하다. 신앙의 힘은 산도 옮기지만 사랑의 힘은 큰 화분 하나 옮길 정도나 될까?

2007년 여름 한동안 전국을 시끄럽게 한 사건이 있었다. 아프가니스탄에서 피랍된 선교사들 소식에 정부도 국민도 교회도 모두 긴장했다. 사건을 상기시키자면 분당 샘물교회에서 신자 20명이 아프가니스탄으로 선교 봉사를 갔다가 탈레반에게 납치되어 40일 동안 억류되었고 그 가운데 2명이 살해되었다. 그때 들은 이야기에 의하면 그들은 위험지역을 나갈 때 미리 유서를 작성해두었다고 했다. 목숨을 걸고라도 나간다는 것이었다.

인간이 갖고 있는 가장 우주적인 고차원적인 능력은 종교성을 발휘

한국 가톨릭의 순교 성인

할 때 나온다. 그러나 사랑은 이성 간에서만 움직인다. 미국 이민의 역사는 신앙의 박해에 의해 미국으로 건너온 사람들에 의해 시작되었다는 점에서 종교성의 발휘를 입증한다. 조선 500년 동안 불교를 배척당하는 수모를 준 배불론排佛論이나 유교를 숭상하고 불교를 억압하는 숭유억불정책도 이 땅에서 불교를 몰아내지 못했다. 터키의 카파도키아에는 아랍의 침입을 받은 기독교인이 신앙을 지키며 살았던 지하 동굴이 있다. 그들은 그곳에서 300년을 살았다. 사람에게서 나올 수 있는 가장 큰 힘이 신앙의 힘이라는 것을 갈수록 절실하게 실감하고 있다. 대신 사랑의 힘이 맥을 못 추는 모습은 신혼 3~4년차 부부에게서 적나라하게 드러난다.

사랑에 빠져도 조건은 있지만 신앙에는 '무조건'이 많다. 사랑에 빠졌을 때는 그녀가 예뻐서, 그 남자가 이해심이 많아서 등등의 여러 조건이 붙여 사랑한다고 고백한다. 왜 그 사람을 사랑하느냐 물으면 이러저러하다는 무언가의 이유를 댄다. 그러나 종교에 빠지면 아무런 조건이 붙지 않는다. 조건 없는 사랑이 가능한 것이 종교이기도 하다. 사랑에 빠졌다고 생업을 접어두지 않지만 종교에 빠지면 생업도 포기할 수 있다. 종교는 인간을 위해 존재하는 것인데 인간이 종교를 위해 사는 모습이 되기도 한다. 사랑에 빠졌을 때 반대에 부딪히면 가출하지만 종교에 빠지면 가출만 하는 게 아니라 처자식 모르게 전셋돈 빼서 갖다 바친다. 사랑에 빠지면 상처가 나지만 종교에 빠지면 상처를 입힌다. 사랑에 빠진다고 친구를 버리지 않지만 종교에 빠지면 우정도 갈라진다. 그러다 보니 종교에 빠진 사람을 치료하는 약효 좋은 명약은 이 세상 어디에도 없는 것 같다.

종교에 빠져 무장하면 모든 악의 요소가 주입되는지 남에게 해악을 끼치는 것을 꺼리지 않는다. 이것의 대표적인 성향을 세 가지로 요약해보면 다음과 같다. 첫째, 물불을 가리지 않는 '신의 이름으로'이다. '신의 이름으로' 못하는 게 없고 안 되는 게 없다. 이것 때문에 종교가 적을 만들고 원수를 사랑하기는커녕 원수를 양산한다. 둘째, 무언가에 의존하게 해 자기 스스로 아무것도 못한다. 완전 복종으로 개체성을 완전 상실하게 한다. 셋째, 스스로의 이성을 포기한다. 이성적인 사고가 불가능해지면 배타적이 되고 기본 예의도 없으며 절대로 반성할 줄 모른다. 넷째, 교리로 무장되면 스스로 자신을 감옥에 가두게 된다. 이런 점에서 종교는 개인의 자유를 박탈한다.

대략 이렇게 정리되는 종교는 나약한 인간으로 하여금 스스로 취하게 해 이성을 포기하게 하고 스스로를 감옥에 가두는 마약과 같은 존재로 둔갑한다. 종교가 인민의 아편이라는 마르크스의 말은 분명 일리가 있다. 약이 독이 되는 것이다. 이렇게 요약되는 것을 좀 더 상세히 보자.

첫째, 종교가 신이라는 이름으로 가장 잔혹한 일을 저지를 수 있다는 점은 이미 역사 속에서 충분히 읽어낼 수 있다. 서양 역사에서 종교는 피를 보게 한 독선의 역사이다. 종교인이 가장 싸움을 잘하고 무섭게 한다. 왜냐하면 철벽같은 막강한 파워인 '신의 이름으로'를 갖고 있기 때문이다. 절대적 신념이 심어지면 물불을 가리지 않으며 전쟁도 불사한다. 이것은 십자군전쟁으로도 알 수 있다. 신의 이름으로 사람을 죽였을 때 살인의 정당성을 보장하는 것이 종교의 교리이다.

아이러니하게도 평화를 말하는 종교가 적을 가장 많이 만든다. 종교 간에 원수지간이 된 가장 좋은 예가 이스라엘과 팔레스타인, 이슬람과 유대교이다. 이들의 갈등과 충돌은 십자군전쟁 이후 천 년이 넘은 지금도 끝나지 않은 상태로 남아 있다. 오죽하면 〈종교가 없는 세상을 상상해보라 이 얼마나 평화로운가!〉라는 다큐멘터리를 제작했겠는가? 이것은 내 것만이 진리라는 절대적 신념이 가져온 결과이다. '내 신만이 가장 위대하다', '내 종교만이 참 진리이다'라고 외치는 경우이다. 세계 역사는 이념이 조장한 전쟁뿐만 아니라 종교전쟁으로 얼룩져 있다. 실제 역사에서 전쟁이 없는 평화로운 기간은 200년밖에 안 되고 2011년을 기준으로 지난 100년간 지구상에서 종교와 관련된 크고 작은 내전이 없던 날은 단 14일이라고 한다.

신의 이름으로 못하는 게 없고 저마다 자신의 종교가 최고 진리라고 말한다면 종교학 입문서 교재에 근거해 셋으로 구분해볼 수 있다. 모든 종교 가운데 어느 하나가 진리이거나, 아니면 모든 종교가 틀렸거나, 또는 모든 종교가 진리이거나이다. 이것은 흔히 '내 종교만 유일한 진리', '내 하나님만 진짜 유일한 하나님'이고 다른 종교는 모두 이단이라 배격하는 태도로 드러난다. 이것은 절대적인 믿음 내지 신념에서 나온다. 사랑만 하고픈 예수를 무서운 심판자로 몰아가는 것도 이런 '오로지'에서 나오는 것이다.

'절대'라는 망상은 사람을 물불 가리지 않게 하고 이성을 잃게 하며, 내면의 악한 요소를 적나라하게 드러내 보여준다. 종교인이 종교적인 이유로 더욱더 악을 행하기 쉽다는 사실의 원인은 대체로 '절대'라는 점은 확인된다. 종교가 뭐 길래 저러나 싶지만 파스칼은 이렇게 말했다. "사람은 종교적인 확신을 가졌을 때 철저하고 자발적으로 악행을 저지른다."

둘째, 종교는 무언가에 의존하게 해 자기 개체성을 잃게 만든다. 누군가는 이렇게 말했다. "사람이 종교를 가짐으로써 얻는 큰 불행은 바로 자주적으로 생각하는 능력을 박탈당하는 것이다." 인간이 어딘가에 스스로 묶여 있기를 바라는 것은 나약함 때문이다. 누군가 무언가 기댈 대상을 두어야만 안심을 하는 인간은 있을지 없을지 모르는 신을 만들어놓고 그것에 의존한다. 나약한 인간의 모습을 보면 종교는 인간의 두려움에 의해 생겨났다는 말도 수긍이 된다. 두려움을 없애는 효과 만점의 명약으로 신을 발명해낸 종교는 인간의 자주성을 빼앗아간다.

의존에 의해 일어나는 대표적인 증상이 강박증이다. 이런 신자의 잠재의식 속에는 두려움이 깊이 배어 있다. 화를 당하면 '아침기도를 안 했더니 이런 일이 생기네' 하며 또다시 두려움을 심는다. 무슨 사고나 재앙이나 비극만 닥쳐도 그것을 신의 벌이라고 생각한다. 강박증은 중간 매개자인 성직자가 심어주었거나 아니면 자신의 과도한 믿음 때문에 생겨난 것이다. 식구 간병하느라, 아버지 임종을 지키느라 주일 예배에 못 갔다고 전전긍긍하면서 안절부절못하는 모습을 보면 저런 마음을 누가 심어주었나, 하나님일까, 목사일까, 교회일까, 자신일까 하고 퀴즈를 푸는 것처럼 고개가 갸우뚱해진다.

이러한 의존형을 양산하는 으뜸되는 주체는 성직자이다. 그들은 인기 상품이 될 만한 불상이나 십자가와 교리를 놓고 그것에 의존하게 만든다. 처방전을 남발하듯 부처와 예수에게 의존하게 하는 형태가 성직자에게 가장 좋은 수입원이기도 하다. 자신보다 힘 있고 우월하다고 믿는 것에 의존하려는 인간의 성향을 이용하는 것이다. 눈앞에 있는 목사나 승려를 신적인 존재로 보는 것 역시 이에 해당된다. 세뇌된 신자들은 자신은 하는 것 없이 무조건 신에게 모든 것을 다 해결해 달라고 빌기만 한다. 안 풀리는 일이 백일기도를 한다고, 통성기도를 한다고 풀리는 것은 아니다. 대상을 두고 무언가에 의지하는 것은 오래가지 않는다. 그럼 뭘 믿고 의지하느냐고 묻는다면 "너 자신만을 의지처로 삼으라"고 한 부처의 대답으로 대신하겠다.

셋째, 종교는 이성을 포기하게 한다. 건전하게 중용적으로 종교에 빠지면 출가나 입회를 하지만 그것이 과하면 이성적 사고가 불가능해진다. 그 결과 '신자'라는 꼬리표가 붙는 순간부터 이성적인 대화나 소통이 불가능해지고 기본 예의조차 잊게 된다. 이웃 종교에 예의를 갖추지 않고 존중도 하지 못하는 종교는 종교로서의 자격이 없다. '사람됨'과 '이웃 종교 존중'이 무시되는 종교는 사이비 종교이다. 오로지 종교 하나에만 빠지도록 유도하게 만들어 이성을 실종케 하는 것이 '그럴듯하나 아닌' 사이비의 정의이다.

이성을 고장 나게 만들면 아무리 공인된 종교라도 사이비라고 칭할 수밖에 없다. 예수를 미치게 좋아하는 사람 가운데 이성적인 대화나 소통이 안 되는 사람이 많다. 이성적인 분별을 이미 잃었기 때문이다.

이런 경우 둘 중 하나이다. 성직자가 교리로 세뇌시켜 이성을 잃게 했든가 아니면 자기 자신이 '절대 신념'이라는 마약을 복용했거나이다. 열린 마음마저 닫게 만든다면 아편과 무엇이 다를까? 진리라 믿는 믿음에 눈멀어 다른 것이 보이지 않는 이성 실종의 상태가 되면 스스로 환상을 깰 때까지 누구의 말도 소용이 없다. 대체로 이성을 잃으면 나타나는 몰상식·몰지각·비정상이 그들에게 상식이 되고 정상이 된다. 사람도 동물성과 식물성이 있다면 식물성이 동물성으로 바뀌는 것이다. 이것은 배타성과 광적인 믿음에서 드러난다. 이 문제는 조금 뒤에 상세히 다룰 것이다.

넷째, 도그마가 주입·세뇌되면 스스로 자신을 감옥에 가두게 된다. 도그마에 갇히는 순간 스스로 감옥을 만들게 된다는 게 더 정확한 표현일 것이다. 자발적으로 자기 발로 감옥으로 들어간 경우도 있기는 하지만 '종교'라는 감옥은 흔히 성직자가 교리를 내세워 도그마를 주입시킨 결과로도 일어난다. 이럴 때 건강했던 정신과 마음이 병들어 간다. 감옥 안에서 자기 억압과 자기 비하만 일삼으며 예수 최고 또는 부처 최고라 하며 감옥 이외의 세상 그 무엇도 의미가 없게 된다.

마치 종교가 독선을 가르치기라도 하는 것처럼 도그마라는 교리가 신자를 얽매는 도구가 되는 것이다. 도그마로 무장되면 시야가 좁아지고 독선·아집·배타라는 갑옷을 두르게 된다. 20세기 초 영성운동을 일으킨 게오르그 그루지예프는 종교인 자체를 감옥으로 본다. "당신은 감옥에서 살고 있다. 아니 당신 자신이 바로 감옥이다. 감옥에 살고 있으면서도 나는 자유인이라고 말하는 사람들이 종교인이다."

지금까지 열거한 것들은 서로 상통하는 부분도 많지만 모두 종교의 부정적인 단면이다. 종교가 인간에게 아무런 득이 되지 못하고 뱀이 마신 물이 독이 되는 것과 같은 이치이다. 잘못 빠지는 순간부터 집안에 갈등을 일으키거나 주변 사람과의 관계가 어긋나거나 길거리 노상 전도사를 자청한다. 마치 전쟁이라도 선포하는 것처럼 땅 끝까지 복음을 전하겠다고 길거리로 나간다. 예장의 강경 보수파 개신교인들이 앞에서 열거한 모든 경우에 포함된다고 보아도 무리는 아닐 것이다. 신의 이름으로 못할 게 없고 무언가에 의존해야 직성이 풀리고, 이성적이 사고가 안 되며 성경에도 없는 요상한 도그마에 갇혀 있는 전도사들을 길거리와 지하철에서 꽤 접한다.

  종교가 앗아가는 특성을 극단적으로 보여주는 예를 하나 보자. 주변에서 착하다고 칭찬받던 식당 아줌마가 어느 날부터 교회를 나가기 시작했다. 그러면서 점차 주변 사람들에게 교회와 목사 이야기만 했다. 사람들이 그 아줌마를 피하기 시작했다. 오래간만에 본 그녀는 이전과는 달리 꽤 독선적이고 흥분 잘하고 말이 많아져 있었다. 종교에 빠져 사람 버린 이런 경우는 모두 도그마의 주입에 세뇌당해 급작스럽게 일어난다. 이렇게 도그마는 건강한 마음을 죽이기도 한다. 감옥을 만들어 그 안에 들어가 살면서 그 감옥이 최고의 낙원이라고 말한다. 스스로 그 안에서 도취되어 있을 수 있지만 제3자가 볼 때 그 아줌마는 자유를 잃었다. 우상을 타파한다면서 오히려 더 큰 우상을 섬기는 것이다. 처음 잘못 잡은 예수를 절대로 놓아주지 않으며 매일 예수를 십자가에 못 박는다.

  어떤 종교든 인간답게 그리고 더불어 잘 살자는 것이 목적이 아닌가? 진정으로 종교로 인해, 신앙 때문에 무엇을 빼앗겼는지 점검해보라 권하고 싶다. 행여 자신이 신의 이름으로 뭐든 할 수 있다고 생각하는지, '신'이라는 우상에 의존하고 있는지, 이성을 잃지 않았는지, 도그마에 갇혀 있지 않은지, 자신의 신앙을 점검하는 차원에서 반드시 되돌아볼 필요가 있을 것 같다.

그런 예수는 없다

이제 지구촌은 한 마을이나 마찬가지가 되었고 문화 교류가 다양하게 이루어지고 있는 만큼 우리 사회는 이전보다 더욱 확장된 다종교사회로 나아가고 있는 중이다. 한국은 전형적인 다종교사회에 해당된다. 우리나라는 오래전부터 이미 다종교사회였다고 볼 수 있다.

아마 우리 민족의 시작부터 함께했을 민간신앙을 비롯해 삼국시대에 불교·유교·도교가 중국으로부터 유입되었다. 불교·유교·도교는 4세기경부터 왕실의 적극 수용과 민간 전파에 힘입어 각기 자리매김했고 1,600년의 세월을 거치며 완전히 우리 안에 뿌리를 내렸다. 이후 서양으로부터 가톨릭과 개신교가 왔고, 다시 뉴에이지를 거치며 다양한 외래 종교가 수입되었다.

이런 점에서 한국은 종교전시장이자 종교백화점이라 해도 과언이 아니다. 우리나라에 다양한 종교가 공존하고 있는 것은 국가에서 지정한 국교가 따로 없기 때문이기도 하지만 우리나라 사람은 무척 종교적인 성향이 풍부한 사람들이라 가히 '종교대국'이라고도 할 수 있다.

특정한 종교가 한 사회에서 주도적인 역할을 갖는다면 다른 종교와의 불균형을 이루어 갈등이 생기게 된다. 세계적으로도 '종교의 홍수' 속에 산다고도 하는데 사회가 각 분야에서 다원화된 만큼 다종교

교회와 절이 한 건물에 나란히 있는 풍경

속에서 다원주의적인 성향이 짙어지고 있다. 한 종교가 사회를 주도하면서 자신의 종교가 최고 진리라 말하며 다른 종교의 가치체계를 인정하지 않는다면 다종교사회는 마찰이 끊이지 않을 것이다. 왜냐하면 종교는 개개인 각자에게 절대적인 신념이기에 목숨처럼 소중할 수도 있으며 나에게는 내 종교가 최고인 만큼 다른 사람은 다른 사람대로 자신이 믿는 종교가 최고라 믿기 때문이다.

우리나라는 헌법으로 종교의 자유를 보장하는데, 헌법 제20조 1항에는 "모든 국민은 종교의 자유를 가진다. 국교는 인정되지 아니하며 종교와 정치는 분리된다"고 명시되어 있다. 헌법상 보장되는 종교의 자유 내용 가운데에는 무종교인 또는 다른 종교를 신봉하는 사람을 대상으로 포교하거나 개종 활동을 할 수 있는 자유도 포함되어 있다. 정해진 국교가 따로 없고 종교 활동을 자유롭게 할 수 있는 보장 덕분에 우리나라는 종교가 많아도 종교로 인해 내전과 같은 전쟁이 일어

공직자 종교 차별 예방교육

난 적이 없는 평화로운 나라에 속한다.

우리는 이제 어쩔 수 없는 이웃으로 살아야 한다. 그렇다고 모두가 다른 사람의 종교 자유를 인정하고 존중하는 것은 아니다. 일부 예장 강경 보수주의 교파는 이 나라를 기독교 천국으로 만든다고 평화를 깨뜨리고 있다. 이러한 움직임은 몇 년 전부터 예장 소속의 국가 지도층 공무원의 발언에서도 나타났다. 2008년 국가공무원 복무규정에 '종교편향금지' 조항을 만들어 이후 공직자 종교차별 예방교육도 하고 있으나 그 실효성에 의문을 갖고 있다.

공무원들만이 아니다. 개신교의 종교차별과 독선의 추태는 갈수록 그 도를 넘고 있다. 목사도 성경 말씀대로 살지 못한다. 대부분의 강경 보수파는 원수를 사랑하기는커녕 철저하게 짓밟는다. 이웃을 사랑하기는커녕 이웃을 경쟁상대로 본다. 하나님을 사랑하기는커녕 돈과 권력을 무지하게 사랑한다. 총 들고 싸우는 종교전쟁보다 더욱 험악한 것은 교파 간의 싸움인데 교권 강화를 위해 투쟁할 때 가장 추악해진다.

종교전쟁은 반드시 국가와 국가 간에 벌어지는 것만은 아니다. 한 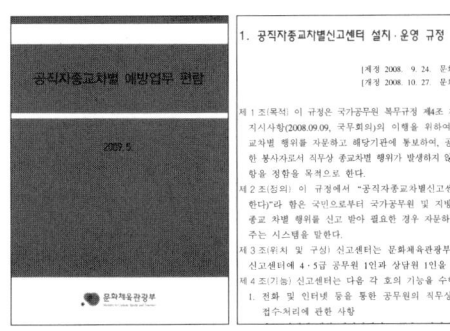 교회 내부에서의 파벌싸움, 그리고 한 지붕 밑에서 가족 중 누군가 다른 종교에 기울 때 일어나는 집안싸움이 있다. 종교 다원주의로 가는 지금 한 집안에 두 종교는 흔한 일이다. 그런데 종교가 다르다 보면 가족이 서로 불편해 하다가 결국 지붕 아래서 종교전쟁이 일어난다. 교회에 나가던 부인이 남편을 인도하려 10년간 애쓰다가 결국 자신만의 신앙생활을 위해 갈라서기도 한다. 또 서로 다른 종교 때문에 부모와 자식 간에 완전히 원수가 된 집도 있다. 서로 얼마나 자신의 신앙이 옳다고 싸웠는지 호적까지 정리했다. 대체로 강경 보수파 개신교인이 포함되면 이런 일이 다반사로 일어날 잠재성을 갖고 있다.

그 어느 종교에서 볼 수 없는 가장 강력한 배타성을 드러내는 교파가 바로 복음화라는 기치를 내세운 예장 강경 보수파 교회이다. 그들은 교리·선교·전도에서 가장 공격적인 그룹이며 가장 배타적이며 교권 강화에 모든 에너지를 쏟는다. 이러한 전투적인 선교방법으로 인한 병폐가 크다. 이 나라를 기독교왕국, 예수천국으로 만들겠다고 특공대를 만들어 투사처럼 앞장서 우리 사는 천국을 지옥으로 만들고 있는 건 아닌가 할 정도로 행하는 추태를 부리기도 한다. 이제 조심스럽게 이것을 사회문제로 다룰 때도 되었다고 판단되는 것은 그들의 과도한 소음으로 인한 정신적 피해가 나날이 커가기 때문이다. 한 집

안에 누군가 믿기 시작하면 분란이 나고 복음 전한다며 주변 사람을 교회로 끌고 가는데 혈안이 되어 사람을 귀찮게 한다. 그들과 소통하거나 그들의 신앙을 존중해야 할 수준은 이미 넘어섰다. 헌법 제20조 1항에 의거해 법적으로는 저지할 방도가 없다고 하니 그들을 하나님께 고발하는 수밖에.

단군상 절단·훼손사건은 1999년부터 시작해 지금까지 총 60여 건이 발생했다. 중학교에 건립된 3기의 단군상의 머리가 전기톱으로 절단되고 코가 잘려나가고 동상 전체에 빨간 페인트로 십자가가 칠해져 있고 망치와 곡괭이로 아예 부수기도 한다. 직접 눈으로 보지 못했으나 '단군상 파괴 특공대'라는 조직이 따로 있다고 한다. 단군상 훼손사건의 범인들에게 실형이 선고되고 나서 잠잠한 편이다.

그러나 이제는 사찰을 겨냥한 사건이 빈번하다. 사찰 방화사건이 끊이지 않고 일어나고 불상의 목을 치고 바닥에 빨간 십자가를 그려놓기도 한다. 이것에 더해 2010년에 있었던 봉은사 '땅 밟기'는 개신교의 배타성을 여지없이 드러낸 전형적인 실례이다. 그런데 2011년 초에 또다시 '땅 밟기'와 유사한 소동이 조계사에서도 벌어졌다. 조계사에 난입한 목사와 장로가 대웅전 앞에서 확성기를 들고 추태를 부렸다. 전도가 폭력에 가깝다.

몇 가지 사례를 더 들어보자. 승복 입는 승려가 밖으로 다니면서 가장 힘들어 하는 것이 바로 개신교 전도사들이다. 동국대 대학원에 다닐 때의 일이다. 스님과 함께 길을 가는데 어떤 전도사가 그의 귀에 확성기를 들이대고 "사탄아, 꺼져라" 하고 큰소리로 고함을 쳤는데 그만 스님의 고막이 터지고 말았다.

서울역 앞에서 있었던 일이다. 어깨에 "주 예수를 믿으시오. 예수천국 불신지옥"라고 쓴 노란 띠를 두른 두 남자가 확성기를 대고 설교를 하고 있었다. 동창 스님과 내가 그 앞을 지나가는데 한 남자가 확성기를 승려의 귀에 들이대고 "사탄아 물러가라. 여기는 천국의 땅이다. 사탄이 설 곳은 없다"라고 고함을 치는 것이었다. 길 가던 사람들이 모두 쳐다보는데 스님은 슬그머니 웃기만 했다. 몇 걸음 걸어 그 지옥을 떠나자 스님이 나직이 말했다. "속으로 혼자 그랬지. '천국을 지나가게 해줘서 고맙습니다. 천사님, 하나님께 안부 전해주십시오'라고 말이야."

또 다른 스님은 길 가는데 뒤에서 "마귀야, 물러가라. 지옥에 있지 말고 예수 있는 천국으로 오라" 하기에 이렇게 응답했다고 한다. "너

같은 사람 땜에 예수 안 믿어." 그런데도 계속 붙들고 늘어지기에 "너 자꾸 이러면 네가 지옥 간다"고 했단다. 내가 보기에 그런 전도사가 오히려 마귀 같다. 자기가 마귀가 되어 마귀 물러가라고 소리친다. 승려들이 참기에 그나마 다행이지 아니면 벌써 이 나라에 종교내전이 일어났을 수도 있다. 한 달에 100명 전도하는 사람에게 아파트가 한 채 주어진다는 말도 있었고 전도특공대가 승려 한 사람 데려오면 그는 영웅이 된다는 말도 들었다.

이런 경우도 있다. 동생은 스님, 누나는 '하나님의 딸'로 불리는 대형 교회 집사이다. 동생이 출가하려 할 때 누나가 새벽기도, 통성기도, 철야기도를 했고 지금도 여전히 기도하며 동생이 '사탄의 소굴'에서 나오길 기다린다는 것이다. 그 스님은 이 기독교왕국에서 승복 입고 살기가 얼마나 힘 드는지를 매일 겪고 있다며 저렇게 가르치는 종교라면 개신교는 절대 사절이라고 말한다. 길거리 노상 전도사의 주요 타깃이 승려이다. 실제 피부로 느낄 만큼 개신교인의 인권 침해와 욕설, 훼방은 승려들에게 커다란 골칫거리가 되어 있다.

이것만이 아니다. 점잖게 다른 종교를 무시하는 태도 역시 만연해 있다. 몇 년 전 동창 스님에게 들은 이야기이다. 스님 몇 분이 국수집에 들어갔다. 마침 옆에 앉았던 점잖은 목사가 들으라는 듯 자기 옆 사람에게 큰 소리로 물었다. "우리가 신의 아들을 믿어야 합니까? 인간의 아들을 믿어야 합니까?" 들으라고 한 소리에 그 스님은 이렇게 말했다고 한다. "우리는 인간이니 인간의 아들을 믿어야 합니다." 그러고 나서 질문을 던졌다. "스님은 모두 석이라는 성을 가졌지요. 부처님이 석가모니였기에 그 성을 따서 그렇게 씁니다. 그런데 기독교인은 무슨 성을 가졌는지 아십니까?" 목사가 답을 못하자 스님이 하는 말이 이랬다. "기독교인은 기도할 때 늘 '오! 하나님' 하지 그냥 '하나님'이라 안 합니다. '오 하나님'이니 기독교인은 모두 오씨 성을 가졌어요."

한 개신교 선교사가 남미 오지에 고아원을 만들면서 '이것 줄 테니 믿어라' 하는 식의 태도를 보이는 모습도 보았다. 주일학교 안 나온 어린아이에게 한국에서 가져온 사탕을 나눠주며 "너 이것 줄 테니 교회 나와"라고 말하는 것이었다. 하나님은 사랑이시다가 아니라 하나님은 사탕이시다. 선교·전도라는 이름으로 나왔을 때만 이런 일이 생긴다.

종교는 기본 예의를 잊게 하는 성향이 있다. 가장 큰 예의인 조상에 대한 예의를 잊게 한다. 이것은 제사를 거부하는 일부 개신교에만 해당되는 말이다. 한국개신교가 팽창했던 하나의 원인은 제사가 지겨운 한국 어머니들이 선봉장이 되었기 때문이라고 볼 수 있다. 조상에 예를 다하는 제사를 우상숭배로 치부하거나 단군의 자리에 여호와를 앉힌다. 2010년 한 통계에 의하면 "제사는 우상숭배이니 절대로 안 된다"고 하는 목사가 50퍼센트를 넘었다.

기본 예의가 없다는 것은 같은 교인이 아닐 때 더욱 두드러지게 나타난다. 20여 년 전 송광사에 왔던 이화여대 신학과 교수팀은 절 안에 묵으면서도 예불에 참석하지 않고 한 방에 모여 찬송가를 부르고 있었다. 아는 교인 한 분은 자영업을 한다. 그는 언젠가 나에게 "우리 교회 교인 아니면 절대로 일 같이 안 합니다" 하며 교회 다니지 않는 사람과는 말도 안 하겠다는 듯한 태도를 보였다. 이런 유형의 사람일수록 유난히 같은 교파의 교인에게만 더 친절하고 예의를 지키기도 한다. 교인 아니면 얼굴도 보기 싫고 믿지도 못하고 모두 불손한 사람 보듯 한다. 한 식구처럼 같은 종교에 소속되어 있으니 피붙이보다 더욱 가깝게 느껴질 수는 있으나 교회 밖 사람들에게 예의를 지키지 않아도 된다는 논리는 곧 바깥세상 사람들이 구원받지 못했다는 선입견 때문일까? 마하트마 간디는 이렇게 말했다. "나는 예수를 좋아한다. 하지만 기독교인은 싫어한다. 왜냐하면 그들이 예수와 전혀 닮지 않았기 때문이다. 나는 크리스천이면서 힌두교도요, 또한 회교도요 유대교인이다."

학교 근처 한 식당에 들어서면 커다란 성경 문구가 바로 눈에 들어온다. 복 받는 것의 대표적인 문구이다. "복되고 형통하리로다. 내가 반드시 너를 복되고 복 주며 너를 번성케 하고 번성케 하리라." 하루는 한가해 보이기에 그 식당 주인아줌마에게 "교회 다니나봐요" 하고 말을 걸었다. 그녀는 "난 솔직히 성경은 잘 몰라요. 무슨 역사책 같기도 하지만 예수 믿는 데 지장 없으니 그냥 예수 영접했어요. 하나님보다는 우리 단군할아버지가 친숙하지만 단군은 복 주지 않아도 하나님은 복을 준대요. 식당 안 하고 시간 나면 길거리로 나가 전도하고 싶어요"라고 말했다.

몇 년 전 지하철 4호선의 구세군 냄비에서 본 일이다. 대여섯 살 되어 보이는 꼬마가 오백원짜리 동전과 천원짜리 한 장을 호주머니에서 꺼내 냄비에 넣으려 했다. 그때 엄마가 달려와 하는 말이 "저건 우리 교회 아니야"였다. 엄마는 아이의 돈을 날쌔게 잡아챘고 꼬마는 그 돈을 엄마에게 압수당했다. 이 정도로 같은 교회인데도 다른 교파를 인정 못한다. 그러니까 구세군에서 믿는 예수와 자기 교회가 믿는 예수

는 다른 예수인 것이다. 각기 믿는 예수에 등급이 따로 있는 것이다. 그리고 자기 예수가 다른 예수보다 낫다고 보는 것이다.

나는 전철역 근처 등에서 교회에 초대한다고 전단을 뿌리는 사람을 보면 서서 고생하는 사람을 생각해 받아서 간혹 호기심에 읽어보곤 했었다. 한 번은 전단을 아예 내 주머니에 쑤셔 넣기에 "나 절에 다녀요"라고 말했다가 끈질긴 말 소음에 시달렸다. 나를 구원할 때까지 절대로 놓아주지 않겠다는 그 전도사에게 반나절 시간을 뺏기고 만 이후부터 난 아무 소리 하지 않고 조용히 지나다닌다.

미국에 이민 와 적응하고 정착하려면 반드시 한인교회에 나가야 한다는 말이 있다. 2005년 말 한인 축제에 갔다. 같은 자리에 앉은 아줌마들로부터 당연한 질문이 들어왔다. 어느 교회 나가느냐고 하기에 교회에 안 다닌다고 대답했다. 그런데 이것이 화근이 되었다. 교회를 나가지 않는 것이 무슨 큰 죄나 되는지 갑자기 나를 죄인 취급을 하는 것이다. 난 즉석에서 구원 받아야 할 불쌍한 영혼이 되었다. 내 주위로 몇 사람이 달라붙어 모임이 끝나는 시간까지 나를 놔주지 않았다. 그런데 문제는 그 자리에 있던 몇몇 사람이 각기 다른 교회에 나가고 있다는 것이었다. 우리 교회로 오세요, 우리 교회 목사님이 좋아요 하며 우리는 장로교, 우리는 침례교, 우리는 순복음 하면서 유치 경쟁까지 붙었다. 다 같은 개신교인인데 자기 교회가 아니면 안 되는가 보다.

얼마 전 한인 교포에게 들은 이야기다. 한 미국 대학에 한국학센터가 개설되었다. 그런데 예산을 집행하는 한국인 학과장이 한인 예장 교회 장로라 불교 서적의 구매를 꺼린다는 것이다. 외국인이 한국문화를 배우는 데 불교문화는 첫 걸음이나 마찬가지인데 말이다. 가톨릭은 제2차 바티칸 공의회에서 독선을 버렸다. 가톨릭은 제2차 바티칸 공의회에서 '교회 밖에 구원 없다'에서 '교회 밖에도 구원 있다'로 노선을 변경했고 이웃 종교에 문을 열었다. 그런데 가톨릭이 1960년대 버린 이것을 개신교는 왜 아직도 붙들고 있는지, 왜 개신교에는 이런 공의회가 열리지 않는지 이것도 궁금하다.

불교계에서 현 정부에 대한 반감이 많다. 정기적으로 가는 성당, 교회, 사찰, 수녀원, 수도원이 있는데 한동안 가는 사찰마다 정부를 규탄하는 문구를 만나니 마음이 편치 않다. 불교는 이런 문제에서 수동적인 태도를 보이는 편인데 이번 정부가 하는 종교차별·종교편향이 심하긴 하나 보다. 다시 조계사를 갔다가 한나라당 국회의원들의 출입을 막는 플래카드는 보니 착잡하다. "민족문화 보호정책 외면하고" 이 구절은 아마도 템플스테이 예산을 삭감한 것에 대한 반발로 보이지만 그간 쌓인 것이 표출되어 나온 것이리라. 이와 동시에 불교계 신문에서도 너도나도 개신교의 행태를 고발하기 시작했다.

종교 간의 갈등을 보여주는 단편적인 이면에는 이해득실이 있을 것이다. 한나라당 국회위원 가운데 불교신자가 있을 테니 그가 큰돈 시주하고 조계사로 천도재라도 지내러 온다면 받아줄까? 종교 편향은 어떤 정부에서든 늘 있어왔으나 이번 정부에서 불교인은 서러움을 겪고 있다고 한다. 스님들을 만나 이야기를 들어보면 현 정부 출범 이후 불교가 차별받고 있다며 대체로 이 정권이 끝나는 날만 고대하고 있다고도 한다.

사찰 앞에 걸린 문구를 보면 생각나는 법률 조항이 있다. "모든 국민은 종교의 자유를 가진다. 국교는 인정되지 아니하며 종교는 정치와 분리된다" 헌법 제20조. "공무원은 직무를 수행함에 있어 종교에 대한 차별 없이 공정하게 업무를 처리하여야 한다" 헌법 제7조 국가공무원 복무규정 4조 2항. 그런데 현재의 상황은 종교와 정치가 분리되지 않은 듯하고 더

나아가 대통령도 공무원이라면 공정하지 못한 정책을 펴고 있는 것은 분명하다.

유난히 자기 것만 아는 사람은 다른 종교를 비방하거나 폄하하고 배타적이 된다. 자신의 종교만 진리를 말하고 있으며 절대적이자 가장 최고의 유일한 진리라고 하는 사람들을 보면 난 비교부터 하라며 이렇게 응수한다. "한국에만 살던 사람이 외국에도 나가보지 않고 어떻게 한국이 최고라 말할 수 있는 건가요." 어떻게 남의 것을 비교도 해보지도 않고 자기 종교만 최고의 유일한 진리, 내 것만이 절대적인 참 진리라고 말할 수 있는지 난 정말 '그것이 알고 싶다.'

사람마다 각자가 체험한 것에 한해서는 체험자에게 진리라 할 수 있기에 진리로 안내해준 종교에 자기 소속을 둘 수 있다. 그러나 문제는 오로지 내 것만 진리라고 하는 데 있다. 내 것만 알고 남의 것은 잘 모르는 상태에서 '오로지 내 것만이 최고의 진리'라고 믿는 것은 무슨 근거인지 알 수 없다. 종교가 상대적인 만큼 그 누구도 "내가 믿는 것이 네가 믿는 것보다 낫다"고 말할 수 없다. 산의 정상에 오르는 길은

몇 갈래가 있다. 남쪽에서 올라가는 사람도 있을 것이고 북쪽에서 다른 길을 이용하는 사람도 있을 것이다. 오로지 한 길만 정도이니 다른 길로 가지 말라고 하는 것은 내 길로 가야만 정상에 오를 수 있다고 하는 것과 같다.

    평화롭게 살던 아메리카 인디언에게 나타난 백인 선교사가 자신의 신을 믿으라는 말에 인디언 추장은 이런 말을 했다고 한다. "우리도 당신이 섬기는 신과 똑같은 신을 섬기지만 섬기는 방식이 다를 뿐이다."

예수천국 불신지옥

예장 강경 보수파 개신교인 가운데도 일부 광신적인 교인은 길거리로 나선다. '예수천국 불신지옥'이라는 어깨띠를 두르고 막강한 독불장군 같은 얼굴을 하고 있지만 가장 미성숙하고 유아적인 행태를 보여주는 사람들이다. 어떤 원리로, 무엇을 근거로 이런 행태가 나오게 되었나를 알고 싶어 노상 전도사를 보면 말 걸어 보는 게 습관이 되었다가 이젠 포기했다. 아무래도 소통하기 어려운 사람들이라는 판단이 섰기 때문이다. 소통이 안 되니 말 꺼내기도 무섭다. 나는 그들을 '나 홀로 지옥 전도사'라 부른다.

5년 전쯤 명동성당 앞에서 '예수천국 불신지옥' 띠 두른 남자 둘이 걸어가고 나는 그 뒤를 따르고 있었다. 그러다가 그들이 곁을 지나가자 한 승려가 길을 물었다. 그리

폭력에 가까운 명동 거리의 전도사

고 나오는 말이 있었다. 나는 셔터를 눌러 댔다. "그런데 어쩌다가 이렇게…… 쯧쯧, 예수 믿으세요. 이러면 안 됩니다. 마귀 스님, 사탄으로 살지 말고 예수 믿고 천국 가세요." 승려가 재빨리 걸음을 옮기자 그 남자가 뒤따라가며 말 좀 더하자며 승려의 등을 계속 두드리는 것이었다. 이것은 폭력에 가까웠고 내 눈에는 그들이야말로 마귀이자 사탄으로 보였다. 예수가 과연 이런 광경을 보고 기뻐할까? 기독교는 악에
대항하는 종교인데 오히려 악인을 양산해내는 것이 아닐까? 종교가 오히려 악을 만들어내고 있구나. 이것이 그날 나의 화두였다. 오죽하면 법정 스님이 이런 말을 다했을까 싶다. "믿지 않는다 하여 자신의 자식이라는 인간들을 지옥 불에 던져버리는 당신네들의 신을 난 당최 이해할 수가 없다. 차라리 난 지옥에 가서 신에게 버림받은 그 억울한 영혼들을 구제하겠다."

3년 전쯤 한 초등학교에 종교 특강을 나갔다. 아이들이 "선생님은 무슨 종교 믿으세요"라고 묻기에 나는 늘 하는 똑같은 대답을 주었다. "아직 선택하지 못했다. 여전히 쇼핑 중"이라고 말하자 한 아이가 하는 말이 "선생님, 예수 안 믿으면 지옥 가요"였다. 난 누가 그런 말을 이 아이에게 주입시켰는지 물었다. 받은 대답은 주일학교에서 그렇게 배웠다는 것이다. "그럼 예수를 누구라도 생각하니" 하고 물으니 복 주는 사람이라고 대답한다. 이것이 초등학생을 위한 교회 성경 교육의 현 주소이다.

이루 다 말할 수 없을 정도로 많은 이야기 가운데 수녀님 이야기를

수녀사제이신 카타리나 수녀님

하나 하겠다. 카타리나 수녀님은 성공회 수녀님이자 사제 서품을 받은 사제이시다. 수녀님이 3년 전 지하철에서 겪은 일은 노상 전도사를 교육도 안 시키나 할 정도로 황당하다. 지하철을 탄 수녀님이 지하철 전도사와 마주쳤다. 그런데 이 전도사가 수녀님을 붙들고 예수 믿으라며 호통을 치더라는 것이었다. 전투적인 그들을 보면 예수한테 가서도 "너도 예수 믿고 구원받아" 할 것만 같다.

오래전 이야기이다. 성신여대 앞에 '나 홀로 지옥 전도사'가 한 명 서 있었다. 난 그가 어떤 경로로 나왔나 배경이 듣고 싶어 가까이 가니 바로 예수 믿으라며 전단을 주었다. 나는 "나는 믿는 게 싫어요. 난 예수를 닮고 싶어요" 하고 대답했다. 그랬더니 그는 "뭐라고? 당신이 신이 되겠다는 말이야" 하며 눈을 부릅떴다. "이렇게 전도하는 건 예수님이 가르친 거 아닌데 이것 말고 예수님이 하라는 것 하나라도 한 것 있나요" 했더니, "예수 영접하는 게 예수님을 가장 흡족하게 해주는 것"이라 잘라 말하더니 "예수 믿고 부자 되세요" 한다. "난 마음 부자라서 안 믿어도 돼요" 했더니 자기 아는 사람은 예수 믿고 로또 3등에 당첨되었다고 이야기를 했다.

어느 날 충무로에서 띠 두른 여자가 서서 지켜보던 나를 붙들고 천국 이야기를 장황하게 늘어놓기에 "아니요. 난 극락으로 갈 거예요" 했더니 "천국이 극락보다 더 좋아요"라고 한다. 난 이렇게 응수했다.

"천국과 극락은 파리 날리고 있을 것이고 지옥엔 고층 아파트가 설 만큼 좁아지고 있을 테니 다 싫어요. 난 지금 여기서 천국, 극락에 살고 있으니 안 가도 돼요." 예수 믿고 천국 가자는 말에 반응하는 나의 요즘 단골 대답은 "지금 천국에 사는데 뭘 또 가요"이다. 점차 내 대답 메뉴도 세련되어가는 중이다.

길에서 '나 홀로 지옥 전도사'들을 보면 한없는 연민까지 느낀다. 그들은 사랑덩어리의 예수를, 사랑이신 하나님을 무서운 심판자로만 몰고 간다. 신이 있고 또 전지전능하다면 분명 그들을 먼저 심판대에 올리지 않을까 할 정도이다. 이처럼 비정상적인 일이 다반사로 일어나고 상식이 통하지 않는 곳이 길거리 전도사의 점령 구역이다. 진정 예수가 무엇을 가르쳤는지 명확히 안다면 그들 자신이 예수의 가르침과 반대되는 것을 하고 있다는 것을 알 텐데 안타까운 일이다. 아집과 독선, 배타로 물들여진 길거리의 길 잃은 양들을 왜 교회·목사·장로들은 수수방관만 하고 있을 것일까? 이런 행태가 오히려 혐오감을 심어주어 역효과를 내고 있는데 말이다.

보수파 교회가 내세우는 예수천국 불신지옥의 근거는 무엇일까? 오래전 인사동에서 길을 가다 노상 전도사에게 이 문제를 물었다. 나오는 대답은 대속이었다. 우리 대신 예수가 대신 죽었으니 죄 사함을 받았기에 예수 믿어야 천국에 간다는 것이다. 나는 내가 죄인이라 인정한다고 해도 결국 죽을 텐데 왜 다른 사람이 나 대신 죽어주어야 하느냐며 따졌다. 그리고 그 자리에서 성경 어디에 "너희가 나를 믿으면 천국으로 보내지고 안 믿으면 지옥에 떨어진다고 명확히 한 구절이 있는가" 하며 갖고 있던 성경을 열었다. 이렇게 성경을 들이대면 말을 얼버무리다가 슬며시 꼬리를 내린다.

성경에 근거해 정확히 말하면 복음이란 예수를 믿는 대상으로 보는 것이 아니라 예수의 가르침을 몸으로 실천하며 예수를 닮아가는 것이 아닌가? 지난 20년간 한 사람 구원받게 하면 그것에 힘이 나서 다시 길거리로 나왔다는 예수천국 불신지옥 외치는 한 노인은 이렇게 말했다. "비가 오나 눈이 오나 열심히 전도해서 교회에 데려와도 몇 번 나오다 마는 사람이 대부분이지. 교회에서 사후 관리가 안 받쳐주니 내가 노력해봤자 별 소용없어. 별로 할 일이 없으니 이거라도 하는데 땅끝까지 전도하다 죽어 천국에 가야지. 그런데 내가 정말 구원받았는지는 나도 잘 모르겠어."

이렇게 구원을 외치고 구원에 목매는 개신교인들의 이야기를 들으면 구원받았다는 확신을 갖지 못하고 있는 교인이 더 많다. 죽음 앞에서 구원이 소용없음을 적나라하게 드러나는 광경을 하나 보았다. 스스로 구원받았다고 큰소리치던 교인 하나가 암 선고 받고 불안해하더니 동네 점집에서 나왔다. 알고 보니 재산 상속 상담이라 교회에서 알면 안 된다는 것이 그 이유였다. 만약 예수가 내려다본다면 분명 눈물을 흘릴 것 같다. 잘못 믿는 점보다 그들이 불쌍해서 더욱 그리하실 것 같다.

　명동을 지나가다 보면 늘 나와 있는 길거리 전도단이 있다. '예수천국 불신지옥'이 관광객을 위해 영어로 또 일본어로도 적혀 있다. 이 전도사들 서 있는 그곳이 굉장한 소음 때문에 마치 지옥과 같다는 생각이 다 들었다. 명동을 천국으로 만들려면 이런 사람들이 없어야 한다. 그런데 한 가지 신기한 것은 대부분이 그렇듯 예수 믿고 이미 구원받았다는 그들의 얼굴이다. 지옥 갈까 두려운 표정 아닌가.

　그간 겪은 바로는 나를 인도해 구원하겠다는 사람치고 현재 행복하게 살거나 행복해 보이는 사람이 없었다. 교회 다니는 동네 분이 나에게 구원받으라기에 나온 대답이 이거였다. "난 이미 구원 문제를 해결

했는데요." "예수가 아니면 아무도 구원 못해요" 하기에 "구원받으니 차라리 구원투수가 될래요"라고 응수했다. 그러다 보니 나는 이 구원이라는 것을 두고 하루이틀 고민한 것이 아니었다. 예수 영접, 구원 이야기를 열심히 토해내는 사람의 얼굴을 보면 구원받았다면서 얼굴이 왜 저다지도 평온하지 못할까, 왜 기쁨도 충만도 없는 것일까 하는 고민도 생겼다. 그러나 내가 내린 결론은 그들 누구도 구원에 대한 확고한 확신이 없다는 것이었다.

한 치의 기쁨도 충만도 없는 그들의 얼굴을 보면 오히려 불쌍하다는 생각까지 든다. 그리고 이런 사람들에게 갇혀 있는 예수부터 구원하는 게 급선무가 아닌가 하는 생각도 든다. 지금 이 순간 누군가 나에게 구원이 뭐냐고 묻는다면 이렇게 대답하려 한다. "구원을 떠나는 것이 구원이다." 적어도 구원이 믿어서 받는 것이라면 나는 사절한다. 여기에 한 가지 추가한다면 너를 구원하는 것은 진정 너 자신이니 너를 먼저 알라고 말하겠다.

외국에서 보기 드문 그리고 보편타당성이 전혀 없는 예수천국 불신지옥 문제를 놓고 씨름하다 6년 전 이대 연경반의 김홍호 목사님에게 어디에서부터 누구로부터 또 어디로부터 무엇을 근거로 우리나라 126년 개신교 역사에 이런 예수천국 불신지옥이 나오게 되었느냐고 여쭈었다. 이런 답을 주셨다. 초기 미국 선교사들이 와보니 조선인이 너무 무지몽매했다. 미신에 기운 그들을 교육시키려면 우선 믿게 만드는 게 우선이니 예수 믿고 천국 가자는 이야기가 가장 통할 것이라 가르친 것이 오늘에 이른다는 것이었다. 삭개오교회 김경재 목사님 말씀에 의하면 배타성은 셈족 종교의 특성이라고 한다. 전래 이후로 부터 130여 년이 가까운 지금 여전히 이것을 붙들고 있는 예장의 강경 보수파 개신교인을 보면 무지몽매하긴 그때나 지금이나 마찬가지이다.

예수천국 불신지옥은 아이큐 10도 안 되는 사람들에게나 먹힐 이야기이니 말이다.
　비가 오나 눈이 오나 서초구청 앞에 토요일마다 나오는 전도사는 전투 중인 전사 같았다. 그 남자가 예수 믿으라고 소리치자 내 옆을 지나던 한 여자가 얼굴을 찡그리며 하는 말이 있었다. "난 저런 사람 볼 때마다 교회 가고픈 마음 싹 달아나버려." 그렇다. 이제 교회도 전도단도 알아야 한다. 눈엣가시 같은 이런 행태가 이것이 오히려 역효과를 내고 있다는 엄연한 사실을. 2010년 문광부 종무실 종교 현황 통계에 의하면 개신교인의 숫자는 현저히 줄고 있다. 이런 배타와 독선이 오히려 사람들로 하여금 멀어지게 한다는 사실을 왜 모를까?
　선교·전도의 최고 방법이자 기술은 감동을 주는 것이다. 흔히 교회 나오라는 권유·강요를 받으면 나는 이렇게 말한다. "나부터 감동시켜 보세요. 내 발로 걸어들어 갈 테니." 자발적으로 자기 발로 입교하게 하는 것이 가장 효과적이다. 종교계에서 감동을 느낀 지 오래이나 사람 억지로 끌어다 앉히는 종교가 가장 저급하다고 생각한다. 이렇게 전도해서 사람 하나 교회로 인도했다 치자. 그리고 교인 하나 만들었다 치자. 하지만 이렇게 온 교인은 분명 얼마 못 간다. 교회에 데려다 앉혀 놓아봤자 감동이 없거나 성향에 맞지 않으면 언젠가 떠난다. 통계를 낼 수 없으나 그런 전도로 교회에 왔다가 아직 남아 있는 사람이 있을지 의심스럽다.

원래 성향이 조용히 참선하고 묵상에 어울리는 사람은 시끄러운 예배에 가고 싶은 마음이 일어날 리 없다. 또한 자기가 독불장군인 사람은 교회 가서 다른 독불장군 만나면 "저 놈 꼴 보기 싫어" 하고 발 끊을 것이 분명하다. 교회, 목사, 전도사, 선교사가 아무리 사람 입교시켜봤자 소용없다는 말이다. 가장 확실한 전도방법은 사람들에게 감동을 주는 것이다. 몸으로 보여 그 사람에게 다른 데서 맛보지 못한 예수의 따스한 사랑을 나눈다면 그것처럼 좋은 전도방법도 없다. "내가 너희를 사랑한 것처럼 너희도 서로 사랑하라"는 예수의 가르침을 행하는 것보다 더 나은 전도가 또 어디 있을까? 감동 그 자체로 사람을 끌어들일 수 있는 최고의 선교가 될 수도 있는데 말이다. 크리스천을 보았는데 그가 무척 평온해 보여 저 사람처럼 되고 싶다는 마음을 불러일으키는 것이 가장 효과 좋은 전도이자 선교이다.

이런 배타적인 전도가 만연하면 할수록, 극보수 교회, 보수적인 목사, 배타적인 교인들이 이런 행태의 전도를 지속한다면, 개신교인의 숫자는 지속적으로 줄 것이며 교회는 '익명의 그리스도인'들로부터 외면당할 게 불 보듯 뻔하다. 우선 예장 강경 보수파가 거듭나지 않는 이상 한국 개신교의 미래는 없다. 강경 보수파가 스스로 빗장을 내릴 그날을 위한 기도가 내 기도 목록에도 포함되어 있다. 시간이 걸린다 해도 그날은 분명 올 것이라는 조짐은 이미 보이고 있다.

개신교 공포증

교회에 소속되지 않은 사람이나 비교인은 어떻게 살까 궁금해 몇 번인가 친지들에게 물었다. 왜 교회에 안 다니냐는 질문에 나온 대답은 전도하는 사람들만 봐도 교회 수준은 대충 알겠어서 직접 화법으로 하면 "저질 같아서", 목사들 보기 거북해서 등이었다. 한 평생교육원에서 종교 특강을 해달라고 요청이 왔을 때 교회 안 다니는 비교인 30명을 선별해 설문조사를 한 적이 있다. 8명이 존경할 만한 목사가 없어서, 6명이 성경이 어렵다고 생각해서, 10명이 교회를 나가려면 헌금 때문에 스트레스 받아서, 4명이 일반적으로 종교는 무섭기 때문에 교회에 다니지 않는다고 답했다. 1명은 아예 알레르기 반응을 보였고 다른 1명은 답을 안 주었다.

이제 내가 어떻게 개신교 공포증 환자가 되었는지 사례를 들려주려 한다. 내가 종교학을 공부하고 여러 종교를 다루기에 나에게만은 꼭 복음을 전해야만 한다는 교인이 주변에 몇 명 있다. 지치지도 않는지 10여 년이 되어도 끈질기다. 구원이라는 미명하에 강요와 압박이 갈수록 심해져 견디기 힘들다. 나를 구원하겠다고 보초를 서듯 나서는 개신교인으로 인해 큰 정신적 피해를 입었다. 이제부터 그 보따리를 하나씩 풀어 개신교 공포증에 걸리게 된 사유를 전하려 한다. 짧지 않은 세월 동안 내가 당한 수모도 적지 않다. 누가 오늘날의 개신교를 이렇게 만들어놓았단 말인가 하고 한숨도 많이 내뱉었다.

오랜 세월 예장 보수파 개신교는 나에게 종교가 아닌 공포의 대상이었다. 그간 내가 본 보수 개신교는 독선과 배타가 전부였기 때문이다. 내 식구가 아니면 다 사탄으로 낙인찍는다. 내가 불교를 공부할 때 사탄·마귀·악녀로 몰렸던 적도 있고 이슬람 칼럼을 내보내니 집으로 찾아오고 불을 지르겠다는 협박 편지가 날아 왔다. 독자로서 질문이 있다며 부드럽게 나를 유인해 만나자고 해놓고 예수 영접해 구원받으라고 강요도 했다. 삐뚤어진 기독교 천국에서 갈수록 살기 힘들어 하다 결국 개신교 공포증 환자가 된 것이다.

여기서 참으로 슬픈 현실, 종교가 우정마저 갈라놓은 이야기를 전할까 한다. 나는 20여 년 오랜 우정을 쌓아온 옛 친구와 절연하고 말았다. 몇 달간 보지 못했던 친구와 반가움을 나누기도 전에 난 그만 그녀의 변화에 경악했기 때문이었다. 대략의 이야기는 이렇다. 어느 날 그 친구의 차로 홍천을 가게 되었고 차에 오르자마자 난 자동차 안에 작은 변화가 있음을 감지했다. 거울 앞에 작은 나무 십자가가 달려 있었다. 전에는 긴 염주가 치렁치렁 걸려 있었는데 십자가로 바뀐 것이다. 듣고 보니 염주가 십자가로 바뀌면서 친구 집안에도 분란이 일어났다. 대대로 불교 집안이니만큼 어른들은 친구의 개종을 반대했는데 노부모와 자식 간에 서로 불편한 사이가 되자 친구는 오피스텔을 얻어 집을 나오고 말았다. 홍천 가는 세 시간 동안 친구는 자동차 안에서 끊임없이 예수를 영접하고 세례를 받은 다음 얼마나 자기가 바뀌었는지 열변을 토했다. 거기까진 좋았다. 성경 구절까지 인용하며 복음을 전한다. 내가 선교의 대상이 되었고 나는 자기를 통해 반드시 구원받을 것이라는 데 확신마저 하고 있었다.

　나는 경험으로 잘 안다. 이런 친구에겐 어떤 약도 듣지 않는다는 것을. 그리고 피하는 것이 상책이라는 것을. 그러면서도 나는 친구가 천국 홍보원으로 길에 나가지 않을까 걱정을 많이 했다. 종교는 사회악·필요악이라며 마약 같은 것이라고 말하던 친구가 이렇게 변한 것으로 보니 복음은 무척 막강한 힘을 가지고 있어 보인다. 가끔 심각한 우울증을 보이던 친구가 예수님을 영접했다니 친구로서 마땅히 축하해줘야 할 일이다. 그런데 난 씁쓸하기 그지없다. 난 이렇게 해서 친구 하나를 잃었고 이 땅에는 열성 개신교 교인이 또 하나 늘었다.
　또 다른 이야기는 30여 년 전으로 거슬러 올라간다. 경주 남산에 다녀온 후 집에 놀러온 친구에게 그곳 불상 사진을 보여주며 자랑을 했다. 그런데 첫 마디가 "너 마귀가 씌었구나. 이런 거 다 때려 부숴야 해"였다. 앙코르와트 사진을 자랑했을 때도 마찬가지였다. 결국 난 친구에게 신약 성경을 펴서 들이대며 한 소리를 하고야 말았다. "지금 너는 천사고 나는 마귀니? 예수님 가르침에서 네가 실천하는 것 있으면 하나만 말해봐. 내가 아는 예수님은 분명 그렇게 가르치지 않았어." 아마도 나는 그 시기부터 개신교인 공포증이 생긴 게 아닌가 하는데 세월이 지나면서 그 증상은 더욱더 심해져만 갔다.

앞서 언급한 강원도에 수도원 이야기를 다시 꺼내야 한다. 거기서 직책을 맡은 한 수도자의 얼굴이 그간 내가 본 얼굴 가운데 가장 불행한 얼굴이었다는 그곳이다. 기쁨이라고는 찾아볼 수 없는 그 얼굴은 늘 불행과 함께 떠오르는 얼굴이다. 그곳에서 한 방을 같이 쓰게 된 집사와 권사 몇 분이 나에게 왜 성경을 안 갖고 다니느냐, 예수 안 믿느냐고 질문했다. "지금은 나를 알고 나서 믿어도 믿으려 해요"가 나의 대답이었다. 그랬더니 갑자기 몇 사람이 주위를 둘러싸며 손을 치켜 올리더니 나를 구원하겠다고 큰소리로 기도를 했다. 그날 난 그 사람들의 기도 타깃이 되었고 몸만 피곤해서 돌아왔다. 나를 구원하겠다고 교회로 이끌려는 시도가 계속되면 진리대로 이렇게 말한다. "내가 만난 예수님은 절대로 그렇게 가르치지 않았어요."

이렇게 저렇게 여기서 저기서 보는 예수천국 때문에 나의 공포증은 더 심해져만 가고 있다. 몇 년 전 출판사로 글을 보냈을 때 나를 걱정하는 불안한 편집인의 사전검열로 인해 누락된 구절이 하나 있다. "내가 너희를 사랑한 것처럼 너희도 서로 사랑하라 했고 거기엔 원수까지 사랑하라 하지 않았나. 우리나라 개신교인은 너무나 사랑이 하고 싶어 원수를 많이도 만든다." 나는 그날 교회 벽에 걸린 십자가를 보고 말했다. "예수님, 당신을 믿는 신자들은 이웃을 사랑하지 않아요. 안 믿으면 원수를 만들고 사랑은 같은 교회 교인들끼리만 해요. 예수님은 너무 큰 것을 가르치셨네요."

그런데 왜 유독 한국 기독교인들에게 이런 현상이 두드러질까? 유독 한국의 일부 개신교인에게 절대로 다름을 인정 못하는 분위기가 강하다. 이 다름으로 인한 충돌을 자주 접하는 나는 교회에 안 다닌다는 이유로 주변으로부터 시달리고 스트레스가 많다. 그래서 우리나라 개신교인과 내가 살던 외국의 개신교인을 비교하게 된다. 항상 종교계 안에서 움직이는 내가 무엇보다도 미국이 편하다고 느끼는 한 가지가 있다. 그것은 바로 종교 강압이 없다는 점이다. 우리나라 서울, 아니 전체가 이미 술 권하는 사회에서 종교 권하는 사회로 변한 지 오래이지만 종교에 관한 한 내 것, 네 것 하고 토막 자르지 않는 미국인의 열린 태도가 편하게 다가온다. 미국에 있는 동안 교회 같이 가자고 주일 아침부터 집 앞으로 데리러 오는 사람들 없어 좋고, 대문 앞에서 복된 말씀 나누자고 초인종 누르는 사람 없어 좋다.

미국 사회에는 눈에 보이지 않는 차별이 널려 있는데 눈에 보이는 것과 안 보이는 것 모두 합해서 10가지도 넘는다. 그런데 한국 교포사회에는 비개신교인으로 겪어야 하는 또 하나의 차별이 있다. 차별받지 않으면 아예 왕따가 되고 만다. 단지 대학의 불교연구소에 연구원으로 와 있다는 사실, 그리고 전에 불교를 전공했고 종교연구소에 있다는 사실이 나를 불교 신자로 만들어버렸는지 한인 교포사회 어디를 가도 어느새 나는 집중 선교 대상이 되어버렸다.

이렇게 갈수록 도를 넘고 있는 만큼 비교인에게 교회 가고픈 마음까지 없애고 나쁜 인상만 심어주는 결과이자 역효과의 증거가 갈수록 줄여드는 개신교인의 숫자이다. 사람들이 개신교 보수파에 혐오감을 갖거나 식상을 했는지 내가 전도사 이야기만 꺼내면 여기저기서 너도 나도 한 마디씩 한다. "길거리에서 귀찮게 구는 사람들 땜에 교회가 무서워졌어", "그 사람들 꼭 전투사 같아", "그런 사람 땜에 난 예수 안 믿어" 하는 소리가 나온다. 그들은 자신들이 조롱받고 멸시당하고 있다는 것을 알고나 있을까? 갈수록 안티의 숫자는 늘어날 것이고 갈수록 교인의 줄어 교회는 점점 비어갈 것이다. 1960~80년대까지 써먹은 선교 방법은 이제 사람들에게 먹히지 않는다. 교회가 하나둘씩 문 닫는 날, 이것은 시간문제가 아닐까?

앞서도 말했듯이 어느 종교를 막론하고 남에게 믿으라고 강요하거나 나와 다름을 인정하지 못하는 종교는 고등종교가 아니다. 노상 전도사의 예수천국 불신지옥의 열정이 이웃에 대한 온정으로 변하는 날을 기다리는 것은 희망일까? 먼저 6만 개가 넘는 교회가 천만에 가까운 개신교인에게 모범을 보여 그들의 심성을 변화시켜달라고 애원이라도 하려 한다. 내가 본 개신교인처럼 믿으려면 난 차라리 믿지 않겠다. 못 마시는 술 권하듯 종교를 권하다 못해 강요하며 떠미는 한국 사회, 이 안에 끼어 살지만 난 내가 예수를 조금이라도 닮을 때까지 차라리 믿지 않을 것이다. 그때까지 나의 개신교 공포증은 더욱더 심해질 것이 분명하다.

6
종교간 대화의 장

우리나라에 인도의 아소카 왕 같은 사람이 있다면 표창해야 한다. 기독교에 바울이 있다면 아소카 왕은 불교가 종교로 우뚝 솟는데 기여한 일등공신이다. 기록에 의하면 아소카 왕은 처음으로 이웃 종교에 대한 존중을 말했던 사람으로 다른 종교에 대해 누구보다 관대했고 열린 마음을 보여주었다. 다음은 아소카 왕의 비문을 번역해보면 대략 다음과 같은 내용이다.

자신의 종교에만 영광을 돌리고 다른 종교를 비판하지 마라. 이렇게 하면 자신의 종교도 성장하고 다른 종교도 돕는 일이 된다. 그렇지 않으면 내 종교에도 무덤을 파고 다른 종교에도 해를 입힌다. 자신의 종교만 숭앙하고 남의 종교를 비판하는 사람은 내 신에게 영광을 돌린다며 헌신하지만 이와는 반대로 자신의 종교에 중대한 해를 입히는 것이다.

_아소카 왕의 제12 석주 비문 중에서

이어 아소카 왕은 다른 종교의 가르침에 귀 기울이고 존중하라며 조화가 최선임을 천명하고 이렇게 하는 것이 내 종교가 더욱 빛나는 길이라는 점을 강조하고 있다. 이런 정신의 계승인지 이웃 종교에 가장 열려 있는 종교가 힌두교이다. 부처는 크리슈나의 8번째

힌두교는 부처와 예수도 비슈누의 화신으로 모신다 (서울 힌두교 사원)

화신이고 예수도 힌두 신으로 존중한다.

우리나라에 개신교 보수파가 있는 한 종교 간 대화가 불가능하다는 것이 나의 결론이다. 5~6년 전 한동안 종교간 대화모임에 자주 나가곤 했다. 가장 두드러진 활동을 하는 단체가 한국종교인평화회의 KCRP였다. 그런데 모임의 장소가 사찰이면 목사들의 참석이 줄었다. 이 단체의 전 총장을 지낸 분의 이야기를 들으니 이러하다. 참가 종교별로 모임을 사찰, 교회, 교당, 수운회관 등의 장소를 번갈아가며 할 때가 있었는데 사찰에서 모임을 가지면우 개신교 목사가 단체로 빠지는 경우가 많다는 것이다. 내가 슬며시 물어보니 한 목사는 자신이 자발적으로 나오는 것이 아니라 윗선에서 나가라 해서 오는 것일 뿐이라 했다. 이런 모임에는 흔히 진보적인 기장 목사만이 참여하고 있어 예장 목사는 보기 어렵다. 현재 종교 간 대화에

  기장교단이 앞장서고 있으며 그나마 그들이 있어 대화의 장이 갖춰진다. 3년 전 여름 목사, 신부, 수녀, 원불교 교무, 유교의 성균관 선비 등이 참가해 전국을 돌며 가톨릭 성지, 원불교 성지, 밀양 표충사를 같이 다녀왔다.

  예장 강경 보수파 교단이 있는 한 한국 땅에서 진정한 종교 간 대화의 길은 묘원하지만 가능성을 열어줄 만한 상호 접근법은 있다. 이웃 종교의 이질성을 보는 게 아니라 동질성에 초점을 맞추면 가능하다. 성직자끼리는 상호유대감이라는 것이 있고 이 점을 활용하는 것이다. 나눔과 봉사로써 얼마든지 접근 가능하다. 이것을 실천하는 여성성직자모임인 삼소회가 성공한 사례이다. 매년 종교연합

주도로 불교·개신교·가톨릭이 모여 바자회를 열고 있다. 길상사에서도 매년 성북동성당과 덕수교회와 힘을 합쳐 바자회를 열고 있으며, 길상사와 성북동성당은 매년 성탄절이 가까워 오면 "아기 예수 탄생을 축하합니다" 하는 플래카드를 담에 걸어 축하하고 있다. 박종화 목사의 소개로 정토회는 개신교 장애인 시설인 애광원을 지원하고 있다. 서클 펀드를 만들어 상호 주머니를 여는 것이다. 특히 개신교와 불교에서 성령과 불성이 만나는 지점은 나눔의 행사에서 같이 땀 흘리며 일하는 모습에서 볼 수 있다. 다원주의 사회에서 이제 이웃 종교에 열려 있는 종교만이 생존하는 시대가 올 것이라 믿는다. 종교 간 대화하고 손잡는 일은 이제 내 종교가 살기 위해서라도 해야 하는 십계명이 되길 빌어 마지않는다.

남의 것을 알면 내 것이 잘 보인다

　종교학의 대부인 막스 뮐러는 "하나의 종교만 아는 사람은 아무것도 모르는 사람이다"라고 했다. 이 말은 남의 종교를 알면 내 것이 잘 보인다는 의미이다. 셰익스피어는 장미가 무슨 이름으로 불리든 그 향기는 같다고 했는데, 나는 신이 무슨 이름으로 불리든 하나의 향기를 가졌다고 본다. 다만 같은 향기를 가졌으나 한 종교는 다른 종교와 비교가 되지 않으면 파악 또는 이해될 수 없는 비밀을 갖고 있다.

　종교의 기본 뿌리는 하나이기에 '남의 것을 알면 내 것이 더 잘 보인다'는 말은 진리에 가깝다. 종교에 전혀 관심이 없는 사람도 있을 수 있고 또 종교를 갖지 않은 사람도 있겠지만 무엇보다도 나에게 종교가 있을 때 남의 것을 통해 내 것을 공부하는 것이 눈 뜨게 하는 매개가 되어주기도 한다. '오로지 내 것만이 최고의 진리'라고 믿는 신자들이 많기에 흔히 내 것만 알고 남의 것은 잘 모른다. 성경 구절은 몇 장 몇 절에 무슨 구절이라며 줄줄 외우는데 불경의 일체유심조가 무슨 뜻인지 모른다. 《금강경》이나 《법화경》은 다 외우면서도 "천국이 네 안에 있느니라"를 예수가 말했다는 것조차 모르는 승려도 있다. 절에 다니는 사람은 관세음보살만 알고 성당 다니는 사람은 성모마리아만 안다.

자신의 체험을 확고히 하고자 할 때 남의 진리를 아는 것만큼 좋은 것도 없다. 내 안경만 쓰다가 잠시 남의 안경을 썼을 때 뭔가 보이는 것처럼 자기 종교 공부에 막혀 있다가 다른 길에서 통로를 찾은 후 자기 것을 소화해낼 수 있다. 경 읽기가 막히면 다른 종교의 경전을 보며 같은 맥락에서 거기에는 뭐라고 했는가 한번 살펴보면 또 하나의 눈이 열린다. 이것은 개인적인 체험에서 나온 말이다. 성경이 어렵다고 하는 사람들에게 다른 종교 공부를 권유하면 으레 듣는 말이 "내 것도 잘 모르는데 남의 것을 알기 벅차요" 한다. 교회 나가는 한 친지는 성경이 어려워 못 따라가다가 법정 스님의 책을 몇 권 읽고 나서 은혜 받았다고 한다.

나는 불교 공부로 복음서를 이해하게 되었고 불교로 예수를 만났다. 한 '경전읽기 모임'에서 자신을 개신교인이라 소개하는 한 남자를 만났다. 그 사람의 말인즉, 경전 읽기 모임에서 전에 《육조단경》을 공부한 다음 성경이 제대로 보이고 이해되며 술술 풀리고 또 재미까지 있다며 싱글벙글거렸다. 얼마 전 절에서 만난 한 동국대 동창은 성경을 1년간 읽고 나니 《법화경》이 저절로 읽힌다며 좋아했다. 《법화경》과 신약에는 유사점이 많다. 실제로 종교에는 다른 경전과 비교하지 않고는 이해되지 않는 부분이 많다.

종교에서 상호 보완이란 것이 얼마나 중요한지에 대해 생각해보자. 모든 성인의 말씀은 많은 점에서 일맥상통한다. 물론 문자주의 해석이 아닌 나만의 조립에 의한 해석은 그러하다. 요즘 나는 경전을 다른 눈으로 보고 뜻풀이 해석을 나름대로 자유롭게 한다. 우상을 숭배하지 말라는 곧 내 안에 있는 욕심·탐욕에 너무 유혹되지 말라는 뜻이라고 푼다. 누구든지 나를 따르려는 자는 자기를 버리고 십자가를 지라는 것이야말로 무아의 극치를 말하는 것이 아닐까 한다. 예수가 말한 "나는 진리요 생명이니 나로 말미암지 않고는 아버지께로 올 자가 없느니라"요한복음 14:6에서의 '나'를 예수로 보지 않고 각기 자기인 '나'로 읽으면 인간의 존엄성을 말하는 천상천하유아독존天上天下唯我獨尊과 같은 의미이다. 흔히 독불장군 같은 사람에게 쓰지만, 이것은 인간 개개인의 존엄을 말하는 것이다. 또 "하나님 나라가 여기 있다 저기 있다고도 못하리니 하나님의 나라는 너희 안에 있느니라"누가복음 17:21에서 천국이 네 안에 있다는 것은 불교에서 말하는 '밖에서 찾지 말라' 또는 '네가 곧 부처이다'와 같은 말로 연결시켜 읽는다.

이렇게 모든 성인의 말씀은 같은 것을 놓고 단어만 다르든가 아니면 좀 더 알기 쉽게 설명하느라 다른 표현의 비유나 은유법을 썼을 뿐 일맥상통하는 점이 참 많다. 다른 점이 있다면 예수가 인간의 악을 주목한 것에 비해 부처는 인간의 괴로움苦에 더욱 주시했다. 예수와 부처의 탄생 사이에 500여 년이라는 시간적인 간격이 있지만 만약 동시대 사람이었다면 어땠을까 하고 상상도 해본다. 각각 자신의 시대에 자신이 살던 지방의 언어, 즉 예수는 아람어로, 부처는 마가다어로, 무함마드는 아랍어로, 공자는 중국어를 썼지만 그들의 가르침을 종합하면 무늬만 다른 같은 질료이다.

다름의 아름다움

여성 수도자들이 서로의 마음을 나누는 여성만의 종교인 모임은 상대적으로 '우리는 모두 한 몸이다', '모두는 일심동체이다'라는 성격이 강하다. 이런 예배 모임은 내 것을 믿되 네 것 역시 내 것과 다르다고 보지 않기에 이웃 종교에 대한 거부감이 없다. 나는 서로 다른 종교에 소속된 성직자들이 같이하는 모습을 참으로 아름답다고 생각한다. 서로의 다름에는 아름다움이 있다. 이것은 차이가 아니다. 몇 년 전 삼소회三笑會에 속한 여성 성직자가 이런 말을 해주었다. "들판에 핀 저 꽃들이 모두 같은 꽃에 똑같은 색이라면 매력이 없겠지요. 서로 다른 모양과 색깔이 함께 어우러져 저 들판을 더욱 풍요롭게 해주지 않나요?"

나와 다른 것에 호기심을 느끼고 신선한 자극을 받았지만 그것의 풍요까지 느끼지 못하고 있던 나는 그 후 서로 다른 것들의 '풍요로운 세상'에 한 발 다가갈 수 있었다. 볼 때마다 다르기에 참으로 아름다운 것 하나가 바로 삼소회이다. 원불교 교무, 가톨릭과 성공회 수녀, 비구니, 여성 수도자의 모임인 삼소회는 우리 사회에 빛과 소금의 역할을 하자는 취지로 종교 간의 화합을 이끌어왔다. 그동안 장애우를 위한 음악회, 정신대 할머니들을 위한 기도회 등을 열었고 최근에는

국내와 해외에 있는 각 종교의 성지에 순례를 다녀왔고 에티오피아 소녀들을 돕는 모금을 하고 있다.

 삼소회 회원은 평소 각자의 공동체에 속해 있어 지리상 떨어져 있다 해도 용어만 다른 기도로써 서로의 주파수를 맞추고 있다. 나라 안팎에 대형 사고나 천재지변 같은 일이 일어났다는 소식만 접하면 한순간에 기도로 뭉치는 여성 동지들이다. 매월 한 번 삼소회 기도모임이 있는 날, 전체 회원 20여 명이 모인 자리는 또 하나의 공동체가 된다. 서로가 서로에게 "그간 예수님 안녕하셨어요", "부처님도 안녕하셨나요" 하며 악수로는 부족해 서로를 끌어안는 삼소회는 항상 따스함이 넘치고 화기애애하다.

쪽진 머리에 한복을 입은 교무, 삭발에 승복을 입은 스님, 베일에 수녀복을 입은 수녀의 서로 다른 외양이 하나처럼 보이는 것은 왜일까? 사랑과 자비가 충만해 서로 통하는 한 핏줄 같다. 20여 명의 마음이 한 마음 되는 것에는 여성 수도자라는 공감 그 이상의 무엇이 있다. 내 종교, 네 종교가 아예 없는 사람들 같다. 부처님도 예수님도 함께하실 것 같은 그 자리는 한 폭의 성화聖畵와도 같다.

매번 모임 때마다 올리는 '세계 평화를 위한 기도'는 침묵의 기도이다. 각자의 믿음에 근거해 한 목소리로 한 곳을 향해 마치 어머니가 자식을 위하는 듯 간절한 염원을 담아 기도를 올린다. 이 세상이 조금 조용하다면 그들의 기도 덕분이 아닐까 하는 생각까지 든다.

다름은 불협화음의 원인이 아니다. 그 자체가 얼마나 아름다운 조화를 이끌어내는지 알면 다름을 존중하고 차이를 인정하게 된다. 흔히 사람들에게 이 세상에서 가장 아름다운 모습을 대라 하면 빠지지 않는 것이 엄마가 아기에 젖먹이는 모습 또는 고요히 기도하는 모습이라 말한다. 지금껏 내가 본 가장 아름다운 광경은 어렸을 적 할머니

종교 간의 반가운 포옹

가 이른 아침에 장독대에 물 떠놓고 기도하는 모습이다. 옛날 할머니의 정화수 기도까지 떠올리게 하는 삼소회 모임에 가면 여기가 천국인가 극락인가 싶다.

  21세기는 종교에서도 다원주의 시대이다. 다원주의 시대에 유일하게 일원$-元$만 고집하는 것은 구시대적 산물이다. 국경도 자본도 허물어진 시대에 유일하게 허물어지지 않고 더욱더 강화되는 곳이 극보수파 교회이다. 예장 보수파 강경 개신교가 빠지면 한 집안에 여러 종교가 있어도 별 탈 없이 잘 지낼 수 있다고 한다. 현재 종교 간의 대화보다 시급한 것은 개신교 교파 간의 대화이다. 정확한 통계는 불가능하나 대략 200이라는 숫자를 웃도는 교파끼리 서로 대화한 다음 다른 종교와 대화하는 것이 순서이다. 교파 간 교리에 대한 우월감이 상대적으로 강하기 때문이다. 그러나 그들이 서로 악수하고 부둥켜안은 모습을 어쩌면 우리가 살아서 보지 못할 것 같다.

한 지붕 두세 종교는 기본

우리는 다종교 사회에서 살아왔고 지금 다문화 사회에 살고 있다. 문화가 다르고 종교가 다르지만 종교로 인한 이웃 간의 갈등은 많지 않은 편이다. 한국에 주재원으로 온 외국인도 있으나 외국인 노동자도 다종교 사회의 일원이 된다. 방글라데시, 파키스탄, 우즈베키스탄, 인도네시아에서 온 노동자 중에는 무슬림이 많다. 캄보디아, 태국, 베트남, 몽골에서 온 노동자의 대부분은 불교 신자이다.

우리는 좋든 싫든 종교 다원주의 시대에 살고 있고 어쩔 수 없이 다른 종교를 가진 사람을 이웃으로 두고 있다. 한 집안에 여러 문화가 다양하게 공존하며, 두세 가지 심지어는 열 가지 종교가 함께한다. 한 지붕 밑에서 다름의 아름다움을 말할 때 늘 떠올리는 사람은 인도 친구 어머니와 미국 친구 미셸이다.

미국은 다민족 이민사회이기에 여러 민족이 모여 살지만 혼혈인 미셸의 집 이웃에는 유대인, 아일랜드인, 태국인, 한국인, 중국인, 일본인도 있다. 미국 친구 미셸의 집은 마치 종교 전시장과도 같은데 친지들의 모든 종교적 축일 행사를 늘 집에서 한다. 뉴욕 교외의 작은 도시 밀포드에 사는 미셸은 프랑스인 아버지와 중국인 어머니 사이에서 태어났다. 그녀가 뉴욕 주립대학에서 만나 10년 전 결혼한 남편은 할

아버지 때 이란에서 이민 온 이란인 2세이다. 시댁과 남편의 종교가 이슬람이지만 미셸은 자칭 무교인無敎人이다.

뭐든 좋다는 미셸에게 한 종교만 따를 환경이 주어지지 않은 것도 이유가 된다. 프랑스인 아버지는 가톨릭 신자, 중국인 어머니는 불교 신자였기에 어려서부터 동시에 성당에도 가고 절에도 다녔다. 무슬림 남편에게 종교의 자유를 허락받고 결혼했고 이슬람은 그녀의 생활에 축제 하나를 더 추가하게 했다. 이런 가족 배경 때문에 그녀는 프랑스·중국·이란과 가톨릭·대승불교·이슬람에 관한 한 백과사전 같은데 몇 년 만에 본 미셸은 대화하면서 성경, 불경 말고도 코란 구절까지 인용하고 있었다.

미셸이 매달 준비하는 종교 축일 행사는 다양하다. 프랑스인 아버지가 11월 첫 날에 축하하는 투생 가톨릭 축일부터 시작해 모든 성인의 날을 기념하는데 거기에 4대 축일성탄절, 부활절, 성령강림절, 성모승천일 등의 대축제도 있고 제2차 세계대전 승전 기념일, 프랑스 혁명 기념일, 바스티유 감옥 탈취 기념일도 있다. 또 어렸을 적부터 미셸이 엄마를 따라 다녔던 중국 사찰에서 초파일과 음력설을 보내곤 했고 지금까지도 하고 있다. 또한 결혼 후부터 이슬람의 경축일과 라마단 금식도 추가로 지켜왔다. 남편의 조국인 이란의 이슬람 혁명 기념일도 기념하고 라마단 금식이 끝난 후 하는 이드알피트르 축제를 가장 크게 하고 있다.

미셸이 해가 바뀔 때마다 새 달력에 자신과 부모, 남편과 시댁, 거기에 이웃 사람들의 경축일, 기념일, 축제일 등을 모두 적어 놓고 각각의 축일 행사에 관한 지식에 준비물까지 구상한다. 이렇다 보니 미셸의 집에서는 거의 한 달에 한두 번 경축 행사나 저녁 만찬이 열린다. 한 동네 이웃집의 축제나 경축일도 같이 축하해주다 보니 온 동네 사람들과 한 식구처럼 지내게 되었고 추수감사절과 핼러윈에는 동네 아이들까지 다 집으로 불러들인다. 옆집 사는 유대인 가족의 하누카 축제와 신년인 로쉬 하샤나도 축하해주고, 아일랜드의 국가 수호신인 세인트 패트릭 데이에는 초록색 옷을 입고 퍼레이드에도 참가한다. 축일 하나 끝나면 또 다른 축제를 준비하는 그 기간이 마치 축제의 연장 같아 매달 한두 번 생일을 맞는 사람 같다.

가족이나 친지 그리고 이웃에게 인기 만점인 미셸을 만나는 것 자체가 나에게는 큰 종교 체험이었고 같이 있으면 그녀와 연관된 모든 종교의 신들이 나까지 축복하는 것 같은 기분에 덩달아 신이 났다. 어쩌면 나는 미셸에게서 종교에 대한 벽이 없는 태도를 익힌 것 같다. 나는 그녀에게 한국의 개천절과 초파일도 미셸 네 경축행사로 정하라 했는데 이것에 대해서는 감감 무소식이다.

20여 년 전 친하게 지내던 한 외국 어머니가 있다. 인도인인 어머니는 열렬한 성공회 교인이고 큰아들은 무슬림, 큰딸은 수녀, 둘째딸은 개신교인, 둘째아들은 힌두교인, 셋째아들은 불가지론자이다. 어머니의 집에 모두 모여 식사라도 하는 날이면 어머니는 힌두교인 딸을 위해 소고기 요리를 못하고 무슬림 아들을 위해 돼지고기 요리를 못한다. 애견을 키우는 어머니는 개를 만져서는 안 되는 무슬림 아들을 위해 잠시 개를 방에 묶어두는 정성도 보인다. 이렇게 한 집안에 여러 종교가 조화롭게 공생하기도 한다.

난 미셸과 인도인 어머니에 대한 깊은 인상이 남아 있어 우리나라에 이런 집이 있을까 자못 궁금했다. 종교 다원주의 시대이니만큼 한 집안 아홉 형제 가운데 각각 다른 종교를 갖고 있는 특이한 가족도 만났다. 또 맏형은 스님, 바로 밑 남동생은 장로교 목사인 집안도 있다. 종교가 달라도 그 형제는 무척 사이좋게 지내고 있다. 그러나 막상 신문의 종교 칼럼 연재 때문에 취재를 하려니 남동생 목사의 말이 나를 서럽게 했다. 만약 신문에 소개되어 형이 스님이라는 사실이 알려지면 신자가 모두 떨어져 나간다며 목사 동생은 극구 사절했다.

전체 형제자매가 여섯 명인 또 다른 가족은 제각기 다른 종교를 믿는다. 제각각 장로교, 가톨릭, 이슬람, 불교를 믿고 있으며, 막내는 스스로를 무교無敎라고 소개했는데 종교의 필요성을 전혀 느끼지 못한다 했다. 이 가족은 종교가 달라도 서로에게 침묵을 인정하지만 장례나 제사 때가 되면 약간 불편한 사이가 되거나 아랫사람이 형·누나 눈치보기 바쁘다고 한다. 한 지붕 아래 사는 사람들끼리 다른 신앙을 참아주고 눈감아주기도 하는 반면, 서로의 다른 신앙 때문에 겪는 눈에 보이지 않는 어려움은 있다고 한다.

2003년《중앙일보》에 한 지붕 밑에 각자 종교가 다르지만 서로 포용하고 존중하고 사는 부부, 모자, 부녀를 연재해 소개한 적이 있다. 종교 다원주의로 가는 지금, 한 집안에 두세 종교는 흔한 일이지만 취재 차 만났던 김경섭 박사 가족은 특별히 신선했던 기억이 아직도 고스란히 남아 있다.

그는 전남 고흥에서 전통적인 유교 집안에서 태어났다. 두 명의 누나 중 한 사람은 불교, 다른 한 사람은 가톨릭, 남동생 하나는 기독교, 다른 남동생은 불교, 막내 여동생은 가톨릭이다. 이렇게 여섯 형제 중 두 사람씩 다른 신앙을 갖고 있지만 형제간 우애는 무척이나 좋았다. 그런데 8년 전 어머님의 장례를 치르며 약간의 진통을 겪어야 했다. 문제는 어떤 종교의식으로 장례를 치를 것인가였고, 세 가지 종교적 배경에서 다른 의견이 나와 한 목소리를 내지 못했다. 그때 그는 "다르니까 거기엔 분명 좋은 점이 있다. 그러니 각기 다른 점을 조화시키자"라고 말했다.

그리하여 추모식으로 바뀐 영결식에서 천주교식, 기독교식, 불교식

김경섭 박사 가족

으로 번갈아 가며 추모 행사를 했다. 그는 불교식 행사에 기독교인 문상객의 표정이 불만스럽게 바뀌면 "극락 간다는 데 거기 좋은 곳 아닌가요"라고 대응했고. 불자인 친지가 교회에서 온 조문객의 찬송에 불만을 표하면 "천당 가게 해준다는데 뭐가 나쁘냐"고 응수했다. 또한 입관할 때 동생은 반드시 금강경을 넣어야 한다고 하고 기독교인 가족은 십자가를 강력 주장했다. 결국 십자가와 금강경이 같이 들어가도록 했다.

추모행사로 바뀐 영결식에 자식은 어머니에 대해, 며느리는 시어머니에 대해, 사위는 장모님에 대해, 손자들은 할머니에 대해 각자가 생존 시 떠올리는 기억을 모두 모아 어머님 영정 앞에 추모문을 올렸다. 테너인 장손자는 주기도문을 노래하고 모든 증손자손녀들은 꽃바구니를 헌정함으로써 할머니를 기쁘게 보내 드렸다. 흔히 울음바다로 시작해 장지까지 눈물만 보이는 장례식과 대조되는 광경이었다. 장례는 마쳤지만 일은 거기서 끝나지 않았다. 다음 조정이 필요해진 것은 바로 어머님의 첫 제사 때였다. 어머님 영정 앞에 절하는 의식을 놓고 기독교인 가족이 이견을 냈다. 다시 한 번 지혜가 필요한 시간이 온 것이다. 그는 제사를 일 년에 한 번 온 가족이 함께하는 추모 모임으로 바꾸었다. 한 집안의 종교사와 함께 다름의 차이를 조화로 이끌어내는 그분에게 난 큰 공부를 했었다.

또 다른 광경을 겹쳐서 떠오르는데, 오래전 친구 집 장례식장에서 보았던 '벽 없는 자리'이다. 친구의 아버님이 직장암 말기로 병원에서도 더 이상 손을 쓸 수 없는 상태에서 장례 이야기가 오갔다. 문제는 장남인 친구 큰오빠는 교회 장로이고 둘째오빠는 신도회장까지 하는 독실한 불교 신자이다. 전 가족이 모인 자리에서 형제는 정작 장례식을 어떤 식으로 치를 것인지 결론을 내지 못하고 있었다. 큰오빠는 장례에 관한 한 목사님을 모시고 교회 분들과 같이 하고 싶어 했다. 이것은 장남의 자존심이기도 했지만 집안에서 둘째오빠의 목소리가 더 컸기 때문이기도 했다. 형제가 서로의 주장을 내세우자 여섯 명의 자식은 두 편으로 갈라섰고 얼마 후 아버님이 돌아가실 즈음엔 서로 말도 하지 않을 만큼 사이가 나빠 있었다.

장례 당일 아침 먼저 도착한 스님이 목탁을 두드리며 염불을 시작했다. 염불이 무르익을 즈음 큰오빠 교회의 목사님과 장로, 집사, 권사 몇 명이 들어왔다. 조용히 한쪽 구석에 앉은 목사님은 눈을 감고 기도를 했다. 염불이 끝나자 목사님과 스님은 두 손까지 맞잡으며 인사를 건넸다. 두 사람 사이엔 마치 오래전부터 서로 알고 지내던 사이처럼 동지애 같은 것이 있어 보였다. 스님이 먼저 자리를 뜨며 "자, 이제 목사님 차례가 왔습니다. 나무아미타불 관세음보살" 하자 목사님은 "스님께도 우리 주님의 축복을 빕니다" 하며 합장을 해보였다. 스님은 다시 목사님에게 "목사님께서 여기 아버님 꼭 천당 가게 해주셔야 합니다. 아멘" 하며 답례해주었다.

그러자 긴장이 풀리고 어두운 장례식장에 잠시 웃는 얼굴이 몇몇 보였다. 형제의 얼굴도 잠시 야릇한 표정이 되더니 교회와 절에서 온 조문객을 맞는데 벽이 없어 보였다. 장례식을 두고 잠시 일어난 형제 간의 불협화음이 그 두 분으로 인해 말끔히 사라진 것이다. 형제가 굳이 '내 식'을 고집하지 않아도 될 일이었다. 몇 년 후 결혼한 친구는 교회에서 예식을 치른 다음 송광사로 내려가 불교식 결혼식도 올렸다. 목사님과 스님 두 분의 마음이 돌아가신 아버님에게 닿아 있으니 양쪽으로 축복받고 싶다는 것이었다.

전 세계 사람들을 한데 모아놓고 신에게 예배드리라고 한다면 그 광경이 어떨까? 어떤 사람은 무릎을 꿇고, 어떤 사람은 성호를 긋고, 어떤 사람은 절을 할 것이다. 각자의 신을 부르는 이름도 다양할 것인데 이슬람 교인은 '알라'를 부르고, 유대교인은 '야훼'를 부르고, 힌두 교인은 '시바', '크리슈나' 할 것이고, 태양신을 믿는다면 미트라, 조로아스터 교인이라면 아후라 마즈다를 부르는 등 셀 수 없는 많은 신의 이름이 한 자리에 같이하나 각 나라마다 문화와 언어가 다르듯이 모든 신의 이름도 다를 것이다.

그러나 용어만 다를 뿐 모두 한 뿌리에서 나온 '오로지 한 분'뿐인 신이 아닐까? 장미에 여러 가지 색이 있고 어떤 다른 이름으로 부른다 해도 장미향이 똑같은 것처럼 어떤 이름의 신으로 부른다 해도 모두 원래부터 우리는 한 집안 식구가 아닌가? 속으로 이렇게 가만히 읊조려본다. "도가의 관을 쓰고, 유가의 신발을 신고, 불가의 옷을 걸치니 세 집이 모여 한 집을 이루네 道冠儒履佛袈裟會成三 家作一家."

종교를 넘나드는 즐거움을 만끽하며

나는 탈종자이다. 종교를 벗어던졌다. 아니, 종교라는 배에서 헤엄쳐 나왔기에 이탈했다는 것이 더 정확할 것 같다. 무소속인 것은 아마도 내 안에서부터 종교 간 대화가 이루어져야 했기 때문이라고도 생각한다. 모든 종교를 다루는 입장에서 특정 종교단체에 속하지 않지만 동시에 어떤 종교에도 다 속하는 입장을 견지하다 보니 가리지 않고 거리낌 없이 교회도 가고 절에도 간다. 가끔 성당, 교당, 사원, 회당, 모스크를 들락거리는 나를 보고 내 스스로 놀랄 때도 있다. 오전에 스님을 만나 이야기하다가 오후에 신부님을 만나면 입에 붙은 '스님'이라는 호칭이 계속 나온다. 미안해하면 나에게 "오늘 하루는 그냥 스님 될 게요" 해주는 신부님도 있었다.

종교 현장에서 만나는 사람들은 흔히 어디 소속인지, 뭘 믿는지에 대해 질문한다. 그러면 나는 각 종교의 모든 장점만 다 갖다 나만의 종교를 만들려고 종교를 쇼핑하는 중이라고 대답한다. 이처럼 난 종교의 벽을 넘나들고 있는 중이고 그 즐거움을 만끽하고 있다. 세상의 기준이나 시선에서는 부자유한 면이 있으나 종교에 관한 한 무척 자유로운 영혼이고 이것이 나에겐 자연스럽다. 현재의 종교를 초월한 그것이 종교라고 믿고 있다.

굳이 나의 종교를 분석해보면 조립 컴퓨터와 같다고나 할까? 나는 조립된 신앙을 갖고 있다. 20여 년 넘게, 정확히 혼자 찾아 나선 시점부터 치자면 35년 가깝게 종교 쇼핑을 다니며 보고 체험했던 이것저것에서 장점만 골라 나에게 맞게 고쳐 쓰고 있다. 모은 장점을 하나하나 일상생활에서 살려내 쓰는 재미가 쏠쏠하니 좋다. 모든 성인의 가르침에서 작게라도 실천할 수 있는 점을 우선으로 하지만 내가 접한 종교의 계명·계율·규칙은 지키려 한다. 종교를 넘어선 종교가 진짜 종교이고 종교를 초월한 종교가 진짜 종교라는 것만은 알기 때문이다.

왜 아직도 아무 종교에도 소속을 두지 못하는가를 고민한 적도 있었다. 교회에 가자니 믿어야 천국 간다고 하니 기도가 안 나온다. 십자가가 그렇게 많은데도 변하지 않는 사람들의 심성을 보면 교회에 가고 싶지도 않다. 값싼 은총을 남발하는 교회도 싫다. 원래 어렸을 적 가톨릭이고 성당에 다녔지만 10대 끝 무렵 가톨릭 교리에 회의가 들었고 성당을 떠났다. 그때부터 지금까지 나는 신부·수녀로부터 35년간 냉담자라는 소리를 듣고 있다. 주변의 개신교인에게는 불신자라는 소리를 듣는다. 예수를 영접하라는데 그것을 못해 기독교인이 못 되고 있고 사찰에 소속을 두자니 불공 올리라는 권유에 못한다. 불교 신자가 되려면 불·법·승佛法僧에 귀의해야 하나 '승'에 귀의하지 못해 무소속이다. 지난 20년간 나는 불교에 심취해 있었다. 그러나 승려를 포함해 천만이 넘는 불교 신자가 있는데도 이 땅에 자비가 보이지 않으니 사찰에도 소속을 두고 싶지 않다.

고백하건대 난 한때 그 이름이 무엇이든 신과 만나고 싶은 적도 있었다. 몸은 속俗에 있으나 최종적으로 성聖으로 가는 것이 인생 목표라 여긴 적도 있었다. 신에 대해 묻는다면 인격적 신이 아니라면 있다고 믿고 싶은 불가지론자이다. 하나님을 마주하기 벅찬 것은 어쩌면 영원히 해독할 수 없는 암호 같기 때문이다. 이것에만 벌써 인생의 절반을 쏟아 부어도 여전히 묘연한 것이 나의 현주소이다.

나를 굳이 기독교에 편입시킨다면 퀘이커교도이자 영지주의자, 다원주의자, 유니테리언이다. 개신교 공포증 환자이기도 하니 비주류가 전문이다. 교리가 없고 제도화되지 않고 조직화되지 않은 종교를 고르려니 거의 없다. 믿음을 강요하지 않는 곳을 고르려니 목사도 승려도 없는 종교적 장소가 편하다. 나 자신이 신도 하나뿐인 사찰이자 교회가 되어버렸나 싶다. 늘 종교 이야기만 하니 나를 '나미교의 교주'라 하는 사람도 있지만 종교 편력이 다양한 까닭에 신앙이라 내세울 것도 없다.

어쩌면 여러 종교의 장점만 모아 신도 하나뿐인 나만의 종교를 만들어냈는지도 모른다. 난 불교인과 같이 있을 때 즉석에서 불교인이 되고, 힌두교인과 함께 있을 때 바로 힌두교인이 되고, 무슬림과 함께 할 때 잠시 무슬림이 된다. 그래서 인스턴트 종교인이다. 하지만 개신교인과 함께 있을 때 도저히 개신교인이 되지 못한다. 지난 20여 년간 개신교인과 '오로지 믿어라 전쟁'만 치른 탓인지 많이 지쳐 있다.

불교를 가장 오래 공부했지만 부처를 신으로 모시지 않고 불공을 올리지 않으니 불자는 아니다. 부처가 뭐가 안타까워 45년을 법문했을까가 나에게 화두였다. 난 부처를 믿지 않는 대신 그의 가르침인 법法을 믿는다. 그러나 불교 경전 중 대승 경전이나 선사의 선어록을 거의 보지 않으며, 몇 년 전부터는 초기 경전만 보고 있다. 나에게 부처의 진정한 원래 가르침을 파악하는 길을 열어준 것은 《법구경》,《숫타니파타》,《아함경》이었다.

성경에서는 신약의 4복음서와 신약 성립 시 제외된 도마복음은 모두 곧 원음, 즉 예수의 오리지널한 목소리를 들려준다. 예수는 뭐가 그리도 애타서 그렇게 외쳤는가? 20여 년 불교를 공부하고 나서 신약의 공관복음을 나름대로 파악하게 되었고 나만의 예수를 만났다. 20대 초에 시작해 성경만 30년 보아왔지만 부활이 잡히지 않았었다. 유영모 선생님의 "몸의 나가 얼의 나로 솟나는 그것이 부활이다"라는 말이 나의 답답한 가슴을 조금 풀어주었다.

이런 점에서 나의 부활이 먼저 있지 않고는 예수의 부활도 없음을 안다. 나는 성경에서도 복음서에 예수 말씀으로 간주되는 구절만 읽는다. 예수를 신의 아들, 구세주로 영접하지 못한다. 성경에 전혀 오류가 없다는 성경무오설 내지 축자영감설, 동정녀 마리아의 성령잉태, 예수가 우리 죄를 대신해 죽었다는 십자가 대속, 예수의 육신 부활, 예수의 재림 등을 믿지 않는다. 대속에 대해 나는 누가 나 대신 죽어주는 것도 싫다. 나는 공의회에서 결정된 진리라는 것들도 받아들이지 않는다. 그러니 정통 개신교인도 아닌 비주류이다.

어쩌면 하나에 뚫리면 다른 것을 꿰뚫어 볼 수 있다는 말이 맞을 듯싶다. 불경과 성경의 말이 크게 다르지 않다는 점을 확인해 안다. 현재의 관심사는 조로아스터교(배화교)와 수피즘이다.

현재 천주교 신부님, 성공회 신부님, 수녀님, 조계종 비구 스님, 원불교 교무, 천도교 선도사, 퀘이커교인, 바하이 교인 등과 교류하고 있다. 이 가운데 단연 스님과 목사님을 가장 자주 만난다. 주말마다 수도원, 사찰, 암자, 명상센터, 피정의 집, 교회를 찾아다니고 있다. 그 어느 종교에도 속하지 않지만 믿는 것이 있다. 기본적으로 사해동포주의자이자 코즈모폴리턴이라는 입장을 견지하면서도 믿는 것은 있다. 종교 이전 나 자신의 생존을 위해 치열하게 사는 생존교(生存教)에 몸담고 있다.

이 생존교는 누구에게나 해당되는 몸부림일 수도 있다. 보통명사의 하나님은 사랑이시기에 사랑을 믿는 '사랑자비교'의 신도이다. 예수와 부처의 가르침으로 나 스스로가 부처가 되려고 하며 예수의 제자가 되고 싶다. 사랑보다, 자비보다 더 나은 것이 없다는 점을 알기 때문이다. 예수의 이웃 사랑을 마음에 품고 주변에 누군가 몸과 마음이 아플 때 같이 아파한다.

요즘은 겸손이라는 화두로 기도 제목을 삼고 있다. 심리학자도 아니면서 거울보다 내 마음을 자주 들여다본다. 마음의 흐름을 주시한다. 철학은 하면 할수록 허전했는데 종교는 충만하게 채워준다. 한두 가지 종교적 체험을 했고 현재 종교를 넘나드는 즐거움과 자신만의 평화를 생산해내고 있다. '혼돈의 세상에서 평화를 자가 발전한다 Generating self peace in this Chaotic world'고나 할까? 행복의 비결에 대해 어느 정도 실마리를 잡았지만 용서에 대해 아직 답을 못 찾고 있다. 불경과 성경을 읽으며 예수와 부처가 어떤 상황에서 어떤 말을 했는지 보는 데 집중하고 모든 주어를 '나'로 바꾸어 읽는다. 이렇게 실제 생활과 연결시켜 풀어나가고자 하며 내가 사는 게 아니라 내 안에 그리스도가 살 수 있는 길을 실험 중이다.

나는 사소한 것을 즐긴다. 매월 책에서 본 좋은 문구 중 하나를 옮겨 써 붙여놓고 그것을 마음 밭에 옮겨 심으려 한다. 2011년 5월의 문구는 이것이다. "연탄재 함부로 발로 차지 마라. 너는 누군가에게 한 번이라도 뜨거운 사람이었느냐." 그리고 매일 아침 두세 가지의 기도를 한다. 그 가운데 하나는 세상을 위해 기도하는 사람들을 위한 기도이다. 반야심경 하고 아멘 하고 주기도문 하고 나무 석가모니불을 하기도 한다. 2011년 현재 아침저녁으로 기도하고 있다. 올 초에 혼자 시작해 5월 4일 100일간의 기도를 마쳤다. 밥 먹을 때 하는 기도는 농부에 대한 감사, 그리고 밥 먹기 전 불교의 오관게五觀偈를 빌려온다.

식전 기도 오관게

이 음식이 어디서 왔는고.
내 덕행으로 받기가 부끄럽네.
마음의 온갖 욕심 버리고
몸을 지탱하는 약으로 알아
도업을 이루고자 이 공양을 받습니다.

한 방울의 물에도 천지의 은혜가 스며 있고
한 알의 곡식에도 만민의 은혜가 깃들어 있으며
만인의 노고가 담겨 있습니다.
이 은혜로운 음식을 감사히 먹고
맑고 향기로운 삶을 살겠습니다.

요즘 나의 기도 제목도 겸손이요, 화두도 겸손이다. 혼자서 정적 속에 하는 기도에서 이 세상 다른 곳에서 맛볼 수 없는 충만감을 느낀다. 그것이 영성이든 불성이든 어떤 이름을 가졌던 범사에 감사하게 하고 나의 영혼을 깨우며 따스하게 충전해준다.

나의 아침 기도에 포함된 윤동주의 두 편의 시가 있다. 어떤 경전의 말씀보다 훨씬 종교적이며 잔잔한 되새김을 주는 그 시를 나누고 싶다.

서시 序詩

하늘을 우러러 한 점 부끄럼 없기를
잎새에 이는 바람에도 나는 괴로워했다.
별을 노래하는 마음으로
모든 죽어가는 것을 사랑해야지.
그리고 나에게 주어진 길을
걸어가야겠다.
오늘도 별이 바람에 스치운다.

십자가 十字架

쫓아오던 햇빛인데
지금 교회당 꼭대기
십자가에 걸리었습니다.

첨탑이 저렇게도 높은데
어떻게 올라갈 수 있을까요.
종소리도 들려오지 않는데
휘파람이나 불며 서성거리다가,

괴로웠던 사나이,
행복한 예수 그리스도처럼
십자가가 허락된다면

모가지를 드리우고
꽃처럼 피어나는 피를
어두워 가는 하늘 밑에
조용히 흘리겠습니다.

나는 수시로 하는 기도문을 모았다. 이 기도의 마무리는 「천부경」을 하고 있다. 주기도문의 하늘, 땅, 나라, 우리를 모두 '내 안에'로 바꾸어 하고 있다.

주기도문

하늘에 계신 우리 아버지여
이름이 거룩히 여김을 받으시오며
나라에 임하옵시며
뜻이 하늘에서 이룬 것같이
땅에서도 이루어지이다
오늘날 우리에게 일용할 양식을 주옵시고
우리가 우리에게 죄지은 자를 사하여 준 것같이
우리 죄를 사하여 주옵시고
우리를 시험에 들게 하지 마옵시고
다만 악에서 구하옵소서.
대게 나라와 권세와 영광이
아버지께 영원히 있사옵니다. 아멘

축복의 기도

큰일을 이루기 위해 힘을 주십사 기도했더니
겸손을 배우라고 연약함을 주셨다.
많은 일을 해 낼 수 있는 건강을 구했는데
보다 가치 있는 일 하라고 병을 주셨다.
행복해지고 싶어 기도했는데
지혜로워지라고 가난을 주셨다.
세상 사람들의 칭찬을 받고자 성공을 구했더니
뽐내지 말라고 실패를 주셨다.
삶을 누릴 수 있게 모든 걸 갖게 해달라고 기도했더니
모든 걸 누릴 수 있는 삶 그 자체를 주셨다.
구한 것 하나도 주시지 않았지만
내 소원 모두 들어주셨다.
하느님의 뜻을 따르지 못하는 삶이었지만
내 맘속에 진작 표현하지 못한 기도는
모두 들어주셨다.
나는 가장 많은 축복을 받은 사람이다.

성프란시스코의 평화의 기도

나를 당신의 도구로 써주소서.
미움이 있는 곳에 사랑을
다툼이 있는 곳에 용서를

분열이 있는 곳에 일치를
의혹이 있는 곳에 신앙을
그릇됨이 있는 곳에 진리를
절망이 있는 곳에 희망을
어둠에 빛을
슬픔이 있는 곳에 기쁨을 가져오는 자 되게 하소서.
위로받기 보다는 위로하고
이해받기보다는 이해하며
사랑받기보다는 사랑하게 하여주소서.
우리가 줌으로써 받고
용서함으로써 용서받으며
자기를 버리고 죽음으로써
영생을 얻게 됨을 깨닫게 하소서.

7
내가 만난 예수, 내가 만난 부처

김경재 목사님

우리 시대의 스승으로 꼽을 수 있는 두 분이 계시다. 두 분은 나에게 불교계와 개신교계를 넘나들 수 있게 해주시는 스승이시다. 언젠가부터 사람들은 그간 만나본 성직자 가운데 누가 가장 기억에 남느냐고 묻곤 한다. 그때 주저하지 않고 김경재 목사님과 도법 스님을 꼽는다. 이런 두 분을 스승으로 자주 뵙고 있으니 그야말로 커다란 축복이다.

김경재 목사님은 칠순이 넘으신 연세에도 활발하게 활동하신다. 한신대 명예교수로 신학대학원 강의도 하고 삭개오 작은교회에 원로 목사님이기도 하다. 한국 개신교의 진보 역사의 막내둥이인 목사님은 누구보다도 이웃 종교에 열려 있다. 목사님은 한국 개신교의 배타적인 행태에 마음 아파하며 개신교계의 반성을 촉구한다.

김경재 목사님은 1940년 전남 광주 유학자 가풍의 교사 집안에서 태어나 광주서중·광주고를 졸업하고 한신대에 입학했다. 한신대 졸업 후 연세대 연합신학대학원, 고려대 철학과 대학원에서 동양철학을 공부했다. 미국 더뷰크 대학교 대학원과 클레어몬트 대학교 대학원에서 현대 신학과 종교학을 연구한 후 네덜란드 위트레흐트 대학교 대학원에서 「그리스도교와 동아시아 종교의 만남」이라는 논문으로 박사학위를 받았다. 40여 년간 한신대 신학대학에서 조직신학을 가르쳤으며 현재 한신대 명예교수이다. 크리스천아카데미 원장으로 봉직했으며 한국문화신학회 위원, 장공기념사업회와 함석헌기념사업회 이사이다. 또한 기독교장로회 목사로 의정부 은평교회와 서울 은진교회의 전도목사 그리고 경동교회 협동목사를 지냈다. 정년퇴임 후 삭개오 작은교회에서 목회를 했으며 현재 원로목사이다.

   기독교장로회의 대표적인 진보신학자로서 함석헌과 종교 간 대화에 관한 다수의 논문이 있다. 저서로 《해석학과 종교신학》, 《폴 틸리히 신학 연구》, 《영과 진리 안에서》, 《이름 없는 하나님》, 《김재준 평전》 등이 있다.

   도법 스님은 출가 이후 수행자가 아닌 적이 없었다. 스님은 순례자이자 개혁자이다. 우리에게 생명과 평화라는 화두를 준 스님은 이제 움직이는 생명이자 스스로 완전한 평화 자체가 된 것 같다. 스님은 할 말은 꼭 하는데 늘 그 말이 사람을 부드럽게 끌어당기는 묘미가 있다. 도법 스님이 탁발 순례하는 모습은 성 프란시스코의 탁발 모습과 오버랩 된다. 수행 세상을 향한 스님의 쓴 소리가 왠지 달콤하게 들릴 때가 더 많다. 순례 중에도, 인드라망 법회에서도 오로지 몸으로 직접 실천하는 스님은 고독한 수행자이자 특유

도법 스님

의 부드러움으로 불교를 개혁해나가는 선봉장으로 각인되어 있다.

스님은 1949년 제주도에서 태어나, 18살 때인 1966년 금산사에서 출가한 후 해인사 강원과 선방을 두루 거쳤다. 1990년 한국 불교 최초의 청정도량인 승가개혁결사체인 선우도량을 만들었다. 1995년 이후 실상사 주지를 맡고 있는 스님은 1998년 실상사 땅 3만 평에 귀농학교를 설립하고 1999년에는 인드라망 생명공동체를 창립했다. 1994년 조계종 개혁불사 당시 핵심 역할을 수행했으며, 1998년 종단 분규 때 총무원장 권한대행을 맡아 사태를 수습하고 다시 실상사로 돌아갔다. 생명과 평화를 기치로 내건 생명평화탁발 순례단을 조직해 2004년 지리산 노고단에서 출발해 2008년까지 5년간의 대장정을 마쳤다. 우리 곁에 생명·평화라는 단어가 자연스럽게 안착하게 한 장본인이다. 현재 남원 실상사 회주로 있으며 조계종 화쟁위원회 위원장을 맡고 있다. 저서로《화엄경과 생명의 질서》,《청안청락하십니까》,《부처를 만나면 부처를 죽이라》,《그물코 인생, 그물코 사랑》,《내가 본 부처》등이 있다.

내가 만난 예수

 5년 넘게 목사님을 곁에서 보면서 각인된 매력 중 몇 가지만 말하자면 무엇보다도 자신의 낮춤이다. 익은 벼이삭이 고개를 숙인다는 말처럼 말이다. 자신을 낮추는 겸손에 자기를 높이려던 사람도 자연히 낮아질 수밖에 없다. 아마도 늘 자신을 둘러보며 반추하기에 더욱 낮출 수 있는 게 아닌가 한다. 또한 소탈하다. 권위적인 목사만 보던 교인이라면 놀라울 만큼 동네 아저씨 같은 털털함이 있다.
 목사님은 이웃 종교에 대해 열려 있다. 초파일이 가까워 오면 수유리에 있는 한신 신학대학원 교문에 석가 탄신을 축하하는 플래카드가 걸린다. 바로 뒤 이웃에 화계사가 있어 더욱 의미 깊은 이런 행사를 처음 시작한 분이 바로 목사님이다. 목사님은 개신교에 국한하지 않고 다른 종교에 늘 열려 있다. 불교와 천도교를 독학으로 공부하고 신학을 공부하는 학생들에게 이웃 종교에 가까이 가 볼 것을 권한다. 목

사님은 불교에 대한 지식이 해박하다. 한국 개신교의 배타적인 행태에 늘 마음 불편해 하며 기회 있을 때마다 개신교와 목사의 반성을 촉구한다.

자신의 신학 세계에 우주적인 세계관을 열어준 불교는 보약과 같다고 말하는 목사님을 소개하기 가장 좋은 글이 하나 있다. 2008년 《불교평론》 제37호에 실렸던 대담 기사를 옮긴다.

김나미 목사님, 안녕하셨어요. 목사님께서 한신대 은퇴 후 작은 목회를 하신다고 들어 직접 가보았습니다. 무척 색다른 느낌을 받았는데, 삭개오 작은교회는 어떤 교회인가요?

김경재 반갑습니다. 삭개오 작은 교회는 말처럼 아주 작은 교회입니다. 이대 후문 김옥길기념관 지하 10여 평 되는 공간을 주일에만 빌려서 쓰고 있는데 교인은 40여 명 남짓 됩니다. 우리 교회는 자체 소유한 공간이 없고 노회에 등록되지 않은 개척교회라 제도권으로 독립되어 있어 자유롭습니다. 이 교회에서의 목회는 지난 35년간 재직한 한신대를 퇴임하고 제 기독교 인생 50년 하느님 소명의 마무리라 여기는 작은 목회 봉사입니다. 현재 삭개오 교회는 홍대 앞으로 이전했다.

김나미 교회를 가보고 무척 파격적이라는 인상을 받았습니다. 예배 후 공부반에 스님을 모셔 반야심경을 듣고 목사님은 교인들과 사찰을 방문하기도 하시더군요. 50년 전 신학생으로 시작, 신학자로, 교수로, 목사로, 신앙인으로 사셨지만 마음만은 오래전 이미 종교를 초월한 구도자 같으십니다. 목사님께서는 처음 불교를 어떻게 접하셨는지요. 목사님께서는 불교 이야기만 나오면 얼굴이 부처님 얼굴 같아지십니다.

김경재 평소 학교에서도 부처님 얼굴을 닮았다는 소리를 자주 듣습니다. 나 자신의 가정환경을 보면 일가친척이나 주변에도 불교인이 없었기에 불교를 접할 기회가 전혀 없었습니다. 그런데 18세쯤 나도 모르게 뭔가에 이끌려 화엄사 계곡을 찾아 물에 몸을 담그고 신비한 체험을 하였습니다. 왜 사찰이었는지는 모르지만 사찰 가람이 자리한 거룩한 공간으로 저도 모르게 저절로 이끌려 간 것 같은데 화엄사로 간 것은 도저히 설명이 되지 않습니다. 그런 체험으로 신학대학을 지원했던 것이지요. 신학생 때 가정교사 아르바이트를 하며 학교를 다녔는데 미아리 근처 한 포교원 벽에 붙어 있는 글귀 하나가 눈에 들어왔습니다. "중생의 병은 무명에서 오고 보살의 병은 대비에서 온다." 불교를 전혀 모르던 당시, 이게 무슨 소리인 줄도 몰랐지만 이 글귀가 나를 사로잡았는데 저것이 바로 기독교의 아가페적인 사랑이구나 하며 무척 친숙하게 다가왔습니다. 이것이 불교와의 첫사랑인데 무조건 호감을 느끼게 해주었고 그 뒤로 《유마경》을 좋아하게 되었습니다.
30세 넘으며 신학공부가 좀 되어가니 불교를 알고 싶은 갈증이 깊어져 저 혼자 서점에 가서 불교 책을 사와 열심히 탐독했습니다. 스승이 될 만한 스님과의 인연이 없다보니 혼자 더듬어 가며 깊이 읽었지요. 김동화의 《불교학개론》, 《원효사상》, 《용수의 중론》. 당시에 샀던 이 세 권의 책은 나에게 불교가 참으로 위대하고 또 우주적인 종교임을 확인시켜준 문헌이었습니다. 그 뒤 원효의 《대승기신론소》를 읽었는데 이 책은 불교에 바른 이해를 하게 해주고 불교의 틀을 잡아준 보약이었어요. 전체적으로 불교는 나로 하여금 우주적인 패러다임에 눈을 뜨게 해주었습니다. 불교의 포용과 관용이 나 자신의 신학과 결합. 창조적으로 변화하는 과정에서 해석학적으로 소통 가능한 상호 보완적인 관계가 정립되었다고나 할까요. 그러고 나서 진리의 관법마저 통섭하게 되었다고 할 수 있지요. 기독교가 인간의 죄를 말하는 것에 반해 불교는 여래장사상을 말하더군요. 인연 생기하는 연기적인 실재, 이것은 과정신학의 과정적 실재관과 80퍼센트 같은 것입니다. 저에겐 무엇보다도 대승의 보살도가 가장 매력적으로 다가왔어요. 상구보리하며 중생과 같이하는 보살도는 아가페적인 사랑이었습니다. 신학자로서 불교의 가장 부러운 점은 정과 혜가 같이한다는 점인데 정혜쌍수

김경재 목사님과의 대담

定慧雙修야말로 불교의 최대 매력입니다.

김나미 비록 글로써 불교를 만났지만 불교로 인해 목사님 세계관은 우주를 다 품을 수 있는 확장을 가져왔나봅니다. 그래서 한신대 신학과 교수로 재직 시에도 다시 철학과에 학생으로 입학하셨으리라 생각됩니다. 고려대 철학과에서 당대의 대가들에게 노장과 불교를 공부하셨다고 들었습니다. 학문에 관한한 신학, 종교학, 철학 등 이미 섭렵을 마치셨는데도 항상 그리 해오신 것처럼 여전히 열린 마음으로 배움에 대한 끈을 놓지 않고 있으신 것 같습니다.

김경재 진리라는 것은 이런 것이 아닐까요? 누구는 사과 하나를 놓고 한 사람은 이쪽에서 보고 말하고 한 사람은 저쪽 면을 보고 말하는 것과 같다고. 진리를 놓고 내 것만은 고집하는 건 서귀포를 보고 전국을 보았다고 하는 것과 같아요. 우리의 삶은 진리와 진리가 만남으로써 창조적으로 변화하는 과정 속에 있지요. 자신에게 결여된 것을 배워나가며 삶이 성숙하고 깊어집니다. 신학만 하던 좁은 세계에서 내가 불교의 우주적인 시각 덕분에 눈 뜨게 되고 세계관의 폭이 넓어진 만큼 한국 개신교도 이웃종교에서 배울 것은 배워야 합니다.

김나미 배워야 하기에 목사님께서 쓰신 글마다 다른 종교에 대한 열린 자세를 갖게 하나 봅니다. 저는 목사님께서 쓰신 '참 종교의 진리는 서로 통한다'는 헤드라인 기사를 읽었는데 종교 다원사회에서 피할 수 없는 기독교와 이웃종교와의 바른 관계 정립을 역설했습니다. 저는 목사님의 글을 보고 개신교에 이런 목사님이 계시다는 사실에 놀랐습니다. 한국교회지도자들의 반성을 촉구하고 종교간 대화의 불가능이 개신교의 배타성에 기인한 것이라는 몇몇 기사는 저로 하여금 개신교도 접근가능하다는 반가운 마음을 들게 했습니다. 1996년 일어난 화계사 사건은 우리나라 종교간 대화에 있어 역사에 남을 사건으로 기록되어도 좋을 만한 것이라 보이는데 이것에 대해 상세히 설명해주십시오.

김경재 1996년 봄, 한신대 수유리 캠퍼스 길 건너 이웃인 화계사에 방화사건이 일어났습니다. 서로 이웃인데 종교 간의 갈등을 증폭시키는 이런 일에 우연히 나도 동참하게 되었습니다. 그 소식을 듣고 목사가 가만히 있을 수 없어 학생 20여 명과 함께 금일봉을 거둬 화계사를 방문 위로했습니다. 이 인연을 계기로 해서 화계사는 그해부터 '축 성탄절' 플래카드를 내걸고 한신대 학생회는 이에 대한 화답으로 초파일마다 '축 부처님 오신 날' 플래카드를 거는 사이가 되었습니다. 이 일이 당시 매스컴을 타지 않아 외부에 알려지진 않았지만 저 개인에게도 참으로 흐뭇한 일이었어요.

하지만 난 그만 그것 때문에 큰 수난을 당하기도 했지요. 보수교단과 교인들로부터 우상종교를 어찌 축하하느냐며 당장 플래카드를 내리라는 항의전화가 빗발쳤습니다. 시간이 지나도 당시 교단과 교인들로부터 받은 압력과 항의는 상상을 초월하는 것이었어요. 비교적 진보교단이라는 기장마저도 이렇게 된 것이 가슴 저미도록 아팠습니다. 기장의 진보성이란 것은 밖을 향해서 일 뿐 기본 도그마에서는 보수와 다를 것이 없습니다. 그것을 건드리면 정말 무섭습니다. 보수파들에 의해 나는 이미 오래전부터 '왕따' 되었지만 한국 개신교가 대승적이 되지 않고는 안 된다는 점을 절실하게 절감하기 때문에 할 말은 합니다. '내 종교만이 진리', '내 종교만이 구원'이라는 개신교의 독선과 배타를 두고 볼 수 없으니까요. 오로지 내 것만이 구원이고 참 진리라 하니 교리적인 선입관이 팽배해 독단적인 우월주의에 빠졌습니다. 작금의 개신교회는 갈릴리 나사렛 예수의 교회가 아닌, 은혜 배급소가 되어 버렸습니다. 교회엔 인간에 대한 애정도, 따스한 눈길도 없습니다. 하나님의 형상을 가진 인간의 본성은 이미 변질되어 마치 썩은 사과를 보는 듯합니다.

김나미 목사님은 개신교 교파 중 기장 내에서 불교에 처음 손을 내밀게 된 선구자이셨다고 봅니다. 독선으로 무장한 배타적인 교인들과 목회자들로 인해 자극을 받으니 목사님의 외침의 소리가 더욱 커지셨나 봅니다. 제가 알기에 항의 수난을 당하시던 가운데서도 뒤이어 일간지에 법정 스님 앞으로 '부처님 오신 날에' 축하 메시지를 내보냈고 또다시 중앙일보에 「석가탄신일기념 세 종교지도자 대담」에 스님·신부님과 자리를 같이하셨습니다. 목사님은 쉬지 않고 교회를 향해 할 말은 하며 질타해오셨습니다. 어쩌면 이것은 사랑하는 자식에게 매를 들어야 하는 어버이 심정 같으리라 생각됩니다. 같은 소속인 기장으로부터도 이런 일을 당하시는 것을 보면 목사님 혼자서 참으로 외로운 길을 걸으시는 것 같습니다.

김경재 교파를 넘어 우리 개신교는 근본부터 잘못되어 있습니다. 기독교 종교개혁의 정신, 개신교 정신의 본질 가운데 하나가 하나님을 영화롭게 하며 그를 영원히 즐거워하는 것이라고 합니다. 놀이라는 근본적인 축제, 기쁨, 감사 요소가 교회 안에서 이미 죽어버렸습니다. 이것은 잘못된 개신교의 선교 사명의식 때문입니다. 종교에서 사명감·의무감은 하나님의 이름으로 복음 전파 열정이 오히려 독이 되어 광적이 되었습니다. 개신교 전체가 걸려 있는 질병 속에 나사렛 예수의 원초적인 복음은 그만둔 것이지요. 기독교 핵심은 은총의 하나님을 발견하는 것으로 그 근본은 원래 might가 나온 다음 should가 뒤따르는 겁니다. 그런데 지금은 should가 먼저 나와 뒤바뀌어버렸습니다. 하나님에게 선택 받은 인간이다 하는 은총의 선언이 나오고 스스로 자중하고 증언하기 위해서 하나님 뜻에 맞는 삶을 살고 경건하고 선행을 하는 것 등등은 모두 might가 먼저 있은 다음 should가 뒤따라서 자발적인 기쁨으로 해야 하는데 이것이 뒤집혀 should가 먼저 나오니 복음의 왜곡이 왔습니다. 작금의 한국개신교는 기독교의 근본 원리를 배신하고 있는 겁니다. 은총에 대한 감격은 교리로만 있지 현실적으론 없어졌어요. 그러나 장사는 잘 되고 있으니 교회 확장이라는 우상숭배를 하고 있는 겁니다. 결론적으로 보자면 선교 사명이란 것도 인간이 진정한 의미에서의 신, 절대자, 진리를 안 믿으니 인간이 본성 속에 있는 존재론적인 불안을 해소하기 위해서 일중독에 걸린 듯, 뭔가 의미 있는 일을 하고 있는 듯해야 하기에 선교라는 이름엔 일종의 도피적인 성격도 있습니다.

김나미 가끔 참여관찰로 인해 교회 예배 시간 맞춰 교회를 가봅니다. 문밖에서 예배 마치고 나오는 교인들을 보면 진통제 한 방씩 맞고 나오는 환자들처럼 보였습니다. 약발 떨어지면 또 가서 한 방 맞고 하는 게 아닐까요. 사람이 종교에 위로받기도 하지만 종교 때문에 서로 불편한 사이가 되는 경우가 더 많습니다. 한국 개신교회의 행태 중 이번 종교편향 차별 사태에 대해 한 마디 해주십시오.

김경재 이번 일어난 종교편향 차별 사태의 핵심은 두 가지에 있습니다. 첫째는 개신교 성직자와 평신도의 무지, 그리고 권력 지향적 독선이 문제의 핵심입니다. 권력화된 개신교가 '권력 지향'을 향한 오만한 행동의 결과로 이런 사태가 발생한 것이었습니다. 개신교의 독선을 드러내 보여주는 경우는 성경을 계시경전이라고 절대 권위를 부여해 절대시하는 도그마 때문입니다. 개신교만이 구원의 종교라는 독단적 절대화의 도그마 우월주의에서 벗어나야 합니다. 이것의 치유는 성서의 문자주의 극복에 있습니다. 열심당원으로 훈련된 개신교인의 행동에 대신 죄송한 말씀 전합니다. 연민으로 봐주십시오.

김나미 불자들이 화가 날 만큼 개신교인의 열성은 누구도 못 따라갈 것 같습니다. 사람 사는 세상에 종교가 오히려 해악이 되고 갈등의 원인 제공자 같아 마음이 안 좋습니다.

김경재 이 사진을 좀 보십시오. 우주 공간에서 바라본 지구의 모습을 찍은 사진입니다. 우주 공간에서 지구라는 별을 보는 스케일과 시야가 얼마나 다릅니까? 난 아침저녁으로 저 사진을 봅니다. 수도원이나 기도원에서 명상하는 것보다 더욱 리얼하게 다가옵니다. 지구의 한 구석에서 사는 좁쌀만도 못한 우리가 집착 때문에 잘 못 삽니다. 명예욕, 뭔가 남겨야 되겠다고 하고, 아옹다옹하고 싸우는 것, 모두 다 집착에서 오는 이런 것들이 이 사진 앞에서 모두 사라져버립니다. 이 사진을 볼 때마다 인생의 근원과 목적, 그리고 의미에 일찍이 고뇌했던 50년 전에 청년으로서 느꼈던 그 경지로 돌아갑니다.

김나미 이렇게 늘 초심으로 돌아가시니 작은 숫자이나마 눈 밝은 몇몇 개신교인들에겐 횃불 같은 존재가 되어주십니다. 그간 뵈어온 목사님은 저에게 또 다른 예수보살님으로 보입니다. 목사님께서 보아오신 한국 불교에 대해서도 한 말씀 해주십시오.

김경재 1700년의 한국 불교는 처음 왕조시대 국가권력에 기울어졌고 '호국'이란 미명하에 왕권이나 상층부와 결탁, 위대한 핵심 진리가 중생에게 전해지지 않았습니다. 부처님의 참된 가르침으로 중생을 돌봐주셨으면 합니다. 기복적인 성격만 강조된 불교는 기독교와 다르지 않지요. 이런 점에서 불교를 창조적으로 편승시키는 것이 최대의 과제로 보입니다. 불교계 지도자들은 중생으로 하여금 수행과 내적인 사색의 깊이를 더 하도록 해줘야 합니다. 저를 포함한 비불교도인, 모든 중생의 종교적인 심성을 돌보아주시고, 바다처럼 넓고 깊은 부처님 가르침을 배고픈 중생에게 배불리 먹여주시길 바랍니다.

김나미 불교계를 향한 조언 역시 자신을 포함한 모든 중생의 아픔을 돌봐달라는 것이시네요. 불교 지도자들이 연민을 갖고 보살도를 향해 가라는 쓴 소리는 단지 불교계만을 향한 말이 아닌, 교회를 포함한 이 세상을 향한 깨침의 외침으로 들립니다. 목사님의 외로운 광야의 외침은 끝나지 않았고 앞으로도 계속되어야 한다고 봅니다. "중생의 병은 무명에서 오고 보살의 병은 대비에서 온다"는 유마거사의 말처럼 아픔이 크시더라도 질타를 멈추지 말아 주십시오. 50년간 신학의 마무리에서 나오는 죽비 같은 깨침의 소리에 감사합니다. 오늘 긴 시간을 내주셔서 감사합니다.

목사님은 한 설교에서 사랑이란 화롯가의 불씨라 했다. 그것이 꺼지지 않게 그것에 깊이 빠지라, 믿으라 하지 않고 사랑하자로 나가는 것이다. 사랑하기엔 벅찬 환경이지만 늘 자신의 소명으로 주변을 일깨워 주는 목사님을 진정 우리 시대의 스승으로서 알리고 싶다. 지상 최고의 명령이라면 내 종교, 네 종교 가리지 않고 서로 사랑하는 것이 아닌가? 적어도 기장에 이런 목사님이 있다는 점은 앞으로 불교와 개신교가 만나고 서로를 알아가는 일에 초석이 되어줄 것이다. 목사님 자신은 개신교라는 나무뿌리에서 양분을 취하고 그 가지는 모두 불교와 유교의 가치관을 공유하고 있다. 그 가운데 유가의 가풍과 선비의 기질은 교육자였던 아버지와 장공 선생의 영향을 받았다. 평소에 구상 시인의 시를 자주 음미하는지 수업 시간에도 복사물을 학생들에게 나눠줄 정도이다. 목사님은 시인 구상의 시를 유난히 좋아하신다. 우리도 한 번 감상해보자.

말씀의 실상

영혼의 눈에 끼었던
무명無明의 백태가 벗겨지며
나를 에워싼 만유일체가
말씀임을 깨닫습니다.

노상 무심히 보아오던
손가락이 열 개인 것도
이적異蹟에나 접하듯
새삼 놀랍고
창밖 울타리 한 구석
새로 피는 개나리꽃도

부활의 시범을 보듯
사뭇 황홀합니다.

창창蒼蒼한 우주, 허막虛漠의 바다에
모래알보다 작은 내가
말씀의 신령한 그 은혜로
이렇게 오물거리고 있음을
상상도 아니요, 상징도 아닌
실상으로 깨닫습니다.

 이 시는 시인 구상이 1980년 60세 전후에 쓰신 것인데 목사님은 이 시에서 존재에 대한 겸허와 소년의 감수성을 잃지 않는 정직이 존경스럽다고 말한다. 비록 자신의 시작詩作은 아니어도 이 시를 그렇게도 좋아하는 것만 보아도 목사님의 인품이 그대로 드러난다고 생각한다.
 목사님은 인간에 대한 깊은 통찰에서 우리 각자의 책임을 묻는다. 자신의 저서인 《영과 진리 안에서》 제1부 '나는 이렇게 믿고 생각한다'에서 이렇게 갈파하신다. "내가 기독교 신학에서 배운 인간에 대한 가장 귀중한 통찰은 인간의 비극과 인간성 속에 깃들인 그 마성은 인간 품성 속에 악마가 나쁜 종자를 뿌려놓고 샀기 때문이거나 훈습으로 제2의 천성이 되어버린 타고난 천성이 아니라 온전히 인간 의지의 남용과 오용에 있다는 책임성에 대한 통찰이다. 인간의 위대함도 인간의 비참함도 모두 인간 그 자신의 개인적 집단적 책임의 산물이라는 통찰이다.……기독교와 불교가 공통적으로 지적하는 인간의 근원적인 질병의 지단은 '탐욕'이라는 병이다."
 목사님의 세계관은 일반 범부인 나로서 도저히 이해 불가능한 영역

이다. 목사님의 세계관에 결정적인 역할을 하신 분은 장공 김재준이고 목사님을 알려면 김재준을 보면 알 수 있다. 목사님은 1959년 한국신학대학 김재준 목사의 문하생으로 들어갔다. 장공 김재준을 학교에서, 나아가 인생 전체에서 평생 스승으로 모시며 그분에게 인생에서 배워야 할 가치를 모두 배운 것이다.

목사님이 집필한 《김재준 평전》에서 연대별로 장공의 업적을 정리했는데 간략하게 몇 줄을 옮겨 보면 다음과 같다.

자유혼을 지닌 진보적 개혁사상가로서 교육자 김재준의 삶 1940~1960을 조명하자면 한국 교회사가들은 김재준 이라는 인물이 한국 개신교에 있어서 진보적 신학자요, 비판적 사회참여윤리를 제창한 대표적

사상가라는 점에 동의한다. 오늘날 한국의 일반 사회인에게 비춰는 개신교의 대부분은 매우 보수적 종교단체로 보이며, 경직된 교리적 신학체계와 융통성 없는 성경절대주의에 기초한 반지성적 종교집단으로 이해되고 있다. 서울역 광장이나 전철 역 구내에서 한국의 전통 종교를 배타적 태도로 매도하며, 시한부 종말론을 퍼뜨리며, 불교나 천주교와 대화를 거절하며, 진화론  을 비롯한 과학적 진리를 거절하며, 매우 분파적 종파운동을 선교정열이라는 명분 아래 강행하는 개신교의 현상들은 모두 한국 개신교의 근본주의적 보수주의 신학에 뿌리를 두고 있는 것이다. 이러한 한국 개신교의 보수성은 어제 오늘에 갑자기 형성된 체질이 아니라 한국 개신교 초기부터 형성된 약 120년간의 긴 역사가 있다. 특히 한국 장로교회를 중심으로 하여 한국 개신교 전반의 보수적 경향성과 그러한 체질의 뿌리는 깊다. 그러한 개신교의 보수주의를 개혁하려고 힘쓴 진보적 개신교 변혁운동의 중심인물이 바로 김재준이다.

　장공 김재준의 인격을 한마디로 표현한다면 그의 아호가 상징하듯이 자유인 또는 무애인無碍人이다. 그의 자유정신은 동양의 도인道人이 도달한 달관의 정신에서도 부분적으로 비롯되지만, 본질적으로 김재준의 자유정신은 성서적 신앙의 철저한 체득으로부터 근원한다. 김재준은 미국 유학시절 구약성서신학을 연구하여 특히 예언자들의 사상에 깊이 통달해 있었고, 종교개혁 사상가들 마틴 루터나 존 칼뱅의 복음적 자유정신으로 영적 거듭남을 경험한 이후였다. 뿐만 아니라 개인의 영성훈련에서 항상 모범으로 삼아 숭앙하는 인물이 자유로운 수도탁발승 아씨시의 성자 성 프랜시스였는지라 그의 자유혼과 자유정신은 그의 일생활동을 추동하는 저항적 비판정신의 원천이 된다.

민주주의 신봉자, 역사참여의 지성인 1960~1980 김재준의 성격은 남의 앞에 나서서 사람을 조직하고 선동하는 그런 성격의 정치적 인물이 전혀 아니다. 말하자면 전형적 선비요 교육자이며 은둔적인 도인이고 조용한 서재의 학자이다. 평소엔 말수가 적어 과묵하다 못해 침묵을 영성훈련의 신조로 삼고서 살아가는 수도자 같은 인물이었다. 그런데 도대체 어떻게 되어서 그런 조용한 분이 역사의 소용돌이가 휘몰아치는 1970~80년대에 '3선 개헌 반대 범국민투쟁위원회' 위원장직을 비롯하여 '민주수호협의회' 공동의장직 같은 정치사회운동집합체의 중책을 맡게 되었을까. 그 비밀은 두 가지인데 그의 살아 있는 지성인으로서 역사 참여적 윤리사상과, 그의 야망 없는 인품을 존경하는 주위 제자와 사회 인사들의 적극 추대 때문이다.

장공 김재준 목사는 예언자정신과 그리스도의 자유혼을 핵으로 간직한 진보적 기독교 사상가요 신앙인이었다. 말년엔 성령의 은혜와 하나님의 모성적 사랑에 특히 감격해 하면서 전우주적 사랑의 공동체 안에서 전 피조물이 사랑과 의를 누리고 실천하는 대동적大同的 세계를 염원하였다. 그는 진솔한 교육자였으며, 청빈한 성직자였으며, 현실 속에서 행동하는 양심이었고, 신앙을 삶으로 실천하는 생활신앙인이었다. 그는 양심적 지성인으로서 역사가 방향을 잃고 방황할 때

함석헌 선생님과 함께

'예'와 '아니오'를 분명히 할 줄 아는 우리 시대 예언자였으며, 하나님 형상대로 지음 받은 자유한 인격체 인간을 억압하는 일체의 우상을 용납하지 아니하는 창조적 비판자였다.

  그의 신앙세계는 기독교 정통신앙의 핵심적 본질을 잃지 않으면서도 매우 열려진 개방성과 포용성을 지닌 우주적 종교였으므로 오늘날 현대 한국 개신교의 배타 주의적 경직된 모습과는 사뭇 달랐던 것이다. 한국에 개신교가 전래된1885 이후, 한국 기독교 신학을 대표할 만한 한 인물을 후세 역사가가 기록에 남긴다면 아마 장공 김재준 목사는 그 몇 사람 중에 반드시 기억할 만한 인물일 것이다. 그리고 현대 한국 지성사 및 사회사를 서술함에 있어서, 1970~1980년대 한국 진보 기독교의 역사 변혁적 운동의 원동력이 어디에서 연원하는가를 알려면 반드시 연구되어야 할 중심인물이라는 것을 강조하고자 한다. _《김재준 평전》 중에서 이렇게 자랑할 만한 스승을 둔 김경재 목사님은 행운아이다. 개인으로서 나는 5년 전 쯤 목사님이 준 《장공김재준》이라는 작은 책자를 통해 간단히 만났다. 이번에 목사님을 통해 장공의 면모를 다시 보게 되니 보물을 캔 것 같은 기분이 다 든다. 목사님을 뵈면 장공을 간접으로 뵙는 것 같다. 목사님은 외모와 덩치만 빼고 장공을 많이 닮아 있

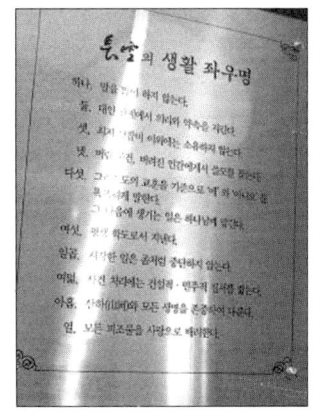

다. 그러한 분을 스승으로 모신 분이니 늘 목사님 자신이 스승의 판박이가 되어 있다.

수유리 신학대학원의 '장공기념관'에 걸린 장공의 생활좌우명이자 자신에게 주는 십계명을 보자.

> 하나. 말을 많이 하지 않는다.
> 둘. 대인관계에서 의리와 약속을 지킨다.
> 셋. 최저생활비 이외에 소유하지 않는다.
> 넷. 버린 물건, 버린 인간에게서 쓸모를 찾는다.
> 다섯. 그리스도의 교훈을 기준으로 예와 아니오를 똑똑하게 말한다.
> 여섯. 평생 학도로서 지낸다.
> 일곱. 시작한 일은 좀처럼 중단하지 않는다.
> 여덟. 사건 처리에는 건설적·민주적 질서를 밟는다.
> 아홉. 산하와 모든 생명을 존중하며 다룬다.
> 열. 모든 피조물을 사랑으로 배려한다.

　이것이 예수 정신이다. 하나도 거창하지 않으며 예수의 가르침을 예수를 일상생활에서 그대로 살려했던 모습이 여기서 드러난다. 내가 아는 교수 한 분이 장공 선생님 아들과 같은 고등학교를 나왔다 한다. 어느 날 친구들과 같이 집에 가보니 세간 하나 변변한 것 없이 너무나 검소해 놀랐다고 한 기억이 있다며 그 집이 사는 것을 보고 장공을 존경하게 되었다고 한다. 언젠가 우리에게 장공의 정신이 크게 알려져 너도나도 장공에게 예수 정신을 배우면 좋겠다는 생각까지 든다.
　김경재 목사님은 교회에서 그를 기억하려 액자 하나를 성경 옆에 늘 두고 계신다. 생명, 평화, 정의, 이외 우리에게 무엇이 더 필요할까? 하는 일마다 생명, 평화, 정의를 떠나지 않는 자세는 이웃 종교를 포용하고 끌어안는 면에서 다 볼 수 있다. 목사님은 보수가 만연한 한국 개신교에 균형을 잡아주는 인물이다. 한국 개신교에 희망을 주는 이런 분이 없다면 우리 개신교에서 희망을 찾을 수 없다는 결론이 나온다.

　목사님이 늘 집과 교회에 걸어두고 보는 지구 그림이 하나 있다. 이것을 보며 "나라는 존재는 저 지구에 너무도 작은 존재이구나"를 스스로에게 상기시키며 낮춤의 겸손을 배운다고 하신다. 목사님의 제자들이 뭉쳐 드디어 일을 내고 말았다. 2011년 5월 28일 삭개오 작은교회에서 김경재 목사님의 그간의 설교집을 책을 엮어낸 것이다. 40여 년을 강단에서, 지금도 명예교수로 강의하니 제자가 많고 여전히 오늘까지도 존경하고 따르는 제자도 많다. 삶이 마디마디로 이루어진 것이라면 그 마디 하나의 획을 그으신 것이다. 이 시대 우리의 스승님으로 모시기에 충분한 목사님은 이렇게 우리 곁에서 제자들, 신자들, 목사후보생들에게 힘을 준다. 나 개인으로 이러한 목사님을 5년간 옆에서 뵙는 행운이 따랐고 나는 스스로 목사님의 제자가 되기로 했다.

내가 만난 부처

뜻이 있다면 길이 열리는 것. 스님과의 인연은 2005년 여름 스님이 이끌던 생명평화탁발순례단에 종교위원으로 동참하면서 시작되었다. 순례단에는 반년이 지난 뒤 늦은 합류였다. 광주에 입성하던 날, 그리고 경기지역과 하남 순례 때 스님과 같이하며 가까에서 주시는 말씀에 귀가 열리는 경험을 몇 번인가 할 수 있었다. 곁에서 본 스님은 만 명이 되는 조계종단 전체 비구의 몫을 홀로 대신하는 것처럼 보였다. '이런 스님이 열 분만 계신다면 한국 불교는 중흥할 텐데' 하는 마음이 슬며시 깊어져만 갔다.

2011년 5월 20일 조계종 화쟁위원회 사무실에서 간만에 스님과 마주 앉았다. 작년 스님이 한신대 신학대학원에 특강 오신 후 거의 1년 만이다. 우리는 옛 생명평화순례단의 이야기로 거슬러 올라갔다. "스님 그때가 참 좋았습니다" 하고 몇 가지 추억을 떠올리니 뭐니 뭐니 해도 생명 평화의 핵심으로 초점이 맞춰진다. 스님은 생명과 평화가 시대의 담론으로 부각되고 이 단어가 일반에게 대중화되었다는 것이 좋았다 하신다. 나아가 개인적으로 대안적인 삶과 사회가 가야할 방향을 찾았다고도 하신다. 생명·평화가 21세기에 우리에게 주어진 대안임을 일찍이 간파하신 것이다.

5년에 걸쳐 전국을 무대로 탁발하는 이 순례는 가는 곳마다 주는 대로 숙식을 해결하며 오로지 걸으며 사람들에게 생명와 평화를 알리는 일이었다. 어쩌면 마이크보다 더 큰 소리로서 사람을 깨우는 이 탁발 순례는 스님의 인생에도 큰 획을 그은 사건이었다고 본다. 2004년 3월 1일 지리산 노고단을 시작으로 전국 군·면 단위까지 방방곡곡 3만 리에 이르는 멀고도 먼 길이었다. 2004년에는 지리산권 5개 군과 제주·경남지역을, 2005년에는 전남·광주·경북·대구를 돌았다. 2006년에는 전북·대전·충남을, 2007년에는 충북·강원지역을 순례했다. 2008년 순례의 마지막 여정으로 서울지역 100일 순례를 9월에 마쳤다. 곳곳에 도착하는 일정마다 숙박장소, 먹을 것, 마실 것을 탁발에 의존했다. 걸으면서 잠시 쉬어가는 곳마다 지역 주민과 종교인, 농민, 교사, 공무원, 시민단체 등과 만나 생태, 환경, 문화, 역사, 교육 등등의 대안적인 삶에 관한 토론과 대화를 나누었다. 가는 곳에 억울하게 죽은 영

혼이 거할 만한 곳에서는 원혼을 달래는 예식도 했다.

　순례자 일행은 지역에 따라 새로운 사람으로 교체되거나 주말에만 합류하는 사람도 있었다. 순례를 마치고 돌아가는 사람도 있었으나 장기 휴가나 안식년을 받아 동참한 사람도 있었다. 서로를 '등불님'으로 부르며 걷다 쉬어가는 여정에는 침묵 속에서도 특별한 동지애 같은 것도 느낄 수 있었다. 탁발 순례단에 간사로 일하며 도움을 주는 특별한 등불이 한 사람 있다. 김도형 간사는 젊은 20대 청년이다. 불교신자로서 자신의 신앙 정신에 맞지 않는 군복무를 거부했고 감옥에서 형을 살고 나왔다. 이미 그 얼굴이 평화가 되었는데 어찌 손에 총칼을 들 수 있을까? 혼탁한 세상에서도 그나마 이런 등불이 곳곳에서 세상을 환히 비춰 주는 것 같다.

　개인적으로 탁발은 수시로 튀어나와 고개를 드는 '나' 또는 '내

것'이라는 아상我相을 없애는 최고의 수행이었다. 나는 2004년 한여름 광주에 입성하는 날 합류했다. 광주 도착과 함께 시작한 5·18묘지 참배에는 탁발 순례단을 환영하는 광주 시민이 동참했고 그 가운데는 아기를 등에 업은 중년 아주머니도 있었다. 생명과 평화와 상관없을 것 같은 시장 아줌마들이 걷는 우리에게 건네는 음료에 코가 찡한 적이 여러 번 있었다. "그래, 우리는 이렇게 하나가 되는 거야." 전남도청 앞에서 가톨릭과 개신교 기장 성직자 몇 분이 우리를 맞았고 우리는 땅에 절을 하며 그날의 함성과 총성을 같이 들었다. 나는 계속 "그래, 우리는 이렇게 하나가 될 수 있어" 하며 가슴 뭉클해졌다. 성당에 순례단의 숙소가 마련되었고 짐을 풀기 전 한 식당에서 마련해준 저녁을 먹으며 스님에게 직접 들은 이야기가 하나 있다. 이 이야기는 두고두고 내 인생에 큰 가르침으로 남아 있다.

우리 사회의 모순에 대한 기자의 질문에 스님이 주신 답이었다. "얼음을 깨는데 가장 좋은 방법은 정으로 쪼거나 깨부수지 말고 얼음 스스로 녹기를 기다리는 것입니다." 나는 이 말을 듣고 '나 같으면 어떨까? 아마도 가서 깨부수지. 어느 세월에 얼음이 녹기를 기다리나' 하고 생각했었다. 이후 인간관계에서 힘에 부쳐 얼음을 깨부수기 어렵다고 느끼는 순간 스님에게 들었던 얼음이 스스로 녹게 하는 원리가 떠올랐다. 그리고 실제 나에게 갈등에 생겼을 때 얼음 녹이기의 방법을 적용시켰다. 그러면서 '이게 바로 평화로구나' 하며 마음이 편안해지는 나를 발견할 수 있었다. 나는 평화를 배웠다. 아니 내가 먼저 평화가 되었다.

생명평화탁발순례단의 캐치프레이즈는 바로 이것이었다. "세상의 평화를 원하면 내가 먼저 평화가 되자." 그렇다. 내가 스님을 통해 알아낸 또 하나의 진리는 얼음을 정으로 깨기보다 그 얼음이 스스로 녹기를 기다리는 것이 평화라는 것이었다. 이렇게만 하면 다툼과 싸움을 멈출 수 있다고 본다. 이것이 원효의 화쟁和諍이었다. 나는 천 년이 넘은 세월 속에 갇혀버린 화쟁을 이렇게 몸으로 체험했다.

또 스님은 바닷물에 염분이 3퍼센트만 있어도 물이 썩지 않는다는 말을 주셨다. 이 말을 곰곰이 씹고 소화시키다 나도 3퍼센트 소금의 한 알갱이가 되자는 결심이 섰다. 스님이 한 알갱이의 소금으로 옆에 계시니 나도 자신이 생기는 것 같았다. 스님이 바닷물을 썩지 않게 해주는 소금이자 등불의 빛으로 계시니 할 수 있을 것만 같았다.

조계종 화쟁위원회 일을 맡아서 서울에 올라오신 시간을 몇 시간만 점령하기로 했다. 나는 준비해간 질문을 하나하나 풀어놓았다. 탁발순례 중에 본 스님은 무소의 뿔처럼 혼자서 가는 고독한 수행자의 모습으로 다가왔기에 그때로 거슬러 가보았다.

> **김나미** 제가 순례 중에 본 스님은 무척 고독해 보이셨어요. 그런데 간간이 주신 알곡 같은 스님의 말씀을 알아들을 수 있는 사람이 바깥 세상에 몇이나 될까 하고 답답하기도 합니다. 자기주장이 많은 세상에 너무나 고독한 싸움을 하고 계신다고 생각합니다. 스님, 조계종 화쟁위원회 위원장으로서 화쟁도 좋지만 혹시 자극적인 충격요법이 필요하다고 생각하신 적은 없는지요.

도법 스님 나는 안 싸워. 부처님이 "나는 세상과 싸우지 않는다. 세상이 나에게 싸움을 걸지만 나는 법의 길을 갈 뿐이다" 하셨지. 나는 단지 불교를 제대로 알고 제대로 하자고 할 뿐이야. 이념, 종교, 지역에 따른 갈등을 해소하려면 자기주장만 내세울 게 아니라 상대의 생각을 경청하고 존중할 필요가 있다고 말하는 것뿐이야. 그래서 화쟁리더십 아카데미라는 것을 하고 있어.

(그런데 왜 이 화쟁이 정부에게는 먹히지 않는 것일까? 정부와 조계종단이 불편한 관계임을 보여주는 것으로 2010년 말부터 조계사에 정부·여당 관계자의 사찰 출입을 막았다. 2011년 4월 19일 한나라당의 불자 국회의원들이 신행信行 활동으로 조계사 법회 요청을 받아들인 것이다. 이 자리에 법사로 그 자리에 참석했던 스님은 국회의원들에게 부처님에게 절하지 말고 국민 앞에 무릎을 꿇고 기도하라는 일갈을 하셨다. 〈9시 뉴스〉를 통해 이것을 보던 내가 다 속이 후련했다.)

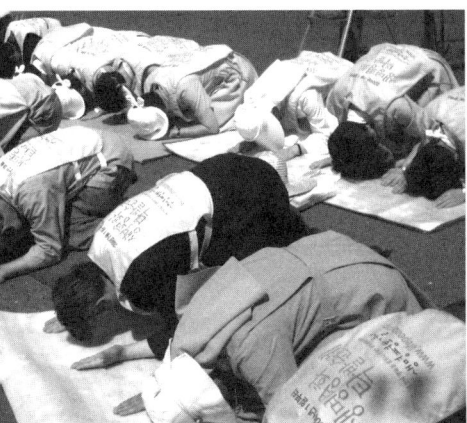

김나미 스님, 언제쯤이면 화쟁이 이루어지고 생명·평화가 우리의 호흡처럼 느껴 질 수 있을까요?

도법 스님 부처님 당시, 예수님 당시 그들의 목소리가 크게 들렸을까? 아마 아닐걸. 불교 역사 2600년간 불국토가 지상에 실현된 적이 있는가? 내가 목사님에게 물었지. 2000년 세월 속에 하나님 나라가 이루어진 적이 있느냐고. 그랬더니 없었다고 하더라고. 부처님의 불국토가, 예수님의 하나님 나라가 이루어진 적이 없었는데도 여전히 앞으로는, 미래에는 이루어질 것이라고만 말하지. 그렇게 2000년이나 말해왔고 믿어왔고. 앞으로도 계속 언젠가는 이루어질 것이라는 희망만 갖고 있지만 이제 그만 결론을 낼 때도 오지 않았나 싶어. 2000년, 2600년의 역사 경험에서 충분히 검증된 것은 우리가 직접 하나님나라, 불국토를 건설하지 않고 기다려서는 안 된다는 것이야. 여기가 아닌 하늘나라, 극락정토를 말하는 것은 자기를 속이고 세상을 속이는 것이라는 점을 알 때도 되지 않았나 싶어. 사견邪見은 그만 끝내야 하

한나라당 불자 법회

지 않은가. 그래서 우리가 할 수 있는 것은 지금 여기야. 이것이 해답인 것이지. 부처님도 '지금 여기'를 말했어. 하나님 나라, 불국토는 기다린다고 오는 것이 아니라 지금 여기서 이룰 수 있다는 것이라는 말이야. 우리는 충분히 지금 여기서 해탈할 수 있어.

김나미 교회와 사찰이 우리 사회의 무엇을 변화시켜 주었는가? 또 현재 불교에 이건 아니다 하는 것이 있다면 말해주세요. 실제로 무상이나 무아를 체험한 사람이 몇이나 있을까요? 소위 신자라는 사람들이 불상과 십자가에 의존하는 것에 대해서 어떻게 생각하시는지요?

도법 스님 기복도 나쁜 기운을 좋은 기운으로 바꿔주는 점에서는 긍정적인 부분도 있지. 불상이나 십자가에 의존하는 것도 불안으로부터 자유를 갈망하기 때문이라고 보기 때문이야. 불안과 공포의 불행으로부터 자유롭고 싶어 나오는 것이 불상에 의존하는 것이지. 불교는 즉각 해탈론이다. 이것은 죽은 다음도 아니요, 내생도 아니다. 지금 여

도법 스님은 세상을 깨우는 선각자이시다.

기서 해탈하도록 하는 가르침이 불교이다. 그러니 지금 여기서 바로 깨닫고 시시각각 순간순간에 즉각적으로 해탈하자는 것이야. 그런데 정작 부처님이 뜻했던 이 취지는 자취를 감추고 망각되어 있는 것이야. 참선을 하든 불공 기복을 하든 불교를 왜곡되게 이해하고 있는 불교인이 대다수이니까.

김나미 스님, 방금 말씀하신 '지금 여기'에 대해서 자세히 알고 싶습니다. 저 역시 '지금 여기 파派'입니다.

도법 스님 대부분의 불교인은 불교를 미래의 해탈에 실현하거나 먼 훗날 언젠가 깨달음을 이룬다고 미래지향적인 생각만 갖고 있어. 이 다음에, 먼 훗날에, 내생에, 죽어서 극락 서방정토에서 이룬다고 보는 이것이 문제야. 다음, 먼 훗날, 미래는 확인할 수 없는 것이 아닌가.

지상이 아닌 천상, 지금이 아니고 이다음, 현재가 아니고 미래, 미래에만 포커스를 맞추면 스스로를 속이고 다른 사람을 속일 수 있는 위험성이 많아. 자기도 속고 남도 속이는 것이지. 불교라는 간판을 내걸고 다음에 해탈한다거나 미래에 깨달음을 이룬다고 접근하는 이것이 한국 불교의 가장 큰 문제야. 이 문제로부터 자유로울 수 있는 사람이 몇이나 될까 해.

김나미 스님, 즉각卽刻해탈론에 대해 좀 더 상세히 말씀해 주세요.

도법 스님 나의 즉각해탈론은 돈오돈수야. 성철 스님이 돈오돈수를 말했으나 이것은 나의 돈오존수와는 달라. 성철의 돈오돈수는 열심히 참선 정진하여 미래에 궁극적 해탈이 가능하다고 가르치는데 나의 돈오돈수는 이런 것이 아니야. 인간이라는 존재에 대해 '천상천하유아독존'은 인간은 누구나 각자가 자유롭고 완성된 존재이자 가치를 가진 존재라는 말이지. 화엄에서는 청정법신 비로자나불이라 하고 법화경에서는 구원성불이라 하고 선에서는 원래 부처라고 한다. 그러면 마음을 내서 수행할 필요가 없는 것이고 본래 부처이니까 주어진 삶을 살고 누리면 되지 왜 열심히 기도하겠다, 깨닫겠다, 해탈하겠다는 마음을 일으킬 필요가 있겠어. 원래 부처, 본래 부처인데 왜 또다시 부처되겠다고 왜 망상을 일으키는 것일까? 더 이상 얻을 바 없음을 깨닫는 것, 깨달음을 얻을 바 없는 오무소득悟無所得, 이것이 돈오야. 즉각적으로 망념이 사라져버리는 것이 돈수이고, 망념을 즉각적으로 없애는 돈제망념頓除妄念이 돈수야. 돈제망념, 이것이 즉각해탈이고 이것을 돈오돈수라 하는 것이지.

김나미 어떻게 하면 우리가 이것을 일상의 실생활로 끌어와 적용시켜 볼 수 있을까요?

도법 스님 하나의 대상을 두고 욕심이 생겼거나 원하는 대로 되지 않을 때 불만이 생기고 고통스럽지. 이때 내 자신이 휘말려서는 안 되는 것이라 얼른 정신 차리는 것이야. 누구는 염불을 할 수도 있고 화두를 들 수도 있어. 이렇게 하면 내 마음이 탐욕의 불꽃이 타오를 수 있을까? 일어난 탐욕으로부터 즉각적으로 자유로워지는 것이지. 누군가 미운 마음이 나고 화가 나서 괴롭다 할 때 미움과 화로부터 얼른 정신 차려서 이 뭐꼬, 관세음보살을 부르거나 호흡 관찰을 하면 되는 것이야. 누군가를 욕하다가 정신 차리면 욕으로부터 벗어나는 것이야. 인간 마음이 동시에 할 수 없으니 적어도 '관세음보살' 할 때 미운 마음이 관세음보살 마음으로 바뀌는 것이지. 이렇게 미움과 분노로부터 자유로워지지만 또다시 원점으로 가면 또 죽어라 하고 또 해서 미움과 분노의 항아리에서 마당으로 나오는 것이라는 말이야. 마음에서 탐욕의 불길이 일어날 때 내가 왜 이러나 하면서 얼른 정신 차리면 돼. 그러면 이 순간에는 탐욕으로부터 즉각 벗어나는 것이고 이것이 해탈하는 것이야. 그러나 다시 원위치로 끌려가기 때문에 지금 바로 하는 것이고 여기서 하는 것이야. 이렇게 하다 보면 이런 한 순간 한 순간이 점차 두 순간 세 순간이 되는 것이지. 이것은 반복 수련을 통해서 가능한 것이지. 철저하게 지금 여기에서 깨달음, 해탈을 실현하는 것이 바로 이것이고 늘 깨어 있으라는 말이 이것이지.

김나미 이것은 다른 말로 업을 짓는 것에서부터 안전지대에 있다는 것인가요?

도법 스님 비노바바베도, 간디도 늘 염불을 했다고 해. 이렇게 안 하면 누군가 미워하게 되니까. 좋은 쪽으로 주체적으로 말하고 행동하면 이것이 내 삶이 아닌가? 삶이란 주체적으로 어떤 의도로 사는가에 삶의 질이 좌우되는 것이니까. 아무도 내 삶을 대신해주지 못하니 내가 즉각적으로 지금 여기서 정신 차리는 것, 이것이 해탈이야. 다른 것은 없어.

김나미 순간에 정신 차리는 일을 반복하다보면 정신 차리지 않아도 자연히 깨어 있게 될까요? 어제보다 오늘의 탐진치가 조금 줄었다면 잘 하고 있는 거겠죠. 스님 보시기에 또 다른 문제점은 없습니까?

도법 스님 기독교의 문제는 기독교를 제대로 몰라서 나오는 것이고 불교는 불교를 잘 몰라서 나와. 여기서 또 하나의 문제는 신비화·절대화시키는 것이야. 무엇이 신비인가? 십자가의 신비, 고난의 신비. 그 말이 무슨 말일까? 신비 아니면 이상한 정신 체험을 놓고 신비 체험을 했다고도 하더라고. 인간에게, 또 이 세상에서 가장 중요하고 가치 있고 귀한 일은 바로 생명이 탄생하고 살아가는 그 자체야. 이보다 위대한 것이 무엇이 있겠어. 나를 만든 하나님이 위대한 것은 나에게 생명을 주었다는 사실이야. 이 세상 그 무엇보다도 생명이 탄생하고 이 생명이 살아가는 것, 이보다 더한 불가사의가 있는가. 이 보다 더 큰 기적은 또 어디 있겠는가. 이것보다 더 큰 신비가 있겠는가. 지금 이 순간 기적·신비는 모두 실현되고 있어. 지금 여기 내 생명이, 그대의 생명이 존재하고 있다는 사실 자체가 신비가 아니고 무엇이겠어.

김나미 종교는 신비화시켜야 장사가 되는데요.

도법 스님 흔히 사람은 원하는 것이 다 이루어지면 행복해지리라고 믿지. 이것만 있으면 행복할 텐데 하는 것 가운데 영생불사가 있어. 그러나 사람이 태어나서 안 죽으면 어떻게 될까? 태어난 사람이 안 죽으면 다른 사람이 못 태어날걸. 그러니 내가 죽어주는 것도 . 죽음도 사랑의 하나야. 아니 사랑 자체이지. 내가 죽어야 다른 생명이 또 그 자리를 대신하는 것이 아닌가? 이 세상은 사랑의 법칙으로, 모든 만물, 존재도 사랑의 법칙으로 살아가고 있어. 사랑으로 생각하고, 사랑으로 생명이 활동하는 것, 이것이 연기법이고 동체대비이지. 그래서 내가 죽는 것도 사랑이고. 밝음만이 아닌 어둠도 사랑이야. 어둠이 없다면 밝음을 알 수 없으니까.

김나미 스님, 죽음도 사랑이라고는 보지 못했습니다.

도법 스님 사랑으로 보고, 사랑으로 말하고, 사랑으로 살면 이것이 팔정도야. 바르게 보고, 바르게 말하고, 바른 생활하는 이것 모두가 팔정도에 다 포섭되어 있어. 부처님이 2600년 전 팔정도를 가르친 건 놀라운 것이야. 자연의 힘, 신에 의한 힘, 운명의 힘, 업의 힘, 조상의 힘 등등 요즘 말로 팔자소관에 의해 모든 게 좌지우지 된다고 믿던 시대에, 또 모든 것이 업 때문에 그렇게 되었다고 믿는 논리가 지배하던 때 부처님이 나타나서 "그런 거 없다.그게 아니다. 네가 어떻게 마음먹고 어떻게 사느냐에 따라 다르다"고 한 것이 다른 종교와 다르다면 다를걸. 종교는 현재, 내 삶, 현장의 삶과 괴리된 것으로 보지 않아야 해. 종교를 자신의 삶과 직접 연결시켜 그것이 자신이 하기 나름이라는 점을 말한 것이 바로 부처님의 가르침이고 이것이 불법이야.

김나미 결국 모두가 자기가 해야 하고 자신이 직접 주인공이 돼서 사는 것이네요. 이렇게 사는 게 지금 내 삶에서 최상으로 잘 살 수 있는 비법으로 보여요. 팔정도가 사랑으로 보고 말하는 것이라고까지는 생각이 가지 못했어요. 그래서 부처님이 연기법을 말했고 예수님이 네 이웃을 네몸처럼 사랑하라 했던 것은 우리가 한 몸이기 때문에 그런 말씀을 주셨나봐요.

도법 스님 그것이 바로 생명평화순례의 로고인데 관계망의 세계를 보여주는 것이야. 어떤 하나도 우리에게 필요하지 않은 게 없고 고맙지 아니한 것이 없다고 보는 것이지. 나는 나 아닌 다른 것과의 관계 속에서만 살고 있는 이치이니까. 상대를 고마운 존재로 알고 대접하는 것이 사랑이고 이 세상은 사랑이 만들고 사랑으로 유지되어가는 것이라 말하지. 실상을 보면 모든 게 사랑이야. 진실은 이것이야. 인드라망 관계로 보면 존재는 사랑의 법칙으로 어떤 것도 고맙지 아니한 것이 없어. 죽으면 죽은 대로, 살면 사는 대로 모두 사랑의 법칙으로 이루어지기에 장일순 선생이 이런 말을 했지. "미처 몰랐네. 그대가 나였음을."

김나미 그런데 스님, 이것이 실제로 우리에게는 피부로 크게 와 닿지 않습니다.

도법 스님 우리는 이렇게 관계 속에서 살고 있고 이 세상은 법法, 다르마로 이루어져 있으니 당연히 다르마에 따라 사는 것이야. 주어진 인생을 자기가 힘껏 살아가는 것이야. 나 자신 사람들에 대한 안타까움 때문에 이 말을 하는 거야. 적어도 불교인이라면 즉각해탈을 해야 하는데 이다음에 된다거나 뭐 뭐 하면 된다 하면서 못살겠다고 아우성인 것을 보면 대부분이 빛을 찾아온 불나비 같아. 결국 남는 건 상처와 죽음뿐이 아닌가. 이 당연한 것을 모르니 안타깝지 그지없어 연민이 있어. 부처님도 예수님도 보기 안타까우니 "정신 차려. 니들. 그거 아니야"라고 한 것이지. 이것은 어머니의 마음이었을 것이라 봐. 길가에 내 논 아이 바라보는 어머니의 마음이지.

김나미 스님, 그런데 왜 불행한 얼굴이 많은가요? 우리가 어떻게 살아야 이 인생을 잘 살았다고 할 수 있을까요?

도법 스님 있지도 아니한 하나님 나라 찾느라, 불국토 찾느라 그러지.

순간적인 희열은 느낄지 몰라도 그것은 또 다른 고통을 낳고 말아. 돈 벌면 행복하다고 하는 사람도 있고, 죽어서 극락 가겠다고, 살아서 죽기 살기로 서로 치고 받고 하는 것이 우리 사는 모습이라고 생각해.

김나미 스님. 저를 포함해 세상 사람들이 과연 이것을 얼마나 소화할 수 있을지 모르겠습니다.

도법 스님 한 가지 해야 할 것이 있다면 제도 교육과정에서 종교를 하나의 문화 현상으로 편견 없이 각 종교에 대한 상식을 갖도록 교육해야 하는 것이지. 초·중·고에서 여러 종교를 가르쳐 선택은 본인이 하게 하면 좋겠어. 다 종교 다문화 사회에 대한 기본 상식과 교양으로 교육과정에 공평하게 여러 종교를 소개하도록 하는 거야. 가톨릭과 불교는 꾸준히 성장세인데 개신교는 숫자가 줄고 있다고 들었어.

김나미 스님, 고등학생은 입시준비 때문에 종교 공부 못합니다. 스님이 한신대 신학대학원에 오셔서 특강해주셨으니 불교 학교에서 목사님 모셔서 특강하는 것이 가능하다면 그것이 천국이라 생각합니다.

도법 스님 종교를 수능시험 문제에 출제하면 되지 않겠어. 이것이 종교문제를 풀어가는 해답이야. 국가가 나서서 국민으로 하여금 건강한 종교 상식을 갖게 해줘야 할 필요가 있는 건 이것이 세계 시민이 되는 조건의 하나이니까. 이것은 시간문제라고 봐야지.

김나미 이외에 어떤 일에 관심을 두고 관여하고 계신가요?

도법 스님 이번 종단에서 처음으로 자발적으로 수행, 문화, 나눔, 생명, 평화, 이 다섯 가지에 자성과 쇄신 결사를 하겠다고 해. 종단 차원에서 총무원이 직접 나서서 하는 것이고 또 처음이라는 점이 중요하지. 스님들 자신이 속한 소속 집단이 타락한 것을 보고 새 기풍을 형성하자는 것이 그 취지야. 내용을 어떻게 담을지 그것에 대한 토론을 하고 있는 중이지만 화두는 이미 던져졌어. 이것을 어찌 풀어나갈지 서로 머리 맞대고 있으니 그것만 해도 좋은 징조라고 생각해.

이렇게 두 시간의 대화는 끝났지만 여운이 남는다. 나는 개인적으로 지금이라도 결사가 일어난 것은 좋은 일이나 행여 용두사미가 되는 건 아닐까 하는 생각도 든다. 스님이 계시니 이 자성·쇄신결사에 희망을 걸어볼 만하다. 이런 분이 한 가운데 계시니 우리 불교가 잠에서 깨어날 것만 같다.

스님은 불교인이다. 그러나 불교 안에만 계신 스승이 아니다. 종교를, 또 종교의 진실을 제대로 보는 안목으로 실상을 보신 것 같다. 스님은 올해 종교 간의 갈등을 해소하는 평화와 남북문제, 이 두 가지를 화쟁의 주제로 삼고 있다 한다. 개신교와만 대화가 되면 제도권 종교계가 다종교 다문화 사회의 종교 갈등을 극복할 수 있는 방법을 만들 수 있을 것이다.

스님이 절실하게 생명과 평화라는

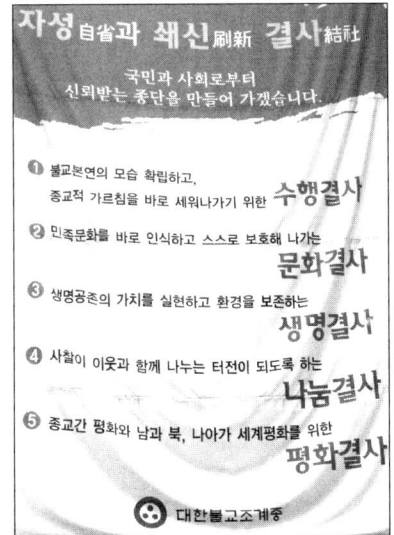

기치를 내걸고 일찍이 이 운동을 시작한 것에는 다 이유가 있었다. 물질주의가 팽배한 21세기에 생명·평화야말로 우리가 안아야 할 가치이어야 하는 것은 갈등과 다툼의 시작이 이 둘의 부재에서 오는 것이라 보기 때문이다. 스님의 말씀대로 지금 여기서 일어나는 마음에 정신 차리고 깨어 있음으로 살자. 서 있는 자리, 앉은 자리에서 즉각해탈하자. 하나님 나라도, 불국토도 지금 여기 우리 한가운데 실생활에 있다는 말씀도 또 하나의 커다란 숙제를 안겨주셨다.

이렇게 목사님과 스님, 두 분이 개신교와 불교에 같이 계셔 주시는 것에서 힘이 난다. 스님이 참여하시는 조계종의 쇄신 결사, 그리고 목사님의 장공 정신, 이 둘이 우리 다음 세대에라도 이어져 간다면 뒷날이 안심된다. 나는 두 분께 이 자리를 빌려 큰 절을 올리고 싶다.

|글 문을 닫으며|

 이 글을 세상에 내보내는 것은 묵묵히 손길이 필요한 곳에 계신, 또 소외된 자들과 함께 하는 몇몇 성직자들에게 분명 누가 되는 일이다. 나무를 보고 숲을 말하는 격이었으나 스스로 자성·자정하는 능력이 상실되었을 때 이렇게라도 해야 했음을 이해해주길 두 손 모은다. 이 글이 나 혼자만의 독백이라 할지라도 상관없다. 한 개인의 경험이지만 공감하는 분들도 있을 것이다. 어쩔 수 없이 나 혼자라도 대표로 이렇게 나설 수밖에 없었다는 점은 강조하고 싶다.
 지금은 21세기이다. 성직이라는 직업에 종사하는 사람들의 위치를 조종하고 장차 성직자다운 스승님을 만나볼 날을 두 손 모은다. 안으로 수도생활로 자신을 갈고 닦으며 밖으로 섬김·나눔을 실천하는 성직자가 검증된다면, 또 신자들이 자신의 믿음을 되돌아보는 하는 기회가 된다면 나의 소명은 다한 것이다.
 작금의 개신교에 숨통이 트이려면 수도문화가 절실하다. 그래야 성령이, 영성이 산다. 불교는 불상을 덮고 기복·불공에서 각자가 이 고해의 바다에서 홀로서기를 하도록 이끌어야 되지 않았나 싶다. 예수가, 부처가 진정 무엇을 가르쳤는지 핵심을 잡아야 한다. 이제 종교계는 종교지도자·성직자 중심에서 교인·신자로 이동해야한다. 이런 의미에서 예수제자운동, 그리고 재가불자운동이 일어나야만 한다.

그러기 위해 신자들을 위한 긴 글을 할애했다. 지금 이 순간 교회나 사찰에 소속을 둔 신자라면 자신이 속한 교회의 목사나 사찰의 승려에게 무엇을 배웠나하고 곰곰이 점검해보기 바란다. 지금 이 순간 그간 우리 교회 목사에게 들은 설교가, 우리 절 승려에게 들은 법문이 내 인생을 얼마나 변화시켰나, 그것이 내가 신자로 사는데 도움이 되었나, 혹시 그들이 자신을 스스로 보도록 이끌어 주었나, 행여 목사나 승려가 그들 자신을 더욱더 우러러 보게 만들고 가운데 서서 예수나 부처의 모습을 가리고 있지는 않은지 살펴보라.

찾아온 사람들 스스로를 보지 못하게 하고 성직자 자신만 바라보게 만들고 있지는 않은지, 중간에서 내가 아니면 아무도 하나님께 못 나가는 것처럼 하고 있지 않은지, 혹시 예수나 부처의 가르침은 뒷전이고 '내가 없이는 안 된다'고 하고 있지 않은지, 그들이 행여 싸구려 은총을 남발하고 있는지, 부처에게 복만 빌라고 하는지 말이다. 결론적으로 그들이 과연 자격이 있는 성직자인지 신자 자신이 스스로 점검하고 스스로 판단해보기 바란다.

하나님부터 놓아주자. 십자가, 불상, 목사, 승려, 이제 이런 것들을 놓아주자. 부처와 예수부터 구원하자. 사실 믿음대로 신앙대로 사는 신자는 그리 많지 않을 것이다. 그러나 일부 성직자가 주 무기로 사용하는 것이 도그마임을 알아야 한다. 현재의 기독교와 대승불교의 교리는 모두 원래의 가르침에서 멀어져 있다. 종교 역사의 발자취를 더듬어보면 교리와 도그마라는 것은 회의를 거쳐 결정된 것이 많으며 얼마쯤의 오류가 있다. 우리가 행하는 거의 모든 종교적 행위 역시 경전에 나타나는 원래의 가르침에 없으며 더욱 거룩하고 성스럽게 포장하려고 인간이 조작하고 발명해낸 것이 많다. 그런 점에서 예수도 부처도 "나는 절대로 그렇게 하라고 한 적 없다"고 잘라 말할 것이다.

이젠 신자들이 성직에 부여된 권위에 도전하고 불상이나 십자가에 가려진 진리·구원·교리라는 굴레에서 벗어날 때도 되었다고 본다. 종교기획자들이 만들어낸 새로운 교리와 규칙에 매어 원래의 육성에 가까운 가르침은 장막에 가려져 있는 형국이다. '이것이 진리'라고 내세우는 교리가 있고, 성직자가 있고, 거기에 스마트한 기획자가 있으면 '종교'라는 상표가 붙는다. 그들은 어떤 명목으로든지 지갑을 열게 한다. 교리라는 상품의 알맹이는 포장만 화려하다. 진리는 거룩함과 성스러움으로 잘 포장되어 무척 거창한 것으로 보이게 만들어놓았다. 허울만 좋은 믿음과 진리라는 딱지를 붙인 상품은 홍보 없어도 잘만 팔리지만 구원을 내세워 무언가를 믿어야 한다는 것이 모두 영업전략이라는 점은 분명 알고 넘어가자.

신자들이라면 절에서 절하고 불공 올리고, 교회 가서 예배보고 기도한다고 해결되는 것은 아무것도 없다는 사실을 직시할 때도 되었다. 오랜 세월 신앙생활을 해왔다면 이제 그만 홀로서기를 할 때도 되었다. 불상이나 십자가에 꽂혀 있던 눈을 돌려 자기 자신을 볼 때이다. 믿음 하나로 정성 담긴 불공을 올리고 기도원에 가도 그것은 일시적일 뿐, 지나고 나면 또 살기 바쁘고 문제에 허덕거린다. 기도 할 일이 생겼다고 속상하다고 자식에게 문제 생겼다고 십자가나 불상 앞으로 달려가보았자 이것은 임시치유·즉석처방일 뿐이라는 점은 여러 번 강조할 수밖에 없는 진리 가운데 진리이다. 오랜 신앙생활 해온 신자라면 일찍이 이 진리를 터득했을 것이다. 자신이 직접 나서 완전한 해결사가 되는 것, 그것이 바로 홀로서기이며 그것이야말로 복 짓고 복 받는 일이다. 이 글에 성경이나 불경에 다 있다는 말을 많이 한 것 같다. 진실로 진실로 거기에 다 나와 있다. 단지 각자가 어떻게 할 것이냐의 해답과 해결은 자기하기 나름에 달려 있다.

종교에는 아이러니가 많고 하등종교·고등종교가 따로 없다고 하나 이웃 종교를 존중하지 못하는 종교는 아무리 열광을 한다 해도 오히려 역효과를 내고 있다는 점도 알리고 싶었다. 나는 지금껏 영혼에서 예수의 향기가 나는 신자를 대여섯 분밖에 만나보지 못했다. 우리 가운데 참신한 신자가 몇 사람이나 있을까? 각자가 편한 대로 믿으면 그만이라 할 수도 있지만 그것은 잠깐의 진통제일 뿐이라는 점을 스스로도 잘 알 것이다. 진정한 '믿는 자'가 되기 위한 조건이 있다면 바로 '거듭남'일 것이다. 인생의 근본 질문인

'나는 누구인가, 나는 무엇인가'에 대해 가장 확실한 답을 줄 뿐만 아니라 사람이 종교에 의해 얻을 수 있는 가장 소중한 것이 바로 이것이다. 그러나 이것은 이 세상 그 누구도 해줄 수 없어 철저히 자기가 몸으로 해야 하는 것이다. 자기를 십자가에 박으면 자기가 산다. 무아를 체험하면 안다. '죽으면 살리라' 하는 말을 화두로 삼아 나간다면 조금씩 지금 여기 살아서 천국과 극락을 맛보게 될 것이다.

진리는 몸으로 사는 것이다. 불상과 십자가를 앞세운 교리에 가려져 있어 잘 보이지 않는 진리를 몸으로 살려내거나 몸으로 살아내야 한다. 교리에 갇혀 단어로만 있는 진리를 살려내는 것은 뇌가 아니라 몸이다. 경전의 문구들이 몸으로 체험되고 실천할 때 '나도 예수처럼 되자', '나도 부처처럼 살자'가 되는 것이다. 즉, 몸이 움직일 때 예수도 부처도 내 귀에 속삭여주며 점차 부처와 예수의 닮은 꼴 제자가 되는 것이다. 진리를 몸으로 체험했는가, 체득되었는가, 실천하고 있는가 바로 이것이 신자들이 믿음이 되어야 한다. 왜냐하면 그 세계는 믿고 우러러 본다고 열리는 세계가 아니기 때문이다.

진리의 실체는 무엇인가에 대한 답의 추구에서 개인이 경전을 근거로 체험해나가는 과정에서 잡힌 실마리들이다. 진정한 믿음은 자기를 믿고 자기를 홀로서기시키는 과정에서 결국 자기가 아무것도 아니라는 것으로 결론이 나온다. 누군가 나에게 종교가 무엇이냐 묻는다면 자신 있게 대답할 수 있다. 홀로서기이다. 실천하는 액션이다. 에고를 죽이는 것이다. 이웃에게 나를 내어줌이다. 남을 배려하는 것이다. 이렇게 하여 '종교 따로 생활 따로'가 아니라 지금 여기에서 자잘하고 사소한 것에서 순간순간 살려내고, 또 살아내는 것이야말로 진리라고 자신 있게 말할 수 있다. 적어도 화가 날 때 이렇게 한다고 내가 행복할까 하고 생각하는 것이다.

자신을 끊임없이 닦아 에고 없음으로 나아가며 무엇에든 남을 우선으로 하고 우리는 한 몸이라는 것이 행복의 열쇠가 아닐까 한다. 내가 먼저든 네가 우선이든 이제 편안하게 살 때도 되었다. 에고 없는 공부하고 사랑하고 나눌 시간도 부족하다. 나 또는 내 것에서 벗어나 조금은 바보처럼 사는 것, 이것이 잘 살다 가는 비결이다. 사람이 한 폭의 풍경화로 다가올 때가 있다. 그들이 있는 자리엔 늘 에고 없음과 배려와 따스한 손길로 하나 된 모습이 같이한다는 이것도 하나의 진리라 확신한다.

사람이라면 누구나 죽는 날까지 수도하는 마음으로 살아야 하지만 내가 보기에 도 닦는 수도에 남다르게 뛰어난 종교 이탈자들을 만나며 내린 결론이 하나 있다. 진리를 체험하고 그것을 거머쥔 자의 공통점을 보면 모두 하나로 꿰뚫어지는 것이 있다. 그들은 있는 그대로 보고 거창한 것을 말하지 않는 대신 오히려 우리 일상 속의 작고 사소한 것에서 늘 자기를 다스리고 있었다. 그들의 공통점을 보자면 이러하다. 일상의 일에 욕심·욕망을 절제할 줄 안다. 욕심이 일어나면 그것을 주의한다. 말로 드러내 보일 것이 없는지 침묵에 강하다. 돌멩이 하나 풀잎 하나도 예사로 보지 않고 사사로운 것에도 의미를 둔다. 고뇌·걱정·염려가 없다. 걱정거리가 있어도 그것을 걱정할 성질의 것으로 보지 않는지 내버려둔다. 순간을 영원처럼 산다. 그리고 순간순간에 있는 자리에서 충실하게 산다. 그들에겐 주관·객관이 없어 '나'니 '너'니 하는 게 없다. 좋다 싫다가 없다.

에고가 없다. 일심동체를 느끼는지 남이 아프면 같이 아프다. 몸가짐과 말에서 사랑과 자비가 슬며시 흘러나온다.

  이와 같은 맥락의 법정 스님의 말씀이 있다. "깨달음으로 가는 데 두 가지 길이 있다. 하나는 자기 자신을 속속들이 지켜보며 삶을 거듭거듭 개선하고 심화시켜나가는 명상의 길이고, 다른 하나는 이웃에 대한 사랑의 실천이다. 하나는 지혜의 길이고, 다른 하나는 자비의 길이다."

  종교는 정말 스스로 거듭나지 않고는 풀리지 않는 사슬과 같다. 하지만 몸으로 한다면 지금 이 순간 여기서 파악되는 것이기도 하다. 나에게 단어가 부족해 신화학자 조셉 캠벨의 말을 빌려야 한다.

  "사람들은 우리가 찾는 궁극적인 것이 삶의 의미라고 말한다. 그러나 나는 우리가 찾고 있는 게 그것이 아니라고 생각한다. 나는 우리가 진실로 찾고 있는 것은 '살아 있음에 대한 경험'이라고 생각한다. 어쩌다 순수하게 육체적인 삶의 경험이 우리의 내적인

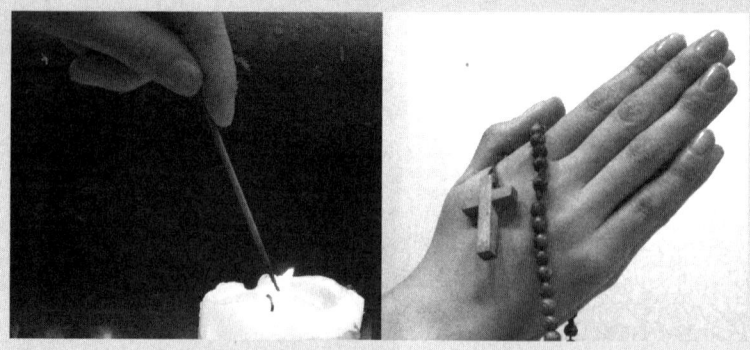

존재와 '바로 지금 이곳'에서 공명해 떨릴 때가 있다. 이때 우리는 살아 있음의 황홀을 느끼게 된다."

우리가 이 세상에서 소풍 잘 하다 잘 가는 비결이 여기에 있지 않을까 한다.

너도 나도 부처 되고 예수 됩시다. 진정한 행복 찾으시길 모든 신의 이름으로 기원하며.

성불하세요!
샬롬!
나마스테!
쌀라무알레이쿰!
미타쿠예오야신!

김나미 두 손 모음